KB266152

고대 백제승 연구

古代百濟僧研究

지은이

심경순 沈敬順, Sim Kyoung Soon

이화여자대학교 사학과 졸업. 동 대학원 문학석사(한국사 전공). 전주대학교 문학박사(한국고대사). 전 북연구원 연구위원을 지냈으며, 현재 전주대학교 사학과 강사. 논문으로「7세기 백제 도래인 승려 도소의 생애와 활동」(2024),「백제불교와 일본 고대 불교의 발전」(2022),「『日本書紀』百濟 관련 기사의 역사적 가치에 대한 검토」(2015) 등이 있다.

고대 백제승 연구
백제 승려들의 구법과 전법활동을 중심으로

초판발행 2026년 4월 30일

지은이 심경순

펴낸이 박성모
펴낸곳 소명출판
출판등록 제1998-000017호
주소 서울시 서초구 사임당로14길 15 서광빌딩 2층
전화 02-585-7840
팩스 02-585-7848
이메일 somyungbooks@daum.net
홈페이지 www.somyong.co.kr

ISBN 979-11-7549-047-5 93220
정가 21,000원

(재)한국연구원은 학술지원사업의 일환으로 연구비를 지급, 그 성과를 신진한국학연구총서로 출간하고 있음.

신진한국학
연구총서
008

고대 백제승 연구

백제 승려들의 구법과 전법활동을 중심으로

심경순
지음

A STUDY OF ANCIENT BUDDHIST MONKS IN BAEKJE

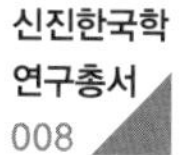

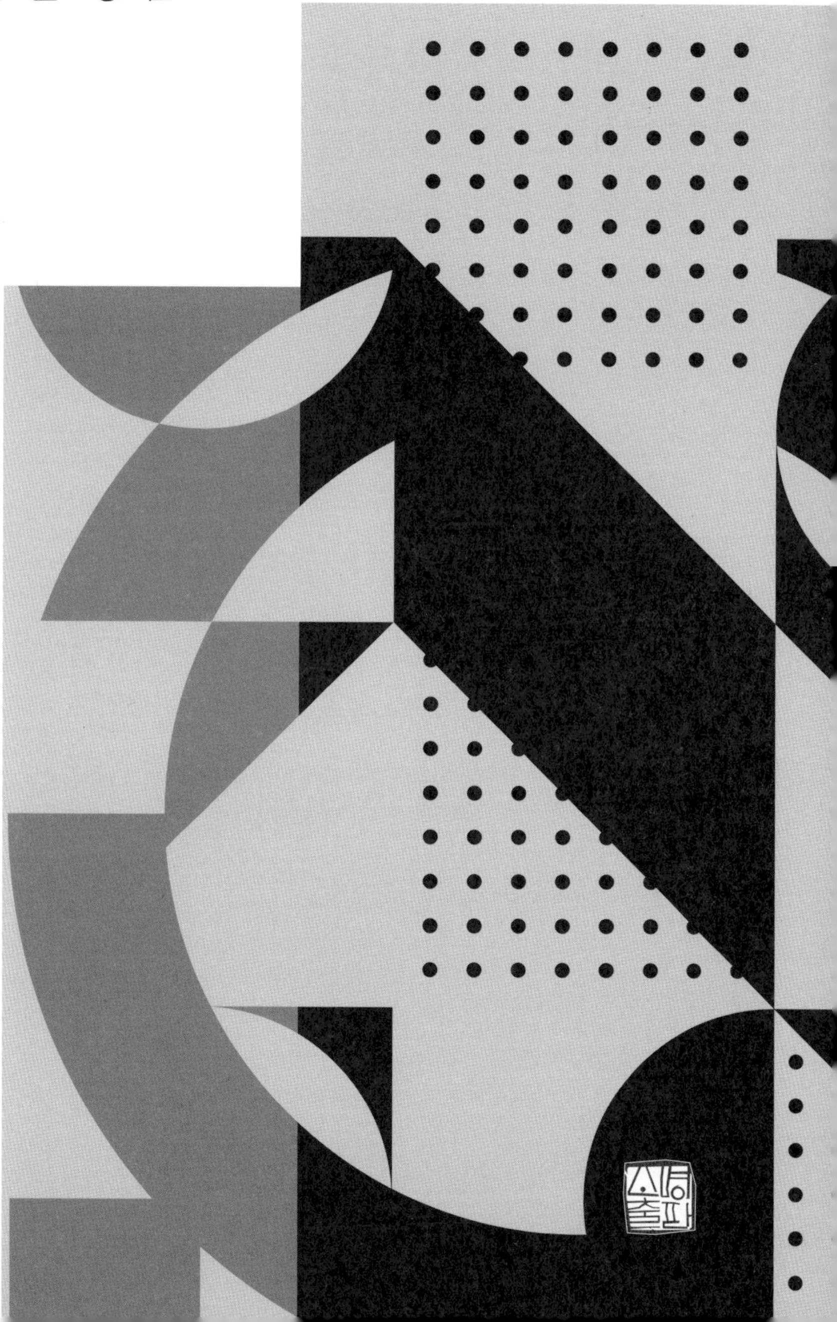

　　백제문화의 특징을 이야기할 때, 개방성과 다양성, 그리고 중국 남조문화의 영향으로 인한 귀족적 성격을 강조하기도 한다. 그리고 이와 같은 문화적 특징은 그대로 백제 불교의 특징과 동일시되어 백제 불교는 지배층 중심의 화려하고, 귀족적이라는 평가를 받는다.

　　고대 한국의 불교는 4세기 무렵 인도에서 중국을 거쳐 육로와 해로를 통해 삼국에 전해졌고, 백제에는 384년침류왕1 동진에서 바다를 건너온 인도 승려 마라난타에 의해 불교가 전해졌다. 이후 385년침류왕2 한산에 절이 창건되고 승려 10명에게 도첩을 준 것이 백제 승려의 시초가 되었다. 초기 불교 수용에 있어 백제는 고구려보다 10여 년 늦었지만 지리적 특성과 국가의 적극적인 지원을 기반으로 불교가 빠르게 성장할 수 있었다.

　　백제는 고구려, 신라와 함께 고대국가로 발전해 나가는 과정에서 새로이 전래된 불교를 국가의 통치 이념 및 사회적 통합의 원리로 수용하였으며, 이에 만족하지 않고, 필요한 경전이나 문물을 중국에 요청하거나 직접 승려를 파견함으로써 적극적으로 수용하였다. 특히 백제는 승려를 파견하는 부분에 있어 지역적 제한을 두지 않았고, 중국뿐만 아니라 불교의 본류라 할 수 있는 인도에도 파견하는 등 한역화된 불교에서 채워지지 않는 불교 본원에 대한 열망을 가지고 있었다. 그 과정에서 백제의 승려들은 불교가 국가의 통치 이념 및 대중의 정신적 위안처로 자리 잡는 데 있어 핵심적인 역할을 담당하였다. 또한 백제는 당시 불교의 낙후 지역이었던 일본에 많은 승려들을 파견함으로써 일본 고대 불교 형성 및 발전에 가장 큰 영향을 주었다.

　　6세기 전반부터 인도와 중국에 파견된 승려들은 10여 년 이상 파견 지역에서 불교의 신앙을 몸소 체험하고, 스승을 찾아 배우고 수행한 후, 불교의 삼보불·법·승를 가지고 귀국하였다. 백제는 국가적 차원에서 구법승의 활동을 적극적으로 지원하였고, 이들의 구법활동을 통해 중국 불교의 일방적인 영향에서 벗어나 불교 교학 및 사상의 균형 잡힌 발전을 이룰 수 있었다. 그 중 초기 구법활동을 통해 형성된 계율 및 법화 사상은 백제 불교를 관통하는 사상으로 국내외에서 알려지게 되었다. 또한 불교 교학에 있어서 일본으로 건너간 대부분의 백제 승려들은 삼론과 성실론에 능통하였다고 전할 정도로 백제에서는 이에 관한 연구가 성행하였다.

본서에서는 6, 7세기 백제 승려들의 국내외 활동을 통해 백제 불교의 전개 및 발전 양상을 살펴보고자 한다. 이를 위해 백제승을 활동 지역 및 성격에 따라 구법승, 국내승, 전법승으로 구분하여 백제 불교 및 일본 불교의 발전에 어떠한 역할을 담당하고 영향을 끼쳤는지 찾아보도록 하겠다.[1]

백제는 삼국에 불교가 수용된 이후 가장 먼저 인도에 구법승을 파견하였고 동시에 중국에도 다수의 구법승을 파견하면서 삼국의 불교 발전을 주도하였다. 그러나 백제사에 관한 사료는 신라나 고구려에 비해 상대적으로 부족한 편이며, 백제 불교에 관한 내용은 더욱 찾아보기 어렵다. 그나마 일본에 백제 불교 관련 사료가 비교적 많이 남아 있는 편이기는 하나, 이마저도 일본 자국의 역사적 관점에서 서술한 것이기에 신중한 사료적 접근이 필요하다.

백제에 비해 월등하게 많은 기록이 남아 있는 신라의 경우 오랜 기간 동안 많은 연구성과가 축적된 반면, 백제는 상대적으로 관련 연구성과가 부족한 편이다. 그 배경에는 신라나 고구려에 비해 사료가 부족하다는 측면과 그마저도 관련 자료가 지역적으로 국내보다 중국, 일본 등에 많이

---

1   구법승, 국내승, 전법승 용어에 대한 논의는 뒤에서 다시 살펴보기로 한다.

남아 있어 접근이 어렵다는 측면도 함께 고려되어야 한다.[2]

그럼에도 불구하고 백제 불교 관련하여 2000년대 이후 미륵신앙과 법화신앙을 중심으로 불교신앙,[3] 불교발전과 정치외교와의 관계,[4] 사찰창건,[5] 백제승려[6]에 관한 연구성과가 꾸준히 나오고 있다. 이를 토대로 구법승과 국내승, 그리고 전법승에 관련된 연구성과를 정리하면 다음과 같다.

구법승 연구에서 삼국 중 신라 구법승에 관한 연구가 수적으로 우세하며, 많은 연구성과가 축적되어 있고, 고구려의 경우 중국에서 삼론학을 확립시킨 승랑에 관한 연구가 주를 이루고 있다. 반면 백제는 관련 사료가 많지 않아 연구에 어려움을 겪고 있으며, 성과면에서도 상대적으로 부족하다. 그럼에도 『송고승전』 등 중국 측에 관련 사료가 비교적 많이 남아 있는 입화 구법승 현광과 삼국 최초 입축 구법승인 겸익을 중심으로 꾸준히 연구성과가 나오고 있다.

이기운은 실천법화의 수행법인 법화삼매에 주목하고 천태종을 개창

---

2   이 부분에 있어 『동아시아 한국불교사료』(일본문헌 편 / 중국문헌 편)(동국대 출판부, 2014·2015)는 중국, 일본에 남아 있는 한국 불교 관련 문헌을 모아 번역한 것으로 해외 불교 문헌 연구에 유용한 기초 자료가 되었다.

3   길기태, 「백제 사비시대의 불교신앙 연구」, 충남대 박사논문, 2006; 정아영, 「감응연을 통해 본 백제의 법화신앙」, 고려대 석사논문, 2017; 최선주, 「백제 미륵 신앙의 역사적 추이」, 전북대 교육석사논문 2008.

4   조경철, 「백제 불교사의 전개와 정치변동」, 한국학중앙연구원 박사논문, 2006; 성윤길, 「백제 웅진천도후 불교와 정치상황」, 조선대교육석사논문, 2002.

5   이장웅, 「백제 사비기 국가제사와 불교사원」, 고려대 박사논문, 2016; 이병호, 「百済仏教寺院の特性形成と周辺国家に及ぼした影響」, 早稲田大学 박사논문, 2013; 김형준, 「백제 위덕왕대 대외관계와 사찰 창건」, 공주대 석사논문, 2013; 최수진, 「백제 위덕왕대의 불교와 대외관계」, 한국교원대 석사논문, 2019.

6   길기태, 「백제불교의 웅진시대 계율과 겸익」, 『마한백제문화』 44, 2024; 황철균, 「7세기 백제 승려들의 활동」, 인하대 석사논문, 2014; 백미선, 「사비시대 백제의 대왜 불교 교류와 혜총」, 충남대 석사논문, 2009; 심경순, 「6세기전반 겸익의 구법활동과 그 의의」, 이화여대 석사논문, 2001.

한 지의와의 비교를 통해 해동 최초의 실천법화를 펼친 현광이 혜사로부터 증득한 법화삼매의 사상체계를 고찰하였고,[7] 법화삼매 증득 후 현광의 교화행에 주목하여 중국과 백제 내에서 제자들에게 전한 삼매와 법화삼매 수행과의 관계 및 그 성격을 규명하였다.[8] 최근의 연구성과로 이장웅은 현광의 귀국 후 활동에 주목하였는데, 오악 중 하나인 동악 계람산에 자리잡고 범찰을 세워 교화를 행한 현광의 행적을 위주로 오악 제사와 불교사원의 관계를 살펴보았고, 현광의 법화사상을 통해 불교 이념이 지방으로 확산되었다는 관점에서 접근하였다.[9]

삼국 최초 입축 구법승 겸익에 관해 조경철은 성왕대 육후와 겸익 비교를 통해 당시 성왕이 둘의 견제와 조화 속에서 정치체제를 완비해 나갔으며, 유불의 대립은 552년 육후가 본국으로 돌아가면서 불교의 승리로 끝난 것으로 보았다.[10] 심경순은 겸익의 천축에서의 구법활동 전반과 귀국 후 활동에서 겸익이 가지고 와서 번역한 비담과 신율에 대해 밝혀보고자 하였고, 그의 입축 및 귀국 시기를 각각 512년, 526년으로 추정하였다.[11] 한편 계미향은 새로이 겸익이 유학한 곳이 상가나대율사가 아니라 가야의 대율사라는 의견을 제시하였고, 사상적으로는 귀국 시 가지고 온 율서와 논장을 통해 계율사상과 비담사상을 살펴봄으로써 겸익의 천축구법행의 의미를 정리하였다.[12] 최근 겸익 관련 연구성과에서 길기태는 번역된 율장의 명칭이 백제신율이라는 점은 오부율을 바탕으로 하되,

---

7 이기운, 「법화삼매의 사상체계 연구」, 동국대 박사논문, 1996; 이기운, 「玄光의 法華三昧 研究」, 『한국불교학』 21, 1996.

8 이기운, 「백제 현광의 교화행에 대한 연구」, 『한국불교학』 27, 2000.

9 이장웅, 「百濟 東岳 鷄藍山과 玄光의 翁山 梵刹」, 『한국고대사탐구』 23, 2016.

10 조경철, 「백제 성왕대 유불정치이념－육후와 겸익을 중심으로」, 『한국사상사학』 15, 2000.

11 심경순, 「6세기 전반 겸익의 구법활동과 그 의의」, 이화여대 석사논문, 2001.

12 계미향, 「한국 고대의 천축구법승 연구」, 동국대 박사논문, 2016.

백제의 실정에 맞도록 새롭게 구성한 것으로, 백제신율이 불교가 백제 사회에 확산될 수 있는 바탕이 된 것으로 분석하였다.[13]

그 외 고영섭은 겸익의 이른바 비담율학 사상과 현광의 법화삼매 사상을 함께 비교 고찰하였고,[14] 진경찬은 한국의 법화신앙의 발전에서 백제의 법화신앙과 혜현, 현광이 『법화경』 강설과 독송, 그리고 법화삼매 증득을 통한 백제 법화신앙의 면모를 살펴보았다. 최근 이병욱은 현광과 혜현의 법화사상을 남악혜사의 법화경안락행의의 관점에서 비교 재검토하였다.[15] 정아영은 중국에서 법화신앙을 바탕으로 형성된 감응연이 법화 승려인 구법승 발정, 현광과 국내승 혜현으로 이어지는 법화신앙의 흐름에서 꾸준히 발전되었다고 보았다.[16]

국내승의 경우 고구려와 신라 지역에서 활동한 백제 승려를 포함하여 살펴볼 수 있으며, 관련 사료가 국내에 남아 있는 경우가 많아 구법승과 전법승에 비해 비교적 사료적 접근이 용이하고 연구성과가 축적되어 있다. 주요 국내승 연구로는 먼저 중국에까지 이름이 알려져 중국 측 문헌과 국내 문헌에 관련 사료가 남아 있는 혜현이 있다. 앞서 살펴 보았듯이 법화신앙의 발전선상에서 구법승 발정, 현광 등과 함께 법화 승려로서 주로 연구되었으며,[17] 관음신상과 관련하여 월출산에서의 『법화경』 독송과

---

13   길기태, 「백제불교의 웅진시대 계율과 겸익」, 『마한백제문화』 44, 2024.

14   고영섭, 「불광 겸익과 용산 현광」, 『문학·사학·철학』 36, 2014.

15   진경찬, 「韓國法華信仰의 歷史的 展開에 關한 硏究」, 위덕대 박사논문, 2012; 이병욱, 「백제 현광과 혜현의 법화사상에 대한 재검토」, 『동아시아고대학』 63, 2021.

16   정아영, 「감응연을 통해 본 백제의 법화신앙」, 고려대 석사논문, 2017.

17   진경찬, 「韓國法華信仰의 歷史的 展開에 關한 硏究」, 위덕대 박사논문, 2012; 정아영, 「감응연을 통해 본 백제의 법화신앙」, 고려대 석사논문, 2017; 길기태, 「百濟의 法華思想과 惠現求靜」, 『신라문화제학술발표논문집』 31, 2010; 길기태, 「백제 사비시기 법화신앙」, 『대구사학』 80, 2005.

관음보살의 상주처로서 월출산과의 관계에 대한 연구가 있다.[18] 최근 연구성과에서 이장웅은 『해동고승전』 마라난타조의 성주산聖住山 월악月岳을 혜현이 머물렀던 서악西岳 단나산旦那山 달마산사達拏山寺로 새롭게 해석하고 불교 이념의 지방확산을 통한 중앙의 통치 이데올로기의 전파라는 관점으로 접근하였다.[19]

지명과 관련하여 노중국은 지명이 무왕과 선화공주의 결혼 및 이후 미륵사 창건 과정에서의 역할에 주목하였다. 그리고 미륵신앙의 신봉자였던 지명과 법화신앙을 중시했던 당대 고승 혜현과의 대립 관계에서 지명이 결국 주도권을 확보한 것으로 추정하였다.[20] 길기태는 미륵사 창건과정에서 선화공주와 지명의 신앙적 성격을 유추하여 지명의 신통력을 토착신앙과 연결, 무왕은 이 점을 활용하여 불교가 아직 널리 알려져 있지 않은 익산 지역에서 불교의 확산을 꾀한 것으로 유추하였다.[21]

그런데 2009년 미륵사지 석탑 보수과정에서 금제사리봉안기가 발견되면서 미륵사의 발원자가 사택적덕의 딸이며, 639년 조영되었다는 사실이 밝혀졌다. 이후 다양한 논의가 진행되면서 『삼국유사』 무왕조에 대한 재검토가 함께 이루어졌다. 강종원은 미륵사의 초창이 선화왕비로 상징되는 익산 재지세력과 지명을 중심으로 한 이 지역 불교세력 간의 적극적인 협력으로 이루어졌고, 이후 사씨왕비를 중심으로 한 사씨세력에 의해 최종적으로 미륵사가 완성된 것으로 추정함으로써 선화공주 인물에 대한 재해석 및 미륵사의 초창, 중창설을 제기하기도

18　이장웅, 「百濟 西岳 旦那山과 慧顯의 修德寺·達拏山寺」, 『한국고대사연구』 84, 2016;
　　최연식, 「월출산의 관음신앙에 대한 고찰」, 『천태학연구』 10, 2007.
19　이장웅, 「百濟 西岳 旦那山과 慧顯의 修德寺·達拏山寺」, 『한국고대사연구』 84, 2016.
20　노중국, 「百濟 武王과 知命法師」, 『한국사연구』 107, 1999.
21　길기태, 「彌勒寺 創建의 信仰的 性格」, 『한국사상사학』 30, 2008.

하였다.[22]

백제 부흥운동을 주도했던 도침에 관한 연구로 성주탁은 생애와 부흥 활동을 전반적으로 규명하며, 법화사상을 근간으로 군수리사지를 근거지로 추정하였다. 복신과의 관계에 있어서 도침이 부흥운동의 총수摠帥였으며 우위를 점하였다고 보았다.[23] 이와 관련하여 김병남은 백제부흥운동 초기 도침은 정국운영의 주도권을 가지고 있었으나 이후 복신에게 주도권이 넘어가면서 복신을 중심으로 한 정치 세력에 의해 제거, 결국 도침의 몰락과 복신이 주도하는 부흥백제국의 전개가 나타나게 되었다고 보았다.[24] 도침의 사상적 배경에 대해 기존 연구성과에서 성주탁은 법화사상으로,[25] 이재준과 황철균은 미륵사상으로 추론하였다.[26] 이후 연구에서 한지연은 도침이 동시대에 활동한 의각과의 사상적 연관성을 전제하고 의각이 일본에서 『인왕경』을 수지독송했을 가능성을 제시하며 도침의 불교사상 또한 『인왕경』을 바탕으로 한 호국 호법 사상이 강하였다고 새롭게 추정하였다.[27] 그 외 통일신라 불교계에서 국노의 지위에 까지 오른 경흥의 경우 지금까지 신라불교사에서 연구되었지만 한태식은 백제의 승려 경흥으로서 그의 생애 및 사상을 재해석하였고, 김수태는 경흥을 통해 의자왕대 불교를 새롭게 해석하였다.[28]

---

22 강종원, 「백제 무왕대의 정국변화와 미륵사 조영」, 『백제문화』 54, 2016.

23 성주탁, 「百濟僧 道琛의 思想的 背景과 復興活動」, 『역사와 담론』 19·20, 1992.

24 김병남, 「백제 풍왕 시기의 정치적 상황과 부흥운동의 전개」, 『정신문화연구』 36(1), 2013.

25 성주탁, 「百濟僧 道琛의 思想的 背景과 復興活動」, 『역사와 담론』 19·20, 1992.

26 이재준, 「백제의 멸망과 부흥전쟁에 대한 군사학적 연구」, 영남대 박사논문, 2017. 황철균은 도침의 부안 용화사를 창건한 것으로 알려진 스승 묘련왕사와의 사상적 공통점을 전제하며 그의 사상적 기반을 미륵사상으로 추정하였다(「7세기 백제 승려들의 활동」, 인하대 석사논문, 2014).

27 한지연, 「도침의 불교사상과 백제부흥운동」, 『한국불교학』 89, 2019.

28 한태식, 「경흥의 생애에 관한 재고찰」, 『불교학보』, 1991; 김수태, 「백제 의자왕대의 불

국내문헌에 백제 승려에 관한 기록이 많지 않은 것과 대조적으로 일본 문헌에서는 삼국의 승려들 중 백제 승려에 관한 기록이 가장 많이 남아 있다.[29] 그중 일본에서 활동한 전법승에 관한 연구성과는 승려에 대한 개별적 연구와 종합적 연구로 구분하여 살펴볼 수 있다. 먼저 개별적 연구에서 백미선은 혜총의 일본에서의 전법활동을 불사활동과 불교사상으로 나누어 살펴보면서 사찰 조성 및 승려 교육에 공헌하였음을 밝히고, 불교계 일선에서 물러나 백제로 귀국했을 가능성을 제시하였다.[30] 김천학은 도장의 저술인 『성실론소』의 일문逸文을 소개하며 그의 논소가 일본 삼론종 저술에 자주 인용되었고, 겸창시대 이전까지 동대사東大寺에서 주로 학습된 후 널리 유통된 것으로 추정하였다.[31] 또한 도장의 논서가 남도육종과 천태종에 영향을 미쳤으며, 삼론종에서 뿐만 아니라 화엄종, 천태종에서도 성실론을 이해하는 데 있어 중요한 참고서였음을 밝혔다.[32]

한편 일본에서 전해지는 혜균의 『대승사론현의기大乘四論玄義記』이하『사론현의』는 중국 삼론학의 초기 사상을 전하는 책으로 간주되어 왔고, 저자 혜균은 중국 승려로 여겨져 왔다. 이에 대해 최연식은 삼국시대 백제에서 찬술되었음을 밝히면서 백제지역에서 백제 사람들을 독자로 상정하여 찬술된 것으로 보았다. 이에 관련하여 한동안 논쟁이 이어졌고, 최근 연

교－경흥을 중심으로」,『백제문화』41, 2009.

29 김승호는 일본 측 문헌 13종에서 삼국 승려들의 전승을 찾아 본 결과, 중복 포함 백제승 46명, 신라승 35명, 고구려 32명의 인명을 확인하였다(「해외문헌을 통해 본 삼국시대 승려의 인물전승 양상」,『한국문학연구』32, 2007, 363쪽).

30 백미선,「사비시대 백제의 대왜 불교 교류와 慧聰」,『한국사상사학』34권 35호, 2010.

31 김천학,「백제 도장의 성실론소 逸文에 대해서」,『불교학리뷰』4, 2008;『고대 동아시아 불교 문헌의 새로운 발견』, 씨아이알, 2010.

32 김천학,「백제 도장이 일본 불교에 미친 영향에 대한 기초적 고찰」,『한국불교사연구』, 2016.

구 성과들에서는 대부분 백제 승려 혜균의 저술로 보고 있다.[33]

장석영은 『사론현의』에서 '균승정찬均僧正撰'이라고 한 기록에서 교단의 최고 지위인 승정에 올랐던 인물임을 알 수 있으며, 20세 전후, 비구계의 수계 이후에 중국으로 유학을 떠났을 것으로 추정하였다. 다만 최연식이 『사론현의』의 저술이 국내에서 이루어졌다고 본 것과 달리 중국에서 활동할 당시에 일부 이루어졌고 백제 귀국 후 완성된 것으로 보았다.[34] 한편 조윤경은 원효와 혜균의 교학적 유사성을 지적하면서 화쟁·회통이라는 원효의 창조적인 사상 이면에는 백제 혜균의 독창적인 변증법적 사유 체계가 엿보이며, 원효의 수평적 회통은 백제 혜균이 제시한 사유 구조와 유사하다고 보았다.[35]

종합적 연구에서 김인덕은 삼론교학과 관련된 백제승 연구에서 전법승을 중심으로 삼론 고승들을 고찰하였다. 일본 최초 사문으로 평가받는 담혜, 도심과 삼보의 동량이었던 혜총, 승관제 도입 및 최초 승정이었던 관륵 등이 삼론 고승으로 초기 일본불교 형성에 크게 기여했으며, 그 외 일본내 전법활동에서 반야심경의 독송으로 이적을 남긴 의각, 성실론 집필 및 기우제로 왕실에 영향을 끼친 도장 등을 삼론과 관련있는 전법승으로 보았다.[36] 황철균은 7세기 백제 멸망 전후 왜국에서 활동한 승려들

---

33 최연식, 「백제 찬술문헌으로서의 大乘四論玄義記」, 『한국사연구』 136, 2007; 최연식, 「대승사론현의기 백제찬술 재론 – 김성철 교수의 반론에 대한 비판」, 『한국사연구』 138, 2007; 김성철, 「大乘四論玄義記는 백제에서 찬술되었나」, 『한국사연구』 137, 2007. 이에 대한 정리는 장석영 논문(「백제 혜균이 중국불교에 미친 영향」, 『한국불교사연구』 11, 2017, 234쪽) 참조.

34 장석영은 혜균의 생몰년에 대해 20세 전후 중국으로 유학을 떠났고, 581년에서 558년 사이 흥황사에서 법랑을 만나 삼론학 수업을 받고, 백제로 귀국해 625년 경 입적한 것으로 추정하였다(「백제 혜균이 중국불교에 미친 영향」, 『한국불교사연구』 11, 2017, 243쪽).

35 조윤경, 「원효와 혜균의 만남과 대화」, 『불교철학』 5, 2019.

36 김인덕, 「백제의 삼론 고승」, 『한국불교학』 22, 1997.

이 왜국 정계 및 불교계에서 영향력을 행사하였고, 관륵, 법명, 도녕, 도장 등의 일부 백제 승려는 불교를 비롯한 다른 학문 분야 및 기타 활동에도 능통한 종합지식인으로서의 면모를 가지고 있었다고 보았다.[37] 이윤옥은 일본 불교 발전에 주요한 영향을 끼친 백제 전법승 관륵, 의각, 도장 등의 행적을 세밀하게 고찰하였다. 특히 관륵은 일본 최초의 승정제도를 도입하고 자신이 최초의 승정이 되었을 뿐만 아니라 역법과 천문에 관련된 서책과 과학 기술을 전수하여 일본 역법사를 개척한 인물로 평가하였다. 또한 백제 멸망기 도일한 의각의 경우 당시 국내 정세와 일본에서의 행적을 확인하고 충남 향천사에 남아 있는 의각 관련 자료를 검토하였다.[38]

한편 일본학계에서는 고대 일본 불교 발전에 중국으로부터의 직접 유입을 강조하며, 삼국불교의 영향을 부정, 또는 축소시키려는 경향이 있다. 총본선융塚本善隆은 인도에서 중국으로 전해져 성장한 불교를 중국에서 직접 전한 것이 주류로 발전, 성립되었다고 보았다. 물론 한반도에서 불교가 전해진 것을 부인하지는 않았지만, 그럼에도 불구하고 일본 불교의 기본이 되고 주류가 된 것은 중국 수당대의 불교로 보았다.[39]

이에 대해 로버트 버스웰은 한반도를 불교와 중화 문화가 중국 본토에서 일본 열도로 전해지는 하나의 '교량' 정도로만 보는 관점은 영원히 폐기되어야 할 시대착오적인 일본 중심적인 한국관임을 지적하며, 한국은 '교량'이 아니라 동아시아 불교 사상과 문화의 보루로서 광범위한 중국적 불교 전통이 진화하는 데 있어서 결정적인 역할을 수행하였다고 평가하였다.[40]

---

37 황철균, 「7세기 백제 승려들의 활동」, 인하대 석사논문, 2014.

38 이윤옥, 「고대 일본불교의 한국계 승려 연구」, 한국외대 박사논문, 2016; 이윤옥, 『일본 불교를 세운 고대 한국 승려들』, 운주사, 2020.

39 塚本善隆, 「仏教の東漸」, 『日本佛教史1−古代篇』, 法藏館, 1988, 17쪽.

40 로버트 버스웰(Robert E. Buswell), 「동아시아의 맥락에서 본 한국의 불교사상」, 『불교

전촌원징田村圓澄 또한 같은 맥락에서 남도 불교계에서 당의 불교에 비해 고대 한국의 불교를 과소평가하는 경향이 있음을 지적하면서 고대 일본 불교사를 재구성하는 데 '삼국천축·중국·일본전교'의 개념이 아니라, 여기에 한반도 삼국을 포함한 '사국불교'의 개념을 제안하였다.[41] 이와 같이 일부에서는 일본 불교 발전에 있어 고대 한국불교, 특히 백제 불교의 영향을 인정하기도 하나,[42] 이윤옥은 여전히 근현대 학자들의 불교관이 '가마쿠라시대식' 고대한국 불교관의 범주를 크게 벗어나지 못하고 있다고 비판하였다.[43] 또한 고대 한국 승려에 관한 연구에 있어서도 원효나 의상처럼 이미 중국에도 널리 그 이름을 떨치고 있는 승려에 관한 것이 대부분이며, 일본불교 성립 시기인 초기 불교 전수 과정에 개입한 승려들에 관한 연구는 미미한 실정임을 지적하였다.

따라서 백제 불교의 영향력이 고대 일본 불교 발전 초창기에 집중되어

학보』 60, 2011, 221~222쪽.

41 田村圓澄, 『고대 한국과 일본불교』, 울산대 출판부, 1997, 162쪽.

42 전촌원징은 6~7세기 아스카, 하쿠호의 불교문화 및 8세기 나라의 불교문화에 한국을 덧붙여 '사국 불교'의 개념으로 재검토해야 한다는 의견을 냈고(『고대 한국과 일본불교』, 울산대 출판부, 1997, 162쪽), 겸전무웅은 일본의 불교 수용은 백제·고구려·신라·중국 순서로 중층적이며 복합적으로 이루어졌다고 보았다(「百濟佛敎の日本傳來」, 『마한백제문화』 7, 1984, 67쪽). 청목간은 종래 고대일본 연구에 있어 가장 가까운 한반도와의 관계에 관해서 충분한 연구가 되지 못하였음을 지적하면서 고대불교 성립에 주도적 역할을 담당했던 한래승 연구를 통해 백제 불교의 영향이 '백제 불교의 일본이식작업'이라고 표현할 정도로 불교문화 전반에 걸쳐 적극적으로 이루어지고 있다고 보았다(「日本 古代佛敎의 成立에 관한 硏究」, 원광대 석사논문, 2001, 44~45쪽).

43 이윤옥은 일본 학계의 경향이 이른바 '가마쿠라시대식(鎌倉時代式)' 고대한국 불교관이라 하여 538년 백제로부터 불교 유입이후 나라시대의 동대사 노사나불이 완성되는 752년까지 이룩한 일본 불교의 토대를 깡그리 무시하는 태도이며, 이후 근현대 학자들의 불교관 역시 이 범주를 벗어나지 못하고 있다고 보았다. 그러나 사실상 일본의 불교는 고대 한국승들이 적극 개입한 752년 이전에 완벽한 토대를 마련한 것으로 보아야 한다고 피력했다(「고대 일본불교의 한국계 승려 연구」, 한국외대 박사논문, 2016, 172~173쪽).

있었다는 점을 감안한다면, 백제 전법승에 대한 연구는 뒤로 밀려나 있다고 볼 수 있고, 연구성과에서도 행기行基, 양변良辨 등에 연구가 집중되어 있다. 본문에서는 백제에서 도일한 전법승들과 함께 '토착화된 도래인의 후예'로 중국과 일본 국내외에서 활동한 백제 도래인 '승려', 또는 '백제계 도래승'이하 도래승을 포함해 살펴 보도록 하겠다.[44]

이상 연구성과를 통해 백제 불교의 발전과 승려들의 활동을 정리해 보았고, 기존 연구에서 다소 무리한 추정을 지적하면 다음과 같다. 예컨대 백제 승려에 관한 기존 연구는 불교사상사적 관점에서 구법승 발정과 현광, 국내승 혜현을 법화승려로 구분, 그중 발정은 '회삼승귀일승會三乘歸一乘'의 왕권친화적인 법화사상가로, 현광은 왕권을 '불친근처不親近處'로 규정하는 은둔적 법화사상가로 특징짓고 있다. 그리고 후자의 흐름이 혜현으로 이어지는 것으로 보고 있다. 그러나 단순히 『법화경』의 일부 구절을 인용하여 두 사람의 사상적 특징을 규정하고, 사료에서 귀국 후 활동이 전하지 않는 발정의 법화사상을 왕권강화의 사상적 배경으로 이해, 친왕적 승려로 규정하는 것은 다소 무리가 따른다고 생각한다.

구법승 현광과 국내승 혜현을 중앙보다는 지방에 어울리고 은둔적이라는 점에서 같은 부류로 구분하고 있지만, 혜현의 경우 달라산으로 은둔하기 전 중앙의 주요 사찰인 수덕사에 주석해 가장 왕성한 활동을 하였다는 점에서 혜현을 '불친근처'의 승려로 규정하는 점은 납득하기 어렵다. 오히려 혜현의 북부 수덕사 활동에 초점을 맞춘다면, 국내승 지명처

---

44 도래승 관련 일본 학계의 경우 왕진이 후손으로 일본에 법상종과 선종(禪宗)을 초전한 도소, 왕인박사의 후손으로 대중포교와 사회사업에 힘쓴 대승정 행기, 화엄종을 일으켰던 양변 등에 관해 상대적으로 국내보다 많은 연구성과가 축적되어 있다. 본문에서는 최근 연구성과(심경순, 「7세기 백제 도래인 승려 도소의 생애와 활동」, 『한국연구』 17, 2024)를 반영하여 도래승의 활동을 함께 살펴보도록 하겠다.

럼 그의 주요한 활동은 지방이 아닌 당시 왕권과 관련이 있는 지역에서 이루어진 것으로 볼 수 있다.

본문에서는 기존 연구와 달리 백제 승려들의 활동 지역 및 성격에 따라 구법승, 국내승, 전법승으로 승려들을 구분하여 승려 개인의 활동을 살펴보고, 구법승, 국내승, 전법승 활동의 특징과 의미를 찾아 보고자 한다.

본서는 기본적으로 삼국시대 및 7세기 통일신라시대까지 국내외에서 활동한 백제 승려들을 연구 대상으로 한다. 활동 지역에 따라 국내에서 주로 활동한 국내승과 국외에서 활동한 국외승으로 나눌 수 있으며, 이는 다시 활동 성격에 따라 구법활동을 위주로 한 구법승과 전법활동을 위주로 한 전법승으로 세분할 수 있다.

먼저 구법승과 전법승, 그리고 국내승에 관한 용어를 검토하면 다음과 같다. 구법승과 유사한 의미로 사료상 입학승入學僧, 학문승學問僧, 청익승請益僧, 유학승留學僧, 구법승求法僧 등의 용례를 찾을 수 있다. 한국에서는 입학승,[45] 중국에서는 학문승,[46] 일본에서는 학문승, 청익승, 유학승, 구법승[47] 의 용어가 사용되었다. 행위의 주된 주체가 삼국 및 일본 승려이기 때문에 국내 및 일본측 사료에서 많이 쓰이고 있으며, 특히 일본측 사료에서 다양

45　十年春 梁遣使與入學僧覺德 送佛舍利 王使百官 奉迎興輪寺前路(『三國史記』卷第4 眞興王 10年)
興德王代大和元年丁未 入學僧高麗釋丘德賫佛經若干函來 王與諸寺僧徒出迎于興輪寺前路(『三國遺事』卷第3 前後所藏舍利)
十年梁遣使與入學僧覺德送佛舍利(『海東高僧傳』卷第1 釋法雲)
後二十六年 陳遣使劉思及入學僧明觀 送釋氏經論(『海東高僧傳』卷第2 釋覺德)
眞興王五創興輪寺…後五年春 梁遣使與入學僧覺德送佛舍利(『大東禪敎考』)
46　所奏學問僧等 請聽恣意出入…(『文館詞林』卷664 貞觀年中撫慰百濟王詔一首)
貞元二十年 遣使來朝 留學生橘逸勢日本續羣書類叢橘逸勢傳 學問僧空海(『舊唐書』卷199上 列傳 第149 東夷 日本國)

한 용례를 찾을 수 있다.

국내 사료 『삼국사기』·『삼국유사』·『해동고승전』에서는 중국에서 유학한 승려를 의미하며, 중국 측 사료인 『문관사림』·『구당서』에서는 당시 중국에 체류중인 삼국, 일본 승려를 일컫는다. 일본의 경우 중국과 삼국에서 유학한 승려를 지칭하며, 그중 학문승이 사전류史傳類인 『일본서기』·『속일본기』, 불전류佛傳類인 『입당구법순례행기』 등에서 가장 폭넓게 사용되고 있다. 원인圓仁은 『입당구법순례행기』에서 구법승을 당에서의 체류기간에 따라 단기간 체류하는 청익승과 장기간 체류하는 유학승으로 구분하였다. 이 둘은 대우에 있어서도 차이가 있었다.[48] 이 때문에 청익승이나 유학승보다 구법승을 좀 더 포괄적인 용어로 이해할 수 있다.[49]

활동 지역에 따라 천축에서 활동한 중국승, 삼국승, 일본승, 중국에서 활동한 삼국승, 일본승, 삼국에서 활동한 일본승을 구법승으로 통칭할 수 있

---

47 冬十月乙丑朔乙亥 大唐**學問僧**淸安·學生高向漢人玄理 傳新羅而至之(『日本書紀』卷第23 舒明 12年)

二月壬子朔 遣於三韓**學問僧**(『日本書紀』卷第25 孝德 大化 4年)

(五月)**學問僧**義法義基 摠集 慈定淨達等至自新羅(『續日本紀』卷第3 文武 慶雲 4年)

(冬十月)…幷入唐**學問僧**戒融 優婆塞一人 轉自渤海相隨歸朝 海中遭風所向迷方(『續日本紀』卷第24 淳仁天皇 天平寶字 7年)

七月 二日…学問僧圓載木已下廿七人同遷乘之指陸發去(『入唐求法巡禮行記』卷第1 唐文宗開成 3년)

乙酉 天台宗入唐**請益僧**圓仁 將弟子僧性海惟正等(『續日本後紀』卷第18 仁明天皇 承和 15년). 二十三日…但**請益留**学僧猶在舩上 縣中人悉集競見 留学僧肚裏不好(『入唐求法巡禮行記』卷第1 唐文宗開成 3년 7월)

八日…**求法僧**木未登陸地 頭判官登陸居白水郞舍…(『入唐求法巡禮行記』卷第1 唐文宗開成 3년 8월)

48 小野勝年, 『入唐求法巡禮行記の硏究』第1卷, 鈴木學術財團, 1964, 99쪽.

49 여성구는 구법승에 중국, 천축 이외에 일본으로 간 경우도 포함시켜 도일구법승과 입천축구법승으로 보아 구법승의 의미를 매우 포괄적으로 해석하였다(「신라 중대의 입당구법승 연구」, 국민대 박사논문, 1997, 3·12쪽).

다. 좀 더 세분화하면, 구법지역이 중국인 경우 입화구법승入華求法僧, 입화학승入華學僧, 구법청익승求法請益僧, 해동구법승海東求法僧, 입당구법승入唐求法僧, 입당청익승入唐請益僧, 견당청익승遣唐請益僧 등으로 불리며, 인도인 경우 입축구법승入竺求法僧, 천축구법승天竺求法僧, 서역구법승西域求法僧, 동아시아 구법승 등의 용어가 사용되고 있다. 시기와 지역에 따라 약간의 의미 차이가 있지만 대부분의 기존 연구에서는 구법승, 유학승 등의 용어가 거의 구분 없이 혼용되고 있다. 본문에서는 천축과 중국에서 활동한 백제 승려들을 구법승으로 통칭하고 지역별에 따라 입축구법승과 입화구법승으로 칭하기로 한다.

구법求法이란 불교의 진리를 터득하기 위해 외국에 나가 수행하고 순례하는 행위로, 그 주체를 일반적으로 구법승이라고 한다면,[50] 전법傳法은 구법과 대비되는 용어이다. '불법을 전수하는 것'으로 불교 역사상 붓다는 최초의 구법승이자 전법승이다. 아소카왕의 적극적인 전법으로 3차 결집이 이루어졌고 인도 전역에 전도사가 파견되면서 비로소 인도 대륙 전체에 불교가 전파되었다. 이후 수많은 전도승들이 중국과 한반도로 동래東來하였다.[51] 즉, 남아시아 인도를 향해 떠난 동아시아 출신 승려를 구법승이라 한다면, 이와 반대로 동아시아를 향해 간 남아시아 인도의 승려들은 포교승이다.[52] 이와 같이 상대적으로 불교가 덜 발달된 지역으로 가서 법을 전하는 승려들을 일러 기존 연구에서는 전법승傳法僧, 전교승傳敎僧, 포교승布敎僧, 전도승傳道僧, 도일승渡日僧 등의 용어를 사용하고 있다.

---

50 권덕영,「고대 동아시아인들의 국외여행기 찬술」,『동국사학』49, 2010, 3쪽.

51 계미향,「한국 고대의 천축구법승 연구」, 동국대 박사논문, 2016, 27~28쪽.

52 조준호,「아시아 불교 문화의 발자취－구법승과 포교승」,『CHINDIA Plus』108, 2015, 42쪽.

지역적으로 중국에서 활동한 천축승,[53] 삼국에서 활동한 천축승·중국승, 일본에서 활동한 천축승·중국승·삼국승이 전법승의 범위에 속하는 것으로 볼 수 있다. 국내사료에서 삼국에서 활동한 외국 전법승의 사례를 찾아보면, 인도에서 동진을 거쳐 백제로 들어와 불교를 전한 마라난타, 불경과 부처의 사리를 가지고 신라승과 함께 귀국한 비마라, 농가타, 불타승가는 천축 전법승이고, 고구려에 경經, 율律을 가지고 온 담시는 중국 관중현 섬서성 출신의 중국 전법승이다.[54]

일본에서 활동한 전법승의 경우 지리적으로 가까운 삼국의 승려들이 대부분이었고, 이들은 일본으로 건너가 다양한 전법활동을 펼쳤다. 일본 최초의 승정이 된 백제의 관륵, 법흥사에 함께 주석한 백제 혜총과 고구려 혜자 등이 모두 일본 불교 발전에 큰 영향을 끼친 삼국시대 전법승이다. 일본 남도육종 중 율종의 종조로 추앙받는 감진은 754년 도일한 대표적인 중국 전법승이며, 736년 도일한 천축승 보제천나, 베트남 승려 불철 역시 일본에서 활동한 전법승들이다.

본서에서는 일본에서 활동한 백제 승려 중, 사료상 도일 사실이 명확하게 언급된 경우를 백제 전법승으로 한정하고, 토착화된 백제의 후손인 '도래승'들은 전법승의 범위에서 제외하였다.

국내승 용어에 대해 여성구는 '다른 나라에 가지 않고 국내에서 전법활동한 승려'로,[55] 권덕영은 '구법승과 반대되는 개념으로 외국에 유학하

53　西域傳法僧至此今古少類矣(『宋高僧傳』卷第1)
　　此經四世後轉成名相 一何可悲 師旣傳法僧璨(『佛祖統紀』卷第29)

54　九月 胡僧摩羅難陁自晉至 王迎之 致宮內禮敬焉 佛法始於此(『三國史記』卷第24枕流王1年)
　　安弘法師入隋求法 與胡僧毗摩羅等二僧廻 上稜伽·勝鬘經及佛舍利(『三國史記』卷第4 眞興王37年)
　　釋曇始關校中人也 自出家多有異跡…以晉大元末年賷 持經律數十部往化遼東 乘機宣化 顯授三乘立以歸戒(『海東高僧傳』卷第1 釋曇始)

지 않고 국내에서만 공부한 승려'로 정의하였다.[56] 문맥상 '국내'는 신라를 의미하는 것으로 전제한다면, 여성구, 권덕영은 국내승을 '신라지역에서 활동한 승려'로 규정한 것으로 이해된다. 본서에서 국내승은 '구법승이나 전법승과 달리 외국에서의 활동 사실이 전하지 않는, 백제를 포함한 삼국 내에서 활동한 백제 승려'의 의미로 사용하고자 한다.

시기적으로 백제승의 활동은 6~8세기, 즉 통일신라 초반까지 이어진 것으로 볼 수 있다. 구체적으로 백제승의 활동이 사료에서 드러나는 것은 입축 구법승 겸익이 활동한 6세기 초엽부터라고 할 수 있다. 한성시대에 한산에 절이 창건되었고 10여 명의 승려가 도첩을 받기도 했으나 승려 개인의 행적이 기록으로 남아 있는 것은 겸익이 최초라 할 수 있다. 그 외 입화 구법승들은 양梁, 진陳, 수隋, 당대唐代에 구법활동을 펼쳤다.

백제승의 활동은 백제 멸망 이후에도 한동안 국내외에서 이어졌다. 국내에서는 입화 구법승 숭제가 진표의 스승으로 백제 고토에서 7세기 후반까지 활동하였고, 국내승 경흥과 의영은 통일신라 문무왕 및 신문왕대681~692 신라 불교계의 중앙에서 7세기 말엽까지 활동을 이어간 것으로 추정된다. '일본 사문의 시초'라고 할 수 있는 담혜와 도심은 554년 경 도일하였다는 점에서 백제 전법승의 활동이 본격적으로 시작된 것은 6세기 중반부터이다. 한편 백제 멸망 이후 많은 백제 승려들이 도일하여 7세기 중후반부터 8세기 전후까지 왕성하게 활동하였다. 이후 일본에서 백제 불교의 영향은 백제 전법승에서 백제의 후손인 '백제 도래인 승려'도래승로 이어졌다.

백제승들은 초기부터 국내외에서 거의 동시 다발적으로 구법 및 전법 활동을 진행했다. 즉 국내뿐만 아니라 국외 지역인 천축, 중국, 일본 등지

---

55   여성구, 「신라 중대의 입당구법승 연구」, 국민대 박사논문, 1997, 3쪽.
56   권덕영, 「삼국시대 신라 구법승의 활동과 역할」, 『청계사학』 4, 1987, 20쪽.

에서 국제적인 활동을 펼쳤다. 먼저 국외지역 활동에서 입축 구법승 겸익은 중인도 지역에서, 입화 구법승들은 중국 내 수도인 건강, 장안, 그리고 유명한 고승이 주석한 남악 형산 등을 찾아가 구법활동을 하였다. 일본으로 건너 간 전법승들은 주로 법흥사, 원흥사 등에 주석하면서 나라 지역을 중심으로 전법활동을 전개하였다.

국내 지역의 경우 대부분의 구법승들은 귀국 후 웅진, 사비 지역을 중심으로 활동하였고, 그 외 백제 말기 귀국한 숭제의 경우 김제 금산사에 주석해 활동하였다. 전법승 의각의 경우, 사기寺記를 통해 향천사와 대련사가 위치한 충남 예산 지역을 중심으로 활동한 것으로 추정된다. 국내승 혜현은 예산 수덕사에서, 혜현과 동시대에 활동한 것으로 보이는 지명은 익산, 7세 말엽 활동한 신라불교계에서 왕성한 활동을 보인 경흥과 의영은 경주 지역을 중심으로 활동하였다. 사료상 나타나 있지는 않지만 고구려승 도림과 보덕화상이 각각 개로왕대와 의자왕대 백제로 와서 활동하고 있다는 점에서 반대로 백제 승려가 신라 뿐만 아니라 고구려 지역에서 활동했을 가능성도 있다고 추측되지만, 구체적인 사례는 찾을 수 없어 제외하였다.

본문에서는 국내외 관련 사료를 통해 백제 승려들의 활동을 구법승, 국내승, 전법승으로 구분하여 살펴보고자 하며, 사료 성격에 따라 승전류僧傳類, 천태天台·법화류法華類, 사전류寺傳類, 사전류史傳類, 목록류·기타로 구분할 수 있다.[57] 본서에서 다루고 있는 주요 사료를 국가별로 정리하면 아래와 같다.

---

57 국외 문헌 분류에 있어 김승호는 중국 측 문헌은 전기류(傳記類), 천태(天台)·법화류(法華類), 선종사류(禪宗史類), 일본측 문헌은 전기류(傳記類), 사지류(寺志類), 사기류(史記類)로 구분하여 정리하였고(「해외문헌을 통해 본 삼국시대 승려의 인물전승 양상」, 『한국문학연구』 32, 2007, 361·363쪽), 『동아시아 한국불교사료－중국문헌편』(박광연·고승학 외역, 동국대 출판부, 2014)은 승전류, 천태법화(응험)류, 선종사류로, 『동아시아 한국불교사료－일본문헌편』(김영진·박인석 외역, 김영태 편, 동국대 출판부, 2015)은 승전류, 사전류(寺傳類), 사전류(史傳類), 목록류로 구분하였다.

<표 1> 백제승 관련 국내외 문헌

구분	국내 문헌	국외 문헌	
		중국	일본
승전류	서역중화해동불조원류, 대동선교고, 불조록찬송	속고승전, 송고승전, 신수과분육학승전, 신승전	삼국불법전통연기, 원형석서, 본조고승전, 불법전래차제, 승강보임초출
천태·법화류	법화경집험기, 천태사교의, 법화영험전	불조통기, 관세음응험기, 홍찬법화전, 법화전기	-
사전류 (寺傳類)	개암사법당중창기문별기, 미륵불광사사적, 대조사미륵실기, 향천사사적책, 부안군개암사연혁기	-	흥복사연기, 선광사연기, 원흥사가람연기병류기자재장
사전류 (史傳類)	삼국사기, 삼국유사, 동사략, 조선불교통사, 부여지	구당서, 신당서, 자치통감	일본서기, 부상약기, 제왕편년기
목록류·기타	저역총보	문관사림, 옥해, 전당서	일본서기, 부상약기, 제왕편년기

* 위 표는 김승호, 「해외문헌을 통해 본 삼국시대 승려의 인물전승 양상」, 『한국문학연구』 32, 2007, 361 · 363쪽 표 및 『동아시아 한국불교사료 ─ 중국문헌편』(동국대 출판부, 2014)과 『동아시아 한국불교사료 ─ 일본문헌편』(동국대 출판부, 2015) 목차를 참조함

백제승에 관한 가장 이른 시기의 국내 문헌은 7세기말 의적이 편찬한 『법화경집험기』이며, 국외 문헌은 중국 제나라 육고[459~532]가 편찬한 『관세음응험기』이다. 모두 천태·법화류 문헌이며, 입화 구법승 발정에 관한 내용을 싣고 있다. 양 사료의 선후를 밝혀보면, 『법화경집험기』 첫구절에서 '『관세음응험기』에 백제인에 대한 영험이 있다'라고 하여 의적이 발정에 관한 행적을 기록하는 데 이 책을 인용하고 있는 것으로 보아 『관세음응험기』가 더 앞 시기에 편찬되었음을 알 수 있다. 이와 같이 국내외 사료에서 백제승에 관해 이른 시기에 기록된 것은 법화류 문헌으로 당시 백제의 법화 신앙 및 사상이 국내외에서 널리 알려져 있었던 것으로 볼 수 있다. 이후 국내에서는 여전히 천태·법화류 문헌인 『천태사교의』[970년 경]와 『법화영험전』[1377]에서 현광, 경흥 관련 내용을 싣고 있다.

승전류에 있어서는 일찍이 중국의 『속고승전』[645]과 『송고승전』[988]에서

각각 혜현과 현광의 행적이 기록되었고, 일본에서도『삼국불법전통연기』1311·『원형석서』1322·『본조고승전』1701에서 일본에서 활동한 다수의 도일 전법승들을 기록하고 있다. 한편 국내에서는『서역중화해동불조원류』1764·『대동선교고』19세기 초반·『불조록찬송』1927에서 현광, 지명, 도침, 숭제 정도만 언급하고 있을 뿐이다.

국내에서 백제 승려에 관해 가장 자세하게 다루고 있는 것은 사전류史傳類인『삼국유사』1281와『조선불교통사』1918로, 특히『조선불교통사』의 경우 다른 문헌에 없는 입축 구법승 겸익에 관한 내용을 기술하고 있다는 점에서 주목할 만하다. 한편 겸익에 관한 내용이 다른 곳에서 전혀 발견되지 않아 사료적 신빙성에 의문을 제기하기도 하나,[58] 책의 범례에서 구성과 집필 및 편찬 원칙에 대해 구체적으로 규정하고, 저자가 엄밀한 사료적 근거에 입각해 객관적 접근을 추구하며 책을 서술하고 있다는 점에서[59] 이 책이 단지 개인의 신앙심으로 집필된 책이 아니라 오랜 기간의 방대한 자료의 수집과 고증을 거친, 신뢰할 만한 자료라고 할 수 있다.

중국 사전류의 경우 백제승으로 도침이 유일하게 기록되어 있으며, 그마저도 도침의 불교적 활동이 아닌 백제부흥운동 위주로 서술되어 있다. 반면 일본 사전류에서는 다양한 백제 전법승들의 활동을 기록으로 남기고 있다.

일본 문헌의 경우 승전류, 사전류寺傳類, 사전류史傳類 구분 없이 고루 백제 승려들의 전법활동을 기록하고 있으며, 국내 고대 불교사의 신라 중심적 서술과 대조적으로『삼국유사』등의 국내 문헌에서 거론되지 못한 다수의 백제승려들의 일본 내 활동이 기록되어 있다. 다만 중국 문헌에 비

58　이주형 편,『동아시아 구법승과 인도의 불교 유적』, 사회평론, 2009, 38~39쪽.
59　김용태,「조선불교통사를 통해 본 이능화의 불교 이해」,『애산학보』41, 2015, 45쪽.

해 사료적 가치가 높다고 하기 어려운 점이 있다. 게다가 훨씬 후대에 채록된 것으로 원형적 전승을 추적하는 데 무리가 따르는 면이 있을 수 있다.[60] 하지만 이들 사료에 대한 객관적인가 검토와 비판을 통해 백제 승려들의 전법활동을 살펴볼 수 있을 것이다.

본서에서는 사료속에 산재해 있는 40여 명의 백제승을 정리해 활동지역 및 성격에 따라 구법승 6명, 국내승 7명, 전법승 29명으로 구분하였고, 그중 뚜렷한 구법 및 전법활동 양상을 보인 구법승 5명, 국내승 6명, 전법승 6명을 선별하여 살펴보기로 한다.[61]

---

60 김승호, 「해외문헌을 통해 본 삼국시대 승려의 인물전승 양상」, 『한국문학연구』 32, 2007, 363~364쪽.

61 전법승의 경우 사료에 승명만 전하는 경우가 많아 도일 사실이 명확하고, 일본 불교 발전에 뚜렷한 영향을 주었다고 판단되는 전법승을 우선적으로 선별하였다. 또한 토착화된 백제 도래인 출신 승려(도래승) 14명을 함께 정리하였고(〈부록 백제승일람〉 참조), 그중 적극적인 구법·전법활동을 펼친 도래승 1명을 본문에서 함께 살펴 보고자 한다.

차례

제1장

백제의 불교 수용과 구법승求法僧의 활동

4세기경 불교를 수용한 삼국은 6세기에 들어서면서 적극적으로 인도 및 중국에 구법승을 파견하기 시작했다. 고구려 승랑僧朗은 삼국 중 가장 이른 시기에 구법활동을 떠난 인물로, 476년 고향 요동을 떠나 중국으로 들어갔고, 570년경 중국에서 입적했다.[1] 신라 최초의 구법승 각덕覺德은 549년 양나라가 보낸 사전과 함께 불사리를 가지고 귀국했다.[2]

백제는 384년 불교가 전래된 이후 한역화된 중국불교의 수용에 만족하지 않고 적극적으로 자국의 승려들을 외국에 파견하여 국내 불교 발전에 필요한 부분을 채우고자 했다. 이에 백제는 6세기 전반 인도와 중국에 각각 입축 구법승 겸익과 입화 구법승 담혜, 발정을 파견했다. 당시 삼국의 입축 구법승 및 입화 구법승의 활동을 살펴보면 다음과 같다.

먼저 입축 구법승 활동을 살펴보면, 당시 인도에서 구법활동을 한 동아시아 승려들 중 문헌에 기록된 구법인들 가운데 출신지가 알려진 것은 92명으로, 중국에 해당하는 지역티베트, 교주 출신이 65명, 일본 출신 2명, 삼국 출신은 14명이다. 14명 중 신라 출신으로 명시되어 있는 구법승은 12명, 백제와 고구려 출신은 각 1명이며, 이중 백제승 겸익을 제외한 나머지 구법승들은 7, 8세기의 구법승으로 인도 도착이 확인된 것은 9명, 무사히 귀국한 것은 3명에 불과하다. 겸익을 제외하고 본국으로 귀국한 것

1 　김성철, 「승랑의 생애에 대한 재검토II」, 『보조사상』 23, 2005, 363쪽; 김성철, 「승랑과 승조」, 『불교학보』 61, 2012, 16~21쪽.

2 　十年春 梁遣使與入學僧覺德 逸佛舍利 王使百官 奉迎興輪寺前路(『三國史記』 卷第4 眞興王 10年)
　　釋覺德新羅人…卽附舶入梁爲求法之先鋒. 但不知第何年耳, 此新羅入學之始…乃於眞興王十年與梁使齎佛舍利還至舊都…(『海東高僧傳』 卷第2 釋覺德)

은 신라 원표뿐이다.[3] 그만큼 인도 현지에서 구법활동을 진행하는 것은 매우 어렵고 힘든 일이며, 게다가 구법활동을 마치고 무사히 귀국하는 것은 더욱 어렵다는 것을 의미한다. 그만큼 겸익이 구법활동 초창기라 할 수 있는 6세기에 인도로 구법활동을 후 무사히 귀국했다는 것은 매우 이례적인 일이었음을 알 수 있다.

고구려와 신라의 입화 구법승 승랑과 각덕을 살펴보면 다음과 같다. 고구려 승랑은 중국에서 오랫동안 구법활동을 했지만, 본국으로 귀국하지 않고 중국에서 입적했다. 때문에 그가 고구려 국내 불교에 직접적인 영향을 끼쳤다고 보기는 어려울 것 같다. 신라 각덕은 중국 구법활동 후 549년 불사리를 가지고 귀국 했지만, 불교 경론을 가져왔다거나, 불승과 함께 왔다는 기록은 없어 그가 신라 불교에 구체적으로 어떠한 영향을 주었는지 확인하기 어렵다. 반면 겸익과 비슷한 시기 중국으로 구법활동을 떠난 것으로 추정되는 백제 구법승 발정과 담혜는 법화불교 및 삼론 교학과 관련된 구법활동을 한 후 모두 귀국하였다는 점에서 고구려 및 신라승에 비해 국내 불교 발전에 직접적인 영향을 끼쳤고, 기여한 바가 좀 더 컸다고 평가할 수 있다.

결국 당시 고구려, 신라 승려들이 자의든 타의든 현지에서 귀국하지 못하는 경우가 많았었던 것에 반해, 백제의 구법승들은 인도와 중국 현지에서의 구법활동을 마친 후 거의 대부분 본국으로 귀국하여 국내 불교 발전에 기여한 점은 백제 구법승 활동의 특징적인 점이라 할 수 있다. 그 결

---

3 삼국출신 14명은 백제 겸익(謙益), 고구려 현유(玄遊), 신라 혜업(慧業)·현각(玄恪)·아난야발마(阿離耶跋摩)·현태(玄太)·혜륜(慧輪)·구본(求本)·실명승(失名僧) 2인·혜초(慧超)·무루(無漏)·원표(元表)·오진(悟眞)이다(이주형,『동아시아 구법승과 인도의 불교유적』, 사회평론, 36~39쪽). 원표의 경우 고구려승으로 구분하기도 한다(계미향,「高句麗 元表의 華嚴經拿來 考察 — 生涯와 求法을 中心으로」, 동국대 석사논문, 2012).

<표 2> 백제 구법승

활동 지역	승명	구법 시기	활동내용	
			국외 활동	국내 활동
인도	겸익	512~526	-율을 구하고자 인도로 감(矢心求律) -중인도 상가나대율사에서 구법활동 -범어 학습 및 율부 전공	-배달다삼장과 함께 범본 아비담장과 5부율문을 가지고 귀국(526) -흥륜사 주석 및 범본 역경 -대조사 창건(설)
중국	발정	512~541	-천감 연간(502~520) 중국으로 건너 가 스승을 찾아 불도를 배움(尋師學道) -30여 년 동안 양에서 구법활동 -귀국 도중 월주(越州) 계산(界山) 관음도량 순례	-귀국(541)
	담혜	512 / 521(출발) 544 이전(귀국)	-유화에 뜻을 두고 중국으로 감(遊化爲志) -양(梁)에서 종장(宗匠)들의 자리에 배석해 대소승을 가리지 않고 배움	-대조사 창건(설) -귀국 후 전법을 위해 도일(554)
	현광	567~590	-웅천주 출신 -이름 난 스승을 찾아 선법을 구하고자 중국으로 감(決求名師, 求中土禪法) -남악으로 가 혜사 문하에서 법화삼매 증득 -귀국 전 2년간 회향사(廻向寺)에서 제자 혜민에게 성실론 강의	-귀국 후 웅주 옹산 주석(590) -해동 전교의 시초 -선법(禪法), 선행(禪行)을 가르치고 교화행에 노력함 -후학 양성
	지조	645 전후	-중국에서 구법활동 중 귀국하지 못하고 억류	-미상
	숭제	677~680(출발) 726~728(귀국)	-스승 선도(善導)에게 정토종 사사 -오대산에서 문수보살로부터 오계를 받음	-금산사 주석 -제자 진표에게 사미계법, 점찰경 전수

과 백제 불교는 삼국 중 가장 빠르고 다양하게 발전할 수 있었다.

삼국 구법승들의 활동을 시기적으로 1단계 흥기단계[502~589, 양진시대], 2단계 흥성단계[590~907, 수당시대], 3단계 최후단계[9세기 말~10세기 초]로 구분할 수 있다.[4] 이에 따르면 백제 구법승들의 활동은 1, 2단계에 해당하며, 매우 이

4　황유복·진경부, 권오철 역, 『한중 불교문화 교류사』, 까치, 1995, 40~44쪽. 저자는 중국 남조 梁나라 때부터 북송 전반기까지 입화 구법승을 모두 223명으로 파악하였다. 1단계 흥기단계(502~589)의 삼국 구법승은 14명이며, 그중 백제승으로 겸익, 발정, 담

른 시기 국내외에서 활발하게 활동하였음을 알 수 있다.

백제 구법승의 활동을 구법 지역에 따라 정리하면 〈표 2〉와 같다. 본 장에서는 입축 구법승 겸익, 입화 구법승 발정, 담혜, 현광, 숭제의 활동을 중심으로 백제가 구법승 파견을 통해 선진적인 불교 사상 및 교학을 도입하여 국내 불교를 어떻게 발전시켰는지 그 과정을 살펴 보고자 한다.

1. 계율 불교의 도입과 겸익謙益

많은 구법승들 가운데 서역으로 간 구법승들은 대부분 구법지역에서 생을 마감함으로써 한국불교의 내재적 발전면에서는 뚜렷한 역할을 하지 못한 것으로 보기도 한다.[5] 이와 같은 점에서 백제 입축 구법승 겸익은 불교의 본산인 인도에 가장 먼저 도착한 해동인이며, 귀국 시 범본梵本으로 된 율서律書를 가지고 인도승 배달다삼장과 함께 귀국함으로써 백제에 계율 불교를 도입하였다.

앞서 삼국 출신 14명 중 1단계 흥기단계502~589에 활동한 입축 구법승은 겸익, 고구려 현유玄遊, 신라 혜업慧業·현각玄恪·아리야발마阿離耶跋摩로 이중 백제승 겸익만이 유일하게 귀국하였다. 많은 구법승들 가운데 서역으로 간 구법승들은 자의든 타의든 간에 대부분 타향에서 세상을 떠나 자국 불교 발전에는 직접적인 영향을 끼치지 못한 것으로 볼 수 있다. 반

혜, 현광, 2단계 숭제를 언급하였다. 한편 정병조는 초창기(4~6세기), 흥륭기(7~8세기), 최성(最盛) 및 쇠퇴기(9~14세기)의 3기로 나누었고, 초창기 구법승은 11명, 이중 백제 출신으로 겸익, 담혜, 현광을 포함하였다(「구법승 연구의 의의와 과제」, 『불교연구』 23, 2005, 11쪽).

5   황유복·진경부, 권오철 역, 위의 책, 1995, 53쪽.

면, 겸익은 목숨을 건 인도에서의 구법활동 후 귀국함으로써 백제 불교 발전에 큰 영향을 끼칠 수 있었다.

겸익에 관한 내용은 「미륵불광사사적彌勒佛光寺事蹟」, 「대조사미륵실기大鳥寺彌勒實記」에서 찾아 볼 수 있다. 「미륵불광사사적」은 이능화1869~1943의 『조선불교통사』신문관, 1918에서 처음 소개되었다.[6] 『조선불교통사』는 1918년 상·중·하 3편 2책으로 구성되어 출간된 한국불교 통사로, 겸익 관련 사료인 「미륵불광사사적」을 처음으로 수록하였다. 이 때문에 사료적 신빙성에 의문이 제기되기도 하나 장지연의 책 발문 및 저자 서문을 통해[7] 이 책이 단지 개인의 신앙심으로 집필된 책이 아니라 오랜 기간의 방대한 자료의 수집과 고증을 거쳤기에, 충분히 신뢰할 만한 자료인 점을 밝히고 있다.

한편 이능화가 1918년 『조선불교통사』에서 겸익의 사적을 밝힌 이후로 『저역총보』 및 『부여지』 등에서 겸익에 관한 내용을 싣고 있는데, 이는 이능화가 밝힌 겸익 관련 내용을 신뢰할 만하다고 판단한 것으로 볼 수 있다. 먼저 1920년 금명보정1861~1930은 『저역총보』1920에서 겸익이 논장과 율장을 가져왔음을 간략하게 기록하였고,[8] 1929년 간행된 『부여지』부

---

6   이능화의 『조선불교통사』에 관한 연구는 다음과 같다. 한상길, 「조선시대 불교사 연구와 조선불교통사」, 『불교학보』 40, 2003; 류화송, 「조선불교통사에 타나난 이능화의 언문 인식 고찰」, 『불교학보』 40, 2003; 김창숙, 「朝鮮佛敎通史 下編의 분석연구」, 『한국불교학』 43, 2005; 김용태, 「조선불교통사를 통해 본 이능화의 불교 이해」, 『애산학보』 41, 2015.

7   책 발문에서 장지연은 저자 이능화가 유자(儒者)이면서도 불교를 좋아하는 사람으로 내전과 외전에 모두 박식하였으며, 여러 해 동안 연구하여 불교 경전을 잘 이해했다고 하였고(尙玄居士 儒而好佛者 博通乎內外典 參究有年 妙解釋氏眞詮), 이능화는 서문에서 한국불교의 12종파와 900개의 사찰의 역사가 방치되고 잊혀져 왔기에 이를 안타깝게 여겨 고증과 학습의 공을 들인 끝에 이 책을 낼 수 있었다고 밝혔다(『역주 조선불교통사』 6, 동국대 출판부, 2010, 789~790쪽).

8   『저역총보』는 1920년 금명보정이 편찬한 책이다. 역대 불교 논소와 역서, 각종 저서와

여군청, 1929에서는「대조사미륵실기」를 수록하였다.「대조사미륵실기」는 앞서 소개한「미륵불광사사적」과 거의 내용면에서 동일하나 역경 작업 후 527년 대조사를 창건하였다는 내용이 추가되어 있다.[9] 또한 이능화는 무능거사無能居士라는 필명으로 근대 불교 잡지『불교』제7호대정 14, 1925와 31호소화 2, 1927에서「미륵불광사사적」을 인용하여 겸익의 구법활동과 담욱, 혜인의 율소 저술에 관해 글을 게재하기도 하였다.[10]

> 1-① 불기 1553년 병오 4년신라 법흥왕 13년 고구려 안장왕 8년 양 보통 7년 백제 사문 겸익은 중인도 상가나사에 들어가 범문梵文을 배우고 율부律部를 전공하였다. 인도 승 배달다삼장과 함께 범본 율문을 가지고 귀국하여 율부 72권으로 번역하니, 이것이 백제 율종의 시초이다. 담욱, 혜인 두 법사는 율소律疏 36권을 저술하였다.
>
> 1-②「미륵불광사사적」에 이르기를, 백제 성왕 4년 병오년 사문 겸익은 계율을 구하기로 맹세하여 바다를 건너 중인도의 상가나대율사에 이르렀다. 범문을 배운지 5년 만에 천축의 말에 환히 통하였으며, 율부를 깊이 전공하여 계의 본체를 장엄하게 하였다. 그리하여 인도승 배달다

금석문의 제목과 저자명을 집록한 저술 목록집이다.
阿毘曇藏五部 謙益 / 梵本律文七十 謙益(『著譯叢譜』卷第4 三藏譯梵部第4)

9 겸익의 대조사 창건에 관한 내용은 1929년 간행된『부여지』권지3 기「대조사미륵실기」및 '林川郡 寺刹 大鳥寺' 두 곳에 실려 있다. 단 1871년 발행된『호서읍지』에 실린『임천읍지』의 '대조사' 항목에는 겸익의 대조사 창건에 관한 내용은 빠져 있다.
在郡東一里 有大石佛 其恩津灌燭寺彌勒相符(「林川邑誌 寺刹 大鳥寺」,『湖西邑誌』)

10 百濟聖王四年 沙門謙益 入中印度常伽那寺 學梵文攻律部 與梵僧倍達多三藏 賣梵本律文 歸國 譯成七十二卷 是爲百濟律宗之始 曇旭惠仁兩法師著律疏三十六卷【見彌勒佛光寺事蹟】(無能居士,「李朝佛敎史(7)」,『佛敎』7, 1925, 42쪽)
…百濟의 謙益和尙은 印度에 入하야 戒律을 學하야 東國에 歸還하야 律乘을 遺傳하얏고…(이능화,「조선불교의 삼시대」,『佛敎』31, 1927, 6쪽)

삼장과 함께 범본 아비담장과 5부 율문을 가지고 귀국하였다.

1-③ 백제왕이 우보의식용 해가리개와 고취풍악로써 교외에서 맞이하여 흥륜사에 머물게 하였다. 국내의 명승 28인을 불러 모아 겸익과 같이 율부 72권을 번역하게 하였으니, 이것이 바로 백제 율종의 비조가 되었다. 이에 담욱, 혜인 두 법사가 율부의 소疏 36권을 저술하여 왕에게 바쳤다. 왕은 비담과 신율의 서문을 지어 태요전에 받들어 간직하였다. 왕은 장차 새겨서 널리 펴고자 하였으나 얼마 안 있어 붕어하였다.[11]

1) 구법 배경 및 동기

사료 1-①~1-③을 통해 입축 구법승 겸익의 전반적인 구법활동 및 귀국 후 활동을 살펴보면 다음과 같다. 당시 입축 구법행의 가장 큰 목표는 성지순례와 유학, 취경取經으로 요약할 수 있다.[12] 사료 1-②에서 겸익은 '시심구율矢心求律'이라고 하여 '율을 구하는 것을 마음으로 맹세하고' 구법활동을 떠났다.[13] 그리고 중인도 상가나대율사라는 사찰에서 법문과

---

11 1-① 佛紀一五五三年 丙午四年(新羅法興王十三年高句麗安藏王八年梁普通七年) 百濟沙門謙益 入中印度常伽那寺 學梵文攻律部 與梵僧倍達多三藏 齎梵本律文歸國 譯成七十二卷 是爲百濟律宗之始 曇旭惠仁兩法師 著律疏三十六卷
1-② 彌勒佛光寺事蹟云 百濟聖王四年丙午 沙門謙益 矢心求律 航海以轉至中印度常伽那大律寺 學梵文五載 洞曉竺語 深攻律部 莊嚴戒體 與梵僧 倍達多三藏 齎梵本阿曇藏五部律文歸國
1-③ 百濟王 以羽葆鼓吹 郊迎 安于興輪寺 召國內名釋二十八人 與謙益法師 譯律部七十二卷 是爲百濟律宗之鼻祖也 於是 曇旭惠仁兩法師 著律疏三十六卷 獻于王 王作毘曇新律序 奉藏于台耀殿 將欲剞劂廣佈 未遑而薨(『朝鮮佛教通史』上篇 佛化時處1 彌勒佛光寺事蹟) 원문 및 해석은 『역주 조선불교통사』1(동국대 출판부, 2010) 참조.
12 계미향, 「한국 고대의 천축구법승 연구」, 동국대 박사논문, 2016, 104쪽.
13 일반적으로 우리는 '계율'이라는 용어를 사용하지만, 본래 계와 율은 각각 명확히 구분되는 의미를 지니며 그 역할 또한 구분된다. 계가 세간의 도덕이나 윤리에 비유할 만

축어竺語를 익히고 나서 율부, 곧 율장을 공부했다는 점에서 겸익의 주요한 구법동기는 취경, 구체적으로 율장을 구하기 위해서였다. 한정적인 의미로는 겸익이 인도까지 가서 구하고자 한 것은 승단의 질서를 유지하고 출가자들이 지켜야 하는 '율'이라고 할 수 있다.

동진의 법현은 겸익보다 100여 년 앞선 중국의 입축 구법승으로 겸익과 마찬가지로 '불경과 율장이 어긋나고 빠진 것을 개탄'하고, 399년홍시원 혜경, 도정, 혜응, 혜외 등과 함께 장안을 출발하였다.[14] 법현과 현장을 존경하여 671년함형 2 구법활동을 떠난 의정의 경우 귀국하여 경전을 번역하는 데 있어 특히 율부에 관심을 기울였다고 하는 점으로 보아 그의 구법동기에서 율을 구하는 것이 큰 부분을 차지했던 것으로 보인다.[15]

겸익이 인도로 구법활동을 떠난 512년 이전, 당시 중국에서는 사대광율四大廣律이 전해진 상태였다. 상좌부의 십송율, 사분율, 오분율과 대중부의 마하승기율 네 가지 율을 일컬어 사대광율이라고 한다.[16] 그중 십송율

한 것으로, 자발적으로 악을 떠나고자 하는 강한 정신력을 의미한다면, 율은 국가의 법률에 비유할 만한 것으로 승단이라는 특수한 공동체의 질서를 위해 출가자들이 반드시 지켜야 할 강제성을 띤 규칙을 의미한다(이자랑, 「율장을 통해 본 승단과 현대사회의 조화」, 『한국불교학』, 2006, 156쪽).

14 常慨經律舛闕 誓志尋求 以晉隆安三年 與同學慧景 道整 慧應 慧嵬等 發自長安(『高僧傳』 卷第3 釋法顯)

15 「석의정」, 『속고금역경도기』(『출삼장기집外』, 동국역경원, 2000, 590쪽).

16 불교 교단은 근본 분열 이후 상좌부 11부, 대중부 9부로 나뉘게 되었고, 이들 20부 가운데 상좌, 대중를 제외한 18부의 18부파는 서로 다른 율을 전승하였다. 중국에서는 먼저 전해진 십송율, 사분율, 오분율, 마하승기율을 사대광율이라고 하며, 이후 의정이 범본을 가지고 와서 번역한 설일체유부의 설일체유부비나야(50권)를 포함하여 오대광율이라고 한다. 664~683년 혜립이 저술한 현장의 전기인 『대당대자은사삼장법사전』 권제2에 따르면 '其僧律儀傳訓有五部焉一法密部 二化地部 三飮光部 四說一切有部 五大衆部'라고 오부(五部)를 정리하였다. 이중 마하승기율은 마하승기부, 즉 대중부의 율이지만 내용적으로 보면 오히려 엄격한 면이 보이기도 한다(목정배, 「해제」, 『마하승기율』 1, 동국역경원, 1995, 9쪽).

과 사분율은 역출된 것이 아니라 송출되었기 때문에 당시 불경과 율장은 법현의 말대로 어긋나고 부족하다고 할만하다. 이와 같은 부족한 부분을 채우기 위해 법현을 비롯한 많은 구법승들이 인도로의 구법행을 택하였고, 법현은 오분율과 마하승기율 등의 범본을 가지고 와서 역출하였다.

정리하면 겸익이 구법활동을 떠난 5세기 초는 법장부의 사분율, 화지부의 오분율, 설일체유부의 십송율, 대중부의 마하승기율이 전해진 상태였다.[17] 중국에서의 광율의 전래 및 번역 현황을 정리하면 아래 〈표 3〉과 같다.

〈표 3〉 광율(廣律)의 전래 및 번역 현황

구분		한역본(권수)	전래형태(전래자)	번역자(시대)	번역시기
상좌부	설일체유부	십송율(61)	암기본(불야다라)	불야다라(佛若多羅), 구마라집(鳩摩羅什) (후진)(後秦)	404~409
	법장부	사분율(60)	암기본(불타야사)	축불념(요진)	410~412
	화지부	오분율(30)	범본(법현)	불타집, 축도생(유송)	422~424
	음광부	해탈계경(1)	범본	구담반야류지	543
	설일체유부	근본설일체유부비나아(50)	범본(의정)	의정	701~713
대중부		마하승기율(40)	범본(법현)	불타발타라(佛馱跋陀羅), 법현(동진)	416~418

음광부의 경우 전하는 율장은 없고 계본戒本인 『해탈계경』1권만 전하며 543년 번역되었는데, 당시 중국의 승들은 완전한 오부율이 인도에 존재한다고 믿고 있었고, 이러한 전승은 현장의 시대까지도 유포되고 있었다고 한다.[18] 5세기 전반에 역출된 사대광율이 겸익이 구법활동을 떠날 당

17　平川彰, 박용길 역, 『율장연구』, 토방, 1995, 131~174쪽.

18　小玉大圓은 이러한 생각이 중국에서 뿐만 아니라 백제에서도 존재했을 가능성이 있다고 보았다. 즉 겸익이 헌정과 마찬가지로 인도에 완벽한 오부율이 존재하고 있다고 믿어 그것을 직접 구하기 위해 인도로 구법을 떠났을 가능성이 있다고 보았다(「百濟求法僧謙益とその周邊」, 『한국사상사학』 6, 1994, 403쪽).

시인 6세기 초까지 백제에 전체 또는 일부가 전해졌을 것으로 생각된다. 다만 근본유부율은 중국에 전해지지 않은 상태였다. 당시 승려 헌정獻正은 멀리 서역에 가서 음광부의 율을 찾으려고 서원을 세웠지만 총령이 험절하여 이 책을 얻지 못하였다고 하였다.[19]

한편 구법지역으로 중국이 아닌 인도를 선택한 배경에는 당시 중국 불교계 상황도 영향을 끼쳤을 것으로 보인다. 겸익의 구법시기는 중국 양 무제512~549 시기이다. 무제는 불교에 대한 신앙심이 매우 깊었으며, 후원을 아끼지 않았다. 본인이 경전에 관한 지식과 조예가 깊었으며 교리에도 통달해 있었다. 무제는 치세 초기부터 중국의 성왕 관념에서 한 걸음 더 나아가 속권俗權은 물론 교권敎權까지 장악한 법왕을 지향했다. 그러나 승단 세력이 강한 남조에서는 쉽게 실현되기 어려웠다. 남조 고승대덕들이 황권을 초월하여 독자적인 목소리를 낼 수 있었던 이유는 그들이 문벌사족 출신이라는 점과 밀접한 관련이 있다. 남조에서는 문벌사족의 힘이 황권을 능가했기 때문에 천감 초기에는 양자 간 우호적 관계가 유지되었다. 그런데 천감 후기에 이르러 승단 통제가 본격적으로 시도되었고, 이는 필연적으로 교권과 황권의 갈등을 수반했으며, '백의승정' 논쟁으로 표출되었다. 514천감 13~522년보통 3 사이 무제는 지장智藏과의 대화 속에서 당시 승려들이 경전을 독송하거나 학습하지 않으며 계율을 지키지 않는 점을 지적하면서 자신이 직접 백의의 승정이 되어 율법을 제정하고자 하는 뜻을 밝히기도 했다.[20]

19　是故名爲迦葉毘 此一部律不來梁地 昔先師獻正°遠適西域 誓尋斯文 勝心所感 多値靈瑞而葱嶺險絶 弗果玆典 故知此律於梁土衆僧未有其縁也(『출삼장기집외』, 동국역경원, 2000, 82쪽)

20　소현숙, 「양 무제의 불교정책」, 『한국고대사탐구』 2, 2009, 130·143~160쪽.

또한 승려들이 고기를 먹고 술을 마시는 것에 대해 「단주육문斷酒肉文」천감말~보통 4, 519~523을 발표하여 승려의 음주와 육식을 엄격하게 금지했다. 이는 다수 승니들의 격렬한 반대를 불러 일으켰다. 당시 남조는 『십송율』이 유행하고 있었고, 승단에서는 『십송율』에 근거하여 승려의 육식이 이루어지고 있었다. 이는 중국 남조에서 사대광율이 번역되었지만 교단 내에서 계율이 엄격하게 지켜지지 않았던 것으로 볼 수 있다.

한편 백제 국내 교단 상황을 살펴보면, 385년 10명이 승려가 되면서 처음으로 교단이 성립된 것으로 볼 수 있다.[21] 그리고 10여 년이 지나서 정식으로 십인승가十人僧伽에 의한 본격적인 구족계 수계의식이 가능해졌다.[22]

겸익이 활동할 당시 백제 교단 내에서는 중국에서 들어오는 광율만으로는 해결되지 않는 문제가 있었던 것으로 보인다. 개로왕대 고구려에서 도주한 승 도림이 개로왕과의 친교를 바탕으로 무리하게 성곽과 궁실을 중수하게 하고 내정에 간섭하였으며, 백제 국내의 정치적인 상황을 고구려에 전달하여 결국 수도 한성이 함락당하는 데 빌미를 제공한 사건이 발생하였다.[23] 이 사건은 개로왕의 입장에서 당시 정치적 영향력이 컸던 해씨 일가의 사상적 기반을 견제하기 위해 새로운 불교 세력으로 외국승인 도림을 등용하여 왕권 강화를 시도한 것이었으나, 결국 지배층 및 불교계 내부의 분열을 가지고 온 것으로 볼 수도 있다. 그리고 이와같은 불교계 내부의 문제는 한성 함락의 하나의 요인이 되었으며, 웅진시대 불교

---

21 서영수·안계현 외, 「삼국시대 초기불교교단 형성에 관한 연구」, 『동국대논문집』 12, 1973, 135~136쪽.

22 율장에서 10명의 비구가 있어야 구족계를 줄 수 있는 계단이 성립된다. 이때 10명의 비구란 수계를 증명하는 증인으로 '삼사칠증(三師七證)'이라고 한다. 삼사(三師) 가운데 화상(和尙)이 포함되어야 하며 화상이 되려면 출가 후 10년이 경과해야 한다(平川彰, 박용길 역, 『율장연구』, 토방, 1995, 554~557쪽).

23 『三國史記』권제25 개로왕 21년 9월.

계의 과제로 남겨지게 되었다.[24]

이와같은 일련의 사건들로 인해 불교의 권위 및 위상이 손상되었고, 백성들에게는 불교에 대한 불신이 초래되었으며, 교단 운영의 재검토 및 승니들의 보다 엄격한 계율 준수가 필요함을 절감하게 되는 계기가 되었다. 율장은 승가라는 특수한 공동체가 지켜야 하는 규칙을 모아 놓은 법률의 성격을 갖고 있다. 승가의 구성원들을 어떻게 잘 통제하여 승가를 안정되게 유지·발전시킬 수 있을까 하는 점에 초점을 두고 설해진 규정들을 모아 놓은 문헌이다.[25] 그런데 당시 중국 및 백제에서 유통되던 광율은 이와같은 역할을 제대로 수행하고 있지 못했고, 백제는 겸익을 통해 범본 율전을 가져와 유통시킴으로써 승단의 기강을 세우고자 한 것으로 생각된다.[26] 즉 기존의 율로서는 대부분 좋은 가문 출신의 승려들로 구성된 교단을 제대로 정비할 수 없다고 판단하여 겸익을 인도로 파견, 보다 엄격한 율을 가져와 승단에 적용시킴으로써 승단 및 교단을 쇄신하고자 하였다.

2) 구법활동

(1) 여정

사료 1-①, 1-②에서 겸익의 입축 및 귀국 시기를 추정할 수 있다. 본 장에서는 1-②「미륵불광사사적」을 통해 겸익의 여정을 살펴보도록 하겠다. 먼저 겸익의 출국시기는 ②의 '百濟聖王四年丙午 沙門謙益 矢心求律 航海以轉至中印度常伽那大律寺 學梵文五載 洞曉竺語 深攻律部 莊嚴戒體 與梵僧 倍達多三藏 齎梵本阿曇藏五部律文歸國'의 해석에 따라 526

---

24 조경철,「한성백제시대의 불교문화」,『향토서울』63, 203쪽.
25 이자랑,『율장의 이념과 한국불교의 정향』, 동국대 출판부, 2017, 299쪽.
26 계미향,「한국 고대의 천축구법승 연구」, 동국대 박사논문, 2016, 232쪽.

년을 출국시기로 보는 견해와 귀국시기로 보는 견해로 나뉜다. 전자의 경우 겸익이 성왕 4년[526] 출발하여 인도에서의 5년간의 구법활동 기간을 더하여 성왕 9년[531] 귀국한 것으로 추정한다.[27] 그런데 사료 2-②「대조사미륵실기」에서 겸익은 성왕 5년[527] 대조사를 창건하여 532년 완성한 것으로 되어 있어 531년 귀국설은 제고의 여지가 있다.

후자의 경우는 성왕 4년[526]을 귀국시기로 보고 겸익이 인도에 머문 5년을 빼 520년을 출발시기로 추정한다.[28] 또한 문맥상 뒤이어 겸익이 가져온 성과보고 및 이에 대한 왕의 열렬한 환영 등에 초점을 맞춰 서술하고 있다는 점에서 성왕 4년 귀국한 것으로 보는 것이 자연스럽다는 입장이다. 뿐만 아니라 '學梵文五載 洞曉竺語 深攻律部 莊嚴戒體'의 해석을 '범문을 5년 동안 공부하여 범어에 능통하게 되었고, (그리고 나서) 율부를 깊이 공부하여 계체를 장엄히 하였다'라고 해석하면 겸익의 인도에서의 구법기간을 5년 이상으로도 볼 수 있다.[29] 겸익이 구법활동을 떠난 무령왕대의 중국과의 왕래기사는 아래와 같다.

---

27 채인환,「고구려·백제의 계율사상 연구」,『한국불교계율사상연구』(I), 토방, 1997; 장휘옥,「삼국불교의 해외진출과 그 의의」,『한국불교사의 재조명』, 불교시대사, 1994; 안계현,「백제 불교에 관한 제문제」,『백제연구』8, 1977.

28 김상현,「동아시아 불교문화의 흐름과 백제 불교」,『57회 백제문화제 국제학술대회』, 충청남도역사문화연구원, 2011; 김영태,「백제 불교 신앙의 특성」,『백제의 종교와 사상』, 충청남도, 1994; 小玉大圓,「求法僧謙益とその周邊」,『한국사상사학』6, 1994; 서경수·안계현,「삼국시대 초기불교교단 형성에 관한 연구」,『동국대논문집』12, 1973.

29 심경순,「6세기 전반 겸익의 구법활동과 그 의의」, 이화여대 석사논문, 2001, 9쪽. 대표적인 입축 구법승들의 구법기간을 살펴보면, 법현 15년(399~413), 현장 17년(629~645), 의정 25년(671~695)이다. 송운의 경우는 518~521년으로 4년에 불과하나 靈太后의 명을 받고 사신의 성격을 띠고 갔다 온 것이기 때문에 일반적인 구법 활동의 범주로 보기 어렵다.

<표 4> 백제와 양(梁)의 외교기사

시기	기사내용	비고
502년 (무령왕 2)	-천감원년 태(太)의 호를 정동장군으로 올려 주었다.[30]	책봉
512년 (무령왕 12)	-12년 여름 4월에 사신을 양나라에 보내 조공하였다.[31]	조공 및 책봉
521년 (무령왕 21)	-겨울 11월 사신을 양나라에 보내 조공하였다.[32] -(보통 2년)그해 고조가 조서를 내리길… 지절 도독 백제제군사 영동대장군 백제왕의 관직을 허락하였다.[33]	조공 및 책봉
524년 (성왕 2)	-보통 5년 융(隆)이 죽었다. 조서를 내려 그의 아들 명(明)을 지절독백제제군사 수동장군 백제왕으로 삼았다.[34]	책봉
541년 (성왕 19)	-19년 왕이 사신을 양나라에 보내 조공하고, 함께 표문을 올려 모시 박사와 열반경 등의 경의(經義) 및 공장(工匠)과 화사(畵師) 등을 청하였다. (양이) 이를 허락하였다.[35]	조공

*방향숙, 「5~7세기 중국왕조들의 백제에 대한 인식과 외교 전략의 변화」, 『백제연구』 57, 60쪽 참조

<표 4>에서 백제가 양나라에 조공사신단을 파견한 것은 무령왕 12년[512] 4월, 무령왕 21년[521] 11월 2건이다.[36] 앞서 인도에서 5년 이상을 공부하고 526년에 귀국했다고 가정한다면, 결국 겸익은 512년[무령왕 12] 사절단의 배를 이용하여 출발, 성왕 4년[526] 귀국한 것으로 볼 수 있다.[37]

---

30 天監元年 進太號征東將軍(『梁書』東夷列傳 百濟)

31 十二年 夏四月 遣使入梁朝貢(『三國史記』卷第26 武寧王 12年)

32 冬十一月 遣使入梁朝貢(『三國史記』卷第36 武寧王 21年)

33 (普通二年)其年 高祖詔曰…可使持節 都督 百濟諸軍事 寧東大將軍百濟王(『梁書』東夷列傳 百濟)

34 普通五年 隆死 詔復以其子明爲持節督 百濟諸軍事 綏東將軍百濟王(『梁書』東夷列傳 百濟)

35 十九年 王遣使入梁朝貢 兼表請毛詩博士涅槃等經義并工匠畵師等 從之(『三國史記』卷第26 聖王 19年)

36 『양서』 무령왕 2년(502) 책봉기사는 논의에서 제외했다.

37 이에 대해 조경철은 526년 귀국설에는 동의하였으나 겸익이 인도로 떠나기 전 이미 범어를 알고 있었다고 전제하였으며, 출발시기를 522년(무령왕 22)으로 보았다(「백제 성왕대 대통사 창건의 사상적 배경」, 『국사관논총』 98, 2002, 109쪽). 그러나 당시 일반적인 입축 구법승들의 구법기간은 법현 18년, 현장 17년인 점을 감안한다면 5년의

(2) 인도에서의 구법활동

겸익의 인도 현지에서의 구법활동에 관한 내용은 사료 1-②에서 찾아볼 수 있다. 우선 그의 구법지역은 중인도이며, 구법기간은 앞서 여정에서 살펴보았듯이 512~526년으로 약 15년 정도이다. 이 시기 인도는 역사적으로 굽타왕조[320~550] 후기에 해당한다. 찬드라굽타 2세[375~414] 시기가 이 왕국의 전성기였으며, 법현의 구법활동[399~416]은 이 시기에 이루어졌다. 그러나 굽타왕조는 5세기 말부터 쇠퇴하기 시작하여 6세기 초 이후 많은 지방정권이 출현했다. 또한 5세기 중엽부터 훈족이 인도 서북부를 침입하기 시작했으며, '미히라쿨라Mihirakula의 파불'[38]로 북인도의 불교는 치명적인 타격을 받았다.

겸익의 구법지역인 중인도는 불교의 성립지이며, '불교의 중국中國'[39]으로, 부처님 입멸 후 이곳에서부터 포교가 시작되었다. 겸익보다 100여 년 정도 앞서 구법활동을 떠난 법현은 육로를 따라 북인도로 들어갔으나 당시 북인도의 여러 나라들은 모두 스승에게서 제자에게 구전되어 오기 때문에 베낄 만한 책이 없어 중인도에서 일부의 율서를 얻었다고 한다.[40] 따라서 겸익은 훈족의 침입으로 혼란한 북인도가 아닌 법현의 글을 참고해 율장을 구하기 위해서는 중인도를 구법지역으로 정했을 것이다.

구법기간은 매우 짧은 편이라고 할 수 있다. 또한 백제에서 겸익이 어느정도 수준 범어를 익히고 갔을지는 의문이며, 귀국 시 범승과 함께 귀국한 것으로 보아 귀국할 당시에도 율장의 완벽한 이해 및 역경을 위해서는 호승(胡僧)의 도움이 필요했다는 점에서 조경철의 견해에는 납득하기 어려운 점이 있다. 계미향 역시 5년간의 유학을 통해 역경을 할 수 있을 만큼의 고급 범어를 구사하기는 어렵다고 보았다(「한국 고대의 천축구법승 연구」, 동국대 박사논문, 2016, 142쪽).

38 에티엔 라모트, 정의도 역, 『간추린 인도불교사』, 시공사, 1997, 97쪽.

39 김선근, 「인도불교 교단의 성립과 발전 그리고 쇠퇴I」, 『불교학보』 36, 1999, 63쪽.

40 법현, 이재창 역, 『법현전』, 동국역경원, 1980, 28~31·128쪽.

당시 중인도의 불교적 경향을 법현과 현장의 글을 통해 알아보면, 먼저 법현이 중인도에 갔을 당시 대승사찰인 마하연승가람과 소승의 절이 공존하고 있었고, 대승사찰에서 소승의 율인 마하승기부의 율을 얻기도 한 것으로 보아[41] 명확하게 대승과 소승의 구별이 있었던 것 같지는 않다. 또한 현장이 그의 구법활동 기간627~645 마갈타국摩竭陀國에 갔을 당시 이 곳은 승도의 대부분이 대승의 교법을 학습하고 있었다고 한다.[42] 다시 말해서 이들의 기록에 보이는 당시 인도의 불교 상황은 중국을 중심으로 하는 대승불교권에서 이해하는 것과는 상당한 차이를 보여준다. 특히 소승부파와 대승과의 관계에 있어서 인도 불교의 모습은 대승불교권에서 보이는 차별과 대립의 모습이라기보다는 상호공존과 공생의 관계에 있는 것으로 볼 수 있다.[43]

앞서 겸익의 구법동기에서 그가 율장을 구하기 위해 인도로 떠난 것으로 추정하였다. 중국의 입축 구법승 법현이 중인도 마하연승가람에서 3년동안 범어와 범서를 익히고 율을 베꼈듯이[44] 겸익 또한 사료 1-②에서 보면 중인도의 상가나대율사常伽那大律寺라는 곳에서 범어와 범문을 익히고 율장을 공부하였다. 또한 사료에는 없지만 법현이나 신라 천축구법승 아리야발마가 그러했듯이 율을 베꼈을 것이다.[45]

겸익의 주요한 구법활동이 이루어졌던 중인도의 상가나대율사라는 절

---

41 衆僧於阿育王塔邊 造摩訶衍僧伽藍 甚嚴麗 亦有小乘寺 都合六七百僧衆…乃至中天竺 於此摩訶衍僧伽藍 得一部律 是摩訶僧祇衆律(『高僧法顯傳』1卷)

42 현장, 권덕주 역,『대당서역기』, 일월서각, 1983, 215쪽.

43 이주형 편,『동아시아 구법승과 인도의 불교 유적』, 사회평론, 2009, 96쪽.

44 法顯住此三年 學梵書梵語寫律(『高僧法顯傳』1卷)

45 『고승법현전』에서 법현은 범어와 범서를 공부하고 율을 베꼈으며(『고승법현전』1권), 아리나발마는 나란타사에서 율과 논을 보고 패협에 베꼈다고 한다(『三國遺事』卷第4 義解第5 歸竺諸師).

은 다른 문헌에서는 발견되지 않는다. 이 때문에 절의 성격을 두고 율학의 중심 도량, 대승 사찰이라는 의견부터 최근 연구에서는 나란타대학이라는 등의 여러 견해가 제시되었다.[46] 그런데 앞에서 살펴보았듯이 당시 인도불교에서 소승부파와 대승과의 관계는 상호 공생의 관계로 법현의 경우 대승사찰인 마하연승가람에서 대중부의 율을 얻었듯이, 겸익이 머물렀던 절이 대승사찰, 또는 소승부파의 사찰인지는 그리 중요하지는 않다.

다만 최근 연구성과에서 계미향은 나란타사라는 견해를 제시했다. 나란타사는 중인도 마갈타국 북쪽에 있던 절로 405년 이후에 지어졌으며,[47] 인도 제일의 대가람으로 800년 이상 불교연구의 중심지였다. 법현이 구법활동을 할 당시에는 사리불의 사리탑은 있었으나 나란타대학은 없었다. 이후 7세기 초 현장이 인도에 유학할 무렵 이곳은 인도 불교의 중심지였다.[48] 정관연간627~649에 인도로 구법활동을 떠난 신라승 아리야발마도 이곳에 머물면서 율과 논을 익히고 여러 가지 불경을 베꼈다. 비슷한 시기 구법활동을 한 현장에 관한 기록에 따르면 나란타절에서는 승려 수가 만명이 되었고 모두 대승과 소승 등의 책과 인명因明, 성명聲明, 의방醫方, 술수術數 등에 이르기까지 두루 갖추어 연구하고 있었으며, 매일 백여 곳에서 강좌가 열렸다고 한다.[49]

---

46 김영태는 겸익이 이곳에서 동안 범문(梵文)을 배우고, 율부를 공부하고 계체를 장엄하였다는 점과 절명에서 율학의 중심도량으로 보았고(「백제의 불교사상」, 『한국철학연구』(상), 1977, 134쪽), 조경철은 법현이 범어를 배우고 율을 베꼈던 대승 사찰인 마하승가람으로 보았다(「백제 성왕대 유불정치이념」, 『한국사상사학』 15, 2000, 19쪽). 계미향은 상가나대율사(常伽那大律寺)는 하나의 사찰명이 아니라 '常-伽那-大律寺'로 분리해서 보아 '항상 (중천국) 가야의 대율사(마하비나야사)'로 해석했고, 대율사는 나란타대학의 일부 혹은 인근의 대학으로 보았다(「한국 고대의 천축구법승 연구」, 동국대 박사논문, 2016, 107~108쪽).

47 『불교사전』, 동국역경원, 2000, 111쪽.

48 현장, 권덕주 역, 『대당서역기』, 일월서각, 1983, 272쪽.

49 僧徒主客常有萬人 竝學大乘兼十八部 爰至俗典吠陁等書 因明 聲明 醫方 術數亦俱研

앞서 법현은 마하연승가람에서 3년동안 범어와 범문을 익히고 율을 베꼈다. 법현과 구법목적 및 활동면에서 유사한 겸익은 상가나대율사에서 5년 동안 머물며 구법활동을 진행했다. 활동 내용에 있어서 취경, 범어 및 범문 습득, 율장 공부 및 사율寫律, 그리고 계체수행 등 법현보다 종합적인 구법활동을 진행했고, 이를 감안한다면, 겸익이 머물렀던 곳은 대승, 또는 소승의 단일 사찰보다는 나란타대학과 같은 대규모의 종합적 성격의 대학으로 보는 것이 좀 더 타당할 것이다.

사료 1-②를 보면 겸익은 귀국 시 범본 논장인 '아담장'과 오부의 율장인 '오부율문'을 가지고 왔다. 앞서 〈표 3〉을 보면, 겸익이 활동할 당시 4부의 율은 전해진 상태였으나 아직 가섭유부飮光部의 율이 들어오지 않은 상태로, 당시 중국에서는 인도에 다섯 번째인 가섭유부의 율이 전해진다고 믿고 있었으며, 실제로 헌정은 이를 찾고자 인도로 구법을 떠나기도 했다.[50]

겸익은 국내의 미비한 율을 구하고자 입축 구법승으로서 머나 먼 인도로 구법활동을 떠났고, 중인도 지역에서의 구법활동을 통해 오부의 율과 논장을 가지고, 인도 승려와 함께 귀국하였다. 입축 구법승의 귀국은 당연한 것이 아니었다. 법현과 함께 구법활동을 떠났던 도정道整은 중인도에 도착한 후 사문의 법칙이나 승려들의 위의威儀와 촉사觸事에 볼 만한 것이 많음을 보고, 중국에서 승려들의 계율이 훼손되어 있음을 탄식하며, 인도에 머물며 돌아오지 않았다. 그러나 법현은 본래 마음으로 계율을 한漢나라 땅에 유통시키고자 하는 강한 사명감을 가지고 있었기 때문에 홀

習…寺內講座日百餘所 學徒修習 無棄寸陰(『大唐大慈恩寺三藏法師傳』卷第3)

50   昔先師獻正 遠適西域 誓尋斯文 勝心所感 多値靈瑞而蔥嶺險絶 弗果茲典(『出三藏記集』
       卷第3 新集律來漢地四部序錄 迦葉維律)

로 돌아온 것이다.[51] 그만큼 승려 개인으로서는 당시 불교의 선진국이라 할 수 있는 인도에 당연히 더 머물고 싶었을 것이다. 그러나 겸익, 법현의 경우 국내의 미비한 율을 구하고 나아가 이를 자국내에 유통시키는 것을 목표로 했기 때문에 반드시 귀국해야만 했고, 그렇기 때문에 구법승의 귀국은 그들이 강한 국가의식을 가지고 있었던 것으로 해석할 수 있다. 겸익이 가지고 온 아담장과 오부율문의 성격은 귀국 후 활동에서 살펴 보기로 한다.

3) 귀국 후 활동

겸익의 귀국 및 귀국 이후의 활동 모습은 사료 1-②, 1-③을 통해 알 수 있다. 1-②에서 겸익은 범본으로 된 아담장과 오부율문을 가지고 귀국했다. 겸익이 '비담'으로 역경한 '아비담'은 아비담장, 아비달마장이라고 한다. 아비담장은 경·율·논 삼장 가운데 경장과 율장을 체계적으로 설명하는 논장을 말한다. 당시 중국에서 사대광율이 번역되었으나 주석서에 대한 번역은 일부 이루어졌을 뿐이다. 겸익이 율을 구하러 인도로 구법활동을 떠났지만 대부분의 입축 구법승들이 다수의 율장과 논장을 가지고 귀국한 점으로 보아 겸익 또한 인도 현지에서 다수의 율장 및 논장을 수집해 가지고 온 것은 당연하다.

겸익이 가져 온 아비담에 관해서는 많은 연구자들이 설일체유부의 논장으로 추정하고 있다. 설일체유부는 근본상좌부에서 분출分出한 이후 서북인도에서 유행하였으며 중앙아시아를 거쳐 중국으로 들어왔다. 부파불교 시대에는 20여개의 부파가 있었고, 그중 설일체유부는 가장 주도적

51　道整既到中國 見沙門法則 衆僧威儀觸事可觀 乃追歎秦土邊地衆僧戒律殘缺 誓言自今已去 至得佛願不生邊地'故遂停不歸 法顯本心欲令戒律流通漢地. 於是獨還(『高僧法顯傳』1卷)

이 부파였다.[52]

당시 대표적인 논장들을 살펴보면, 설일체유부의 근본적인 논서라 할 수 있는 6족1신의 '칠론七論',[53] 율종의 소의가 되는 율오론律五論 등이 있었다.[54] 겸익보다 100여 년 앞선 입축 구법승 법현은 6천게송의 『잡아비담심』과 마하승기의 아비담을 얻었다. 『잡아비담심』은 설일체유부의 논서인 『아비담심론』을 보충한 것으로 잡심론이라고도 하며, 이후 『잡아비담심』 13권으로 역출되었다. 현장 또한 설일체유부 논서의 근본이라고 할 수 있는 칠론을 비롯해 다수의 논장을 번역했다는 점에서 겸익이 가져온 범본 아비담 역시 설일체유부의 논서일 가능성이 높기는 하나 법현이 설일체유부의 논서인 『잡아비담심』과 함께 대중부인 마하승기부의 논장을 함께 가지고 왔다는 점에서 겸익이 가지고 온 논장에도 대중부인 마하승기부의 논장이 포함되었을 가능성은 충분하다.

오부율문은 소승 오부의 율로, 역경 작업을 통해 율부 72권으로 번역되었고,[55] 왕은 신율의 서문을 지었다. 당시 중국에 이미 4대광율이 역경

52　계미향, 「한국 고대의 천축구법승 연구」, 동국대 박사논문, 2016, 149~154쪽; 고익진, 「대승교학의 발생과 교학사조」, 『한국고대불교사상사』, 동국대 출판부, 1989, 123쪽; 고영섭, 「불광 겸익과 옹산 현광」, 『문학사학철학』 36, 2014, 25쪽. 서경수·안계현은 좀 더 구체적으로 설일체유부의 논서들 중 『아비달마구사론』·『아비달마바사론』·『아비달마잡집론』 등의 논장으로 추정하였다(「삼국시대 초기 불교교단 형성에 관한 연구」, 『동국대 논문집』 12, 1973, 136쪽).

53　『아비달마집이문족론』(20권)·『아비달마법온족론』(12권)·『아비달마시설족론』(7권)·『아비달마식신족론』(16권)·『아비달마계신족론』(3권)·『아비달마품류족론』(18권)·아비달마발지론』(20권).

54　『율이십이명료론』(1권)·『비니모론』(8권)·『살바다비니비바사』(9권)·『선견율비바사』(18권)·『살바다부비니마득륵가』(10권).

55　사료 1-③ 「미륵불광사사적」에서는 '譯律部七十二卷', 1-①에서는 '(齎梵本律文歸國) 譯成七十二卷'로 되어 있다. 전자의 경우 '(범본)72권을 번역한 것'으로, 후자의 경우는 '(범본 율문을) 72권으로 번역한 것'으로 해석상의 차이가 있다. 이와 관련 이능화

된 상태에서 율을 구하고자 인도로 갔다는 것은 중국의 한역화된 율장으로는 백제 국내의 교단 및 승단의 문제를 해결할 수 없다고 판단한 것으로 볼 수 있다. 따라서 겸익이 다수의 논장과 율장을 가지고 왔다고 전제한다면, 그가 가지고 온 율장인 오부율문은 대중부보다 상대적으로 엄격한 상좌부 계통의 율인 십송율설일체유부, 사분율법장부, 오분율화지부과 당시 미전이었던 근본설일체유부비나야설일체유부, 계본 해탈계경음광부, 그리고 마하승기율로 추정된다.

앞서 범본 아담장의 경우 법현의 사례처럼 대중부인 마하승기부의 논장이 포함되었을 수 있듯이 오부율문에도 대중부의 율장인 마하승기부의 율장이 포함되었을 가능성이 있다. 마하승기율은 대중부 계통의 율이기는 하나 내용적으로 진보적이기 보다는 엄격한 면을 가지고 있으며, 법현도 마하승기부의 율을 가지고 온 바 있어 겸익 또한 마하승기율을 가지고 왔을 가능성이 높다.[56]

귀국 후 활동은 사료 1~③에서 확인할 수 있다. 겸익은 귀국 후 원활한 역경작업을 위해 인도승 배달다삼장과 함께 귀국했다. 당시 인도에서는 여전히 경전들이 스승에서 제자로 구전되고 있었고, 〈표 3〉에서 알 수 있듯이 십송율과 사분율은 인도의 승려들에 의해 송출된 바 있다. 따라서 겸익과 함께 온 인도승 배달다삼장 또한 율장이나 논장을 송출했을 가능성이 있으며, 귀국 시 가지고 온 범본 율장과 논장의 완벽한 역경을 위해

는 『조선불교통사』 중편 율종편 및 「李朝佛敎史(7)」(『佛敎』7, 1925, 42쪽)에서 '譯成七十二卷'라고 하여 '(범본 율문을) 72권으로 번역한 것'으로 해석하였다. 본문에서는 이능화의 해석을 따라 '72권으로 번역한 것'으로 해석한다.

56　계미향은 겸익이 귀국 시 가지고 범본 오부율문은 사분율, 십송율, 오분율, 해탈계본경, 마하승기율이며, 이후 율부 72권으로 번역되었다고 보았다(「한국 고대의 천축구법승 연구」, 동국대 박사논문, 2016, 138쪽 〈표 IV-1〉 참조).

겸익과 함께 역출에 참여한 '역경삼장譯經三藏'[57]이라고 할 수 있다.

사료 1-③에서는 역경 작업 과정을 알 수 있다. 성왕은 겸익에게 성대한 환영식을 베풀어 주고 흥륜사에 주석하게 하여 국가적으로 역경작업을 진행했다. 천축 구법승이 성공적인 구법활동을 마치고 귀국했을 때 통치자가 직접 궁 밖으로 나아가 구법승들을 맞이하는 예는 드물지 않다. 법현, 현장, 의정의 경우에도 황궁 근처의 대형 사찰에 머물게 하고 대규모 역경장을 시설하여 각종 편의를 제공하였다.[58] 이와 같은 초창기 입축 구법승에 대한 국가적 관심과 지원은 공통된 모습이다. 성왕은 국내 28명의 고승을 불러 겸익과 배달다삼장의 역경 작업을 돕게 했다. 그리고 번역된 비담[論藏]과 신율[律藏]의 서문을 짓고 태요전에 간직하여, 이를 널리 펴고자 했다.

새로이 번역된 '비담'과 '신율'에 대해서는 다양한 견해가 있지만,[59] 앞서 겸익이 다수의 논장과 율장을 가지고 온 만큼 특정 논장이나 율장으로 한정하기보다는 새로이 번역된 다수의 논장들과 율장 전체를 통칭하는 것으로 볼 수 있다. 역경 사업 이후 겸익의 행적을 「대조사미륵실기」를 통해 알아보면 다음과 같다.

> 2-① 백제 때 도승 겸익은 일찍이 인도 상가나대율사에 가서 5년간 범문을 공부하고 범어를 크게 깨우쳤다. 범본 아담장과 5부의 율문을 가지고 귀국하여 율부 75권을 역출하여 흥륜사에 간직하였다.

57　역경에 종사하는 스님을 역경삼장이라 한다. 그 기원은 후한 명제 영평(58~75) 때 서역 스님 가섭마등, 축법란이 낙양에 와서 번역한 것에서 비롯한다(『불교사전』, 동국역경원, 2000, 581쪽).

58　계미향, 「한국 고대의 천축구법승 연구」, 동국대 박사논문, 2016, 140~142쪽.

59　신율에 대해 소승 오부 전체의 율로 보거나 한 부의 율로 미사색부의 오분율, 음광부의 미전하는 율로 보는 견해가 있다(이에 대한 정리는 「6세기 전반 겸익의 구법활동과 그 의의」(심경순, 이화여대 석사논문, 2001), 31쪽 참조).

2-② 비몽사몽간에 관음보살이 손에 광명주를 들고 나타나서 정역精譯한 것
을 살펴보고 칭찬하였는데 얼마 되지 않아서 큰 새로 변하여 가림성
앞에 내려앉자 사람들이 홀연 보이지 않았다. 꿈에서 깨고 나서 황홀
하여 가서 새가 내려와 앉은 곳을 찾았는데, 바위가 우뚝 서 있었다. 바
위 위에는 관음불이 광명주를 들고 서 있었다.

겸익은 그제서야 불상을 조성하라는 뜻을 깨닫고 그 아래에 절 하나
를 짓기 시작하여 대조사라 이름하였다. 절 안에 율부를 안치하고 돌
위에 관음불상을 본떠 미륵을 조성하였다. 백제 성왕 5년527 정미 봄에
짓기 시작하여 성왕 10년 임자532에 완성하였다.

2-③ 미륵의 양 미간 사이에 광명주를 넣으니 빛을 발하여 수년간 밤에도
낮과 같이 환하였다. 그 후 도둑이 밤을 틈타 훔쳐 갔는데, 도망가다 곧
오리정 아래에서 갑자기 죽어버렸고, 어디에 떨어졌는지 알지 못했다.
고려 원종 때 무량사 도승 진전장노陳田長老가 불상을 중수하였는데, 장
노가 말하길 "이 뒤로 천년도 못 되어 미륵의 덕이 널리 사해에까지 미
치리라" 하였다.[60]

3-① 군의 북쪽 1리에 있다. 절 한쪽에 석불이 있는데, 은진 관촉사 미륵보살
입상과 서로 부합한다. 그 사실을 살펴보건대 백제 때 도승 겸익이 오부

---

[60] 2-① 百濟時 道僧謙益 嘗入印度國常伽那大律寺 五年間 學梵文 大悟竺語 梵本阿曇藏 五
部律文齎歸 律部七十五卷譯出 藏置興輪寺
2-② 非夢似夢間 觀音菩薩手持光明珠 而閱覽精譯稱賞 不已後化大鳥飛下嘉林城顚 人
忽不見 夢覺怳惚 來覓大鳥降處 一巖禿立 岩上觀音佛 持光明珠立
謙益始覺造成佛像之意 其下始築一庵 錫名曰大鳥寺 菴中藏置律部 模岩上觀音佛像 造成
彌勒 百濟聖王五年丁未春創設 至十年壬子完成
2-③ 插入光明珠於彌勒兩眉間放光 數年便作不夜城矣 其後盜漢乘夜竊取而去 盜漢則暴
死於五里亭下 光明珠不知何落‧至高麗元宗時 無量寺道僧陳田長老重修佛像 長老曰此去
後不過千年 彌勒德普及四海云(『扶餘誌』卷之3 大鳥寺彌勒實記)

의 율문을 번역한 후 꿈에 관음불이 현신하였다. 백제 성왕 5년 정미년 봄에 창건하기 시작하여 성왕 10년532 임자년 가을에 완성하였다. 고려 원종 때 진전장로가 중수했다. 천여년이 지나 불상은 오래되어 떨어져 나가고 자획은 어그러져 상고할 수 없는 부분이 많으니 탄식할 만 하다.[61]

사료 2-①~2-③의 「대조사미륵실기」에 따르면, 겸익은 흥륜사에서의 역경 사업이 완료된 이후 관음보살이 나타나 그의 역경 작업을 칭찬한 후 큰 새로 변하여 가림성 위에 내려오는 꿈을 꾸고 나서 그 아래 대조사를 창건, 관음불과 미륵불을 조성하여 532년성왕 10 완성하였다.[62] 이 후 고려 때 진전장로가 중수하였고 현재 부여군 임천면에 위치해 있다. 부여군 임천면의 가림성은 501년동성왕 23 수도를 수호하기 위해 축조된 중요 산성 중 하나로 이곳에 조성된 대조사는 이 지역의 중요한 사찰이었던 것으로 추정된다. 또한 대조사에 미륵을 조성한 점과 앞서 그의 사적이 「미륵불광사사적」에 전하는 점은 겸익의 불교 사상이 계율 뿐만 아니라 미륵사상과도 부분적으로 관련이 있었던 것으로 볼 수 있다.

겸익의 입축 구법활동은 승려 개인의 불교적 신앙심에서 비롯된 행위로 국한되지 않는다. 그는 삼국 최초의 입축 구법승이자 역경승으로, 중국의 영향에서 벗어나 불교의 본류인 인도에서 직접 율을 가지고 왔다. 그리고 이를 통해 백제는 교단 내 계율을 확립할 수 있었고, 겸익은 백제

---

61   3-① 在郡北一里 寺側有石佛 與恩津灌燭寺彌勒相符 ○按其事實則百濟時道僧謙益五部律文譯出後夢中現身觀音佛 百濟聖王五年丁未春創始 至十年壬子秋完成 至高麗元宗時 陳田長老重修 閱千餘年 佛像剝落 字畫頑缺 多有 可考處 不可勝歎哉(『扶餘誌』卷之3 林川郡 寺刹 大鳥寺)

62   사적기를 참작하여 기록한 현판에 의하면 이 절은 527년 담혜(曇慧)가 창건한 것으로 되어 있다고 한다(한국민족문화대백과사전 '성흥산 대조사' 항목. http://encykorea.aks. ac.kr/Contents/Item/E0014775(검색일 : 2025.2.16)

계율의 시초가 되었다. 귀국 후에는 한역된 광율과는 별개로 인도에서 들여 온 율을 번역하여 신율을 완성하였고, 이를 통해 백제는 비교적 짧은 기간 내에 교단 및 승단을 정비할 수 있게 되었으며, 일본에서 승니들이 이를 배우러 올 정도로 백제불교는 강한 계율적 성격을 갖게 되었다.

2. 법화 불교의 도입

백제는 6세기 전반 인도에 구법승을 파견함과 동시에 중국에도 구법승을 파견하기 시작하였다. 사료에 따르면 발정과 현광은 『법화경』과 관련된 구법활동을 한 것으로 추정되며, 두 사람의 구법활동을 통해 법화불교가 본격적으로 백제에 도입되었으며, 백제 불교의 주요 성격으로 자리 잡게 되었다. 발정과 현광이 구법활동을 했을 당시 중국 남조는 잦은 왕조 교체에도 불구하고 불교가 매우 번성하였다. 발정은 사료에 따르면 양 천감년간에 중국으로 건너갔으며, 양무제 재위기502~549에 구법활동을 한 것으로 추정된다. 당시 양의 수도 건강에는 '큰 절이 700여 곳이고 승니와 강중講衆이 항상 1만이 있었다'고 할 정도로 불교가 매우 번성한 시기였다. 또한 현광이 구법활동한 시기는 6세기 중후반으로 추정되는데, 당시 중국은 진 선제568~582 통치 시기로 선제 역시 불교를 신봉하였다. '당시 경읍에는 여럿이 걸어가며 독송하는 소리가 자자했고, 나라의 공양은 풍부하고 호화로웠다'라고 할 정도로 불교가 융성하였다. 본서에서는 발정과 현광의 활동 당시 중국에서 어떠한 불교 사상과 교학이 유행하였는지 살펴보고, 관련 사료를 통해 두 사람이 중국 내에서 어떠한 구법활동을 했는지 찾아보고자 한다.

1) 발정發正

　사료에 따르면 발정은 겸익과 더불어 초창기 구법승으로 백제 최초의 입화 구법승入華 求法僧이다. 발정 관련 중국 측 사료로는 『관세음응험기』와 『법화전기』가 있고, 국내 사료는 신라 의적이 편찬한 『법화경집험기』가 있다. 『관세음응험기』는 중국 육조시대의 관음보살의 응험담을 모아놓은 책으로 남조 송나라 때 부량傳亮, 374~426의 『광세음응험기』와 장연張演, 5세기전반이 편찬한 『계관세음응험기』, 그리고 제 육고齊 陸杲, 459~532가 자신이 편찬한 『속광세음응험기』 등 3편의 관음보살 응험기를 모아 엮은 책이다. 이 책은 일찍이 일실되었다가 1970년 일본 청련원青蓮院에서 필사본이 발견되면서 알려지게 되었다.[63] 『계관세음응험기』에는 69편의 응험기가 실려있고, '삼가 글 두 편을 기록하여 책의 맨 끝에 덧붙인다謹著篇二條 續之編末'라 하여라 하여 후에 발정 관련 응험담과 백제 제석사 관련 내용은 추가된 것으로 보인다. 『관세음응험기』의 발정에 관한 기록은 국내외 사료에서 백제승에 관한 가장 이른 시기의 기록으로 당시 백제의 대표적인 사상이 법화사상임을 알 수 있다.

　국내 관련 사료로 신라 의적이 편찬한 『법화경집험기』는 우리나라의 가장 오래된 영험전으로 그동안 일실되었다가 일본에서 그 필사본이 발견되었다. 상하 양권으로 되어 있고 권하 첫머리에 '사문적찬沙門寂撰'으로 되어 있어 신라 의적이 편찬한 것으로 여겨진다.[64] 이 책 속에서 발정의 사례는 유일한 국내 『법화경』 관련 영험담 사례로 신라인들이 백제의 법화불교와 법화 승려로서 발정을 높이 평가하고 있음을 보여준다.[65]

63　『六朝古逸觀世音應驗記の研究』(牧田諦亮, 平楽寺書店, 1970) 수록.

64　이기운, 「신라 의적의 법화경집험기(1)」, 『불교원전연구』 5, 2003, 39쪽.

65　박광연은 의적이 『법화경집험기』에서 발정이 백제인임을 특별히 강조함으로써 법화신

양국의 사료를 비교해 보면, 의적이『법화경집험기』첫 구절에서 '『관세음응험기』에 백제인에 대한 영험이 있다'라고 기록한 점에서 두 사료의 선후 관계와 발정에 관한 행적을 기록하는 데『관세음응험기』를 참고했음을 짐작할 수 있다.『법화경집험기』의 정확한 편찬 시기는 알 수 없으나 대략 690년 경 중국에서 귀국 후 금산사에 주석하면서 책을 편찬한 것으로 추정된다.[66] 본 장에서는『관세음응험기』를 중심으로 살펴보도록 하겠다.

1-① 사문 발정이라는 자는 백제인으로 양 천감 연간[502~520]에 서책을 지고서 서쪽으로 바다를 건너왔다. 스승을 찾아 도를 배우면서 자못 그 의취를 잘 이해하였고, 또한 열심히 정진했다. 양에 머문 지 30여 년이 되었지만, 잠시라도 자기 고향桑梓을 잊은 적이 없었고, 마침내 고향에 돌아갔다. 발정은 도중에 다른 사람이 '월주의 계산에 관세음보살을 모신 곳이 있다'고 말하는 것을 들었다. 이 때문에 도중에 가서 보니 서까래는 썩어 없어졌지만, 담장만은 남아 있었다고 한다.

1-② 예전에 두 명의 도인이 서로 산에 들어가기를 약속하여 한 사람은『화엄경』을 외우고자 하였고, 다른 한 사람은『법화경』을 외우고자 하여 각각 한 골짜기를 차지한 채 담장을 두른 집을 지었다. 화엄경을 외운 사람은 기한 내에 마칠 수 있었는데 마음속으로 그의 도반은 얼마나 해냈는지 궁금했다. 이에 가서 살펴보니 아직까지 한 권도 외우지 못하고 있었다. 그 사람이 상대방에게 말하길, "기한이 이미 다 끝나 가고, 양식도

앙을 통해 백제인과 소통하고자 한 것으로 보았다(「신라 법화사상사 연구」, 이화여대 박사논문, 2010, 105쪽).

66 박광연,「신라 법화사상사 연구」, 이화여대 박사논문, 2010, 104~105쪽.

다 떨어져 간다. 기한 내에 그것을 끝내야 할 것이다. 만약 『법화경』 전부를 염송할 수 없다면 바로 『관세음경』을 외우는 것이 좋을 것이다"라고 하고 곧 자기 방으로 돌아왔다.

이에 이 사람은 지난 세상에서 지은 업인業因으로 자신의 근기가 둔함을 마음속으로 비통하게 여겼다. 마침내 지극한 마음으로 독송하며 밤낮으로 게으름을 피우지 않아 대략 반 정도를 외울 수 있게 되었다. 며칠이 지나 화엄경을 외우던 그 사람이 다시 와서 살펴 묻자 (『법화경』을 외우던) 이 사람이 사실대로 고하였다. 이에 그 사람이 말하기를 "나는 이미 『화엄경』을 다 외웠다. 어찌 이 『관세음경』과 같은 것을 곧바로 2~3일 안에 못 외우는가! 내가 만약 당신을 버리고 가 버린다면 처음에 약속한 바를 저버리게 될 것이고, 당신이 마치기를 기다린다면 내 식량은 다 떨어지고 말 것이다. 3일 안에 마치지 못했으니, 이치상 당신을 기다릴 수 없다. 내일 다시 한번 와서 볼 터이니 열심히 하라."고 하였다.

이 사람은 전보다 배로 비통해 하며 지극한 마음으로 염송하여 간신히 독경을 마칠 수 있었다. 다음 날 날이 밝자 그 사람이 다시 와서 살펴 보고 말하기를, "이 『관세음경』 같은 것을 아직도 외우지 못하였으니 어쩔 수가 없구나. 나는 당신을 버리고 가겠다."라고 하자 이 사람 무릎을 꿇고 말하기를, "어젯밤 나는 간신히 끝마칠 수 있었다."라고 하였다.

이에 그 사람은 매우 기뻐하며 상대를 시험해 보고자 하였다. 곧 자리에 앉아 화엄경을 외우던 그 사람이 염송하니, 40권[67]의 경화엄경중 하나도 빠진 부분이 없었다. 다음으로 이 사람이 자리에 올라 염송하였는데, 처음에 소리를 내자 하늘에서 갖가지 향기로운 꽃이 비처럼 내려, 꽃이 담장 두른 방 안에 가득 찼고, 그 향기가 골짜기에 두루 퍼졌으며, 그 기운이 성하여 하늘에 가득하여 헤아릴 수가 없었다. 이에 화엄경을

외운 그 사람은 곧 땅에 내려와 머리를 조아렸고, 얼굴에 피를 흘리며
참회하고 사과하였다.

1-③ 염송하는 일을 마치고 헤어지려 할 때에 이 사람이 만류하며 말하기
를, "한 노인이 나에게 항상 식사를 제공하였으니, 그대 역시 조금 기다
려 보는 게 좋을 것이다."라고 하였는데, 그 노인은 오래 지나도 오지
않자, 그들은 서로 헤어져 떠났다. 이 사람이 물을 긷기 위해 우물로 갔
는데, 그 노인이 식량을 짊어진 채 풀 아래에 엎드려 있었다. 이 사람이
이상하게 여겨 물어보기를, "나의 도반이 마침 와서 함께 식사할 수 있
기를 바랐는데, 무슨 변고가 있어서 노인께서는 몸을 숨기고 대접하지
않으신 것입니까?"라고 하자 노인은 대답하기를, "저 사람은 나를 이렇
게 가벼이 여기니, 어찌 차마 볼 수 있겠는가!" 이에 이 사람은 비로소
그 노인이 관세음보살임을 알고서 오체를 땅에 던져 극진히 예배하였
다. 잠시 뒤에 그를 우러러보니, 곧 관세음보살의 소재를 알 수 없게 되
었다. 이 사람이 본 담장은 오늘날까지도 존재하고 있는데, 사문 발정
은 이것을 몸소 보았던 것이다.

이상의 이야기와 관련하여 관세음보살보문품에서는 다음과 같이 말한
다. 어떤 사람이 갠지스강 모래알 개수의 62억 배나 되는 무수한 보살
의 명호(를 수지하고 그들에게 공양하는 것과 어떤 사람이 단지 한 분인 관세음보
살의 명호를 수지하고) 일시에 관세음보살에게 예배하는 것은 완전히 같
아서 아무런 차이가 없다.

1-④ 이것은 바다 건너의 이야기인데다 후대의 견문이 천박하므로 이와 같
은 감응은 실로 미혹한 바를 관찰한 것은 아니다. 다만 육고는 후대에
여러 사건들을 채록하는 사람들이 그것을 폐기하거나 계승하기도 하
였다. 이에 나는 스스로의 능력을 헤아리지 않고 삼가 두 편을 기록하

여 그것을 『관세음응험기』 말미에 이어 수록하였다.[68]

(1) 구법 배경 및 동기

백제 초기 입화 구법승 발정은 겸익과 비슷한 시기에 중국으로 구법 활동을 떠난 것으로 추정된다. 사료 1-①에서 발정은 백제인으로 양 천감연간502~519에 스승을 찾아 도를 배우기 위해 중국으로 건너가 30여 년을 머물렀으며, 한시도 고향을 잊은 적이 없었다. 귀국 직전에는 관세음 도실堵室이 있는 월주 계산을 순례하였다. 발정의 출신지, 중국에서의 구법활동 시기

---

67   『법화경집험기』에는 30권으로 표기.

68   1-① 有沙門發正者 百濟人也 梁天監中 負笈西渡 尋師學道 頗解義趣 亦明精進 在梁三十餘年 不能頓忘桑梓 還歸本土 發正自道 聞他說越州界山有觀世音堵室 故往觀之 壞椽爛盡 而堵牆獨存云

1-② 尙有二道人 相要入山 一人欲誦花嚴經 一人誦法花經 各據一谷 築作堵室 其誦花嚴者 期內可畢 心疑其伴得幾 就往候之 曾無一卷 其人其語曰 期已將盡 糧食歎絶 置及期至竟之 若不能令誦一部 正可誦觀世音經也 便還其室

於是 此人心自悲痛 宿因鈍根 乃至心誦讀 晝夜匪懈 諳得略半 後數日 其人復來省焉 此人以實告之 其人語曰 我已誦華嚴矣 奈何如此觀世音之物 況逕兩三日而不諳乎 我若捨汝而去 則負所要 若待汝 竟粮食欲盡 旣於三日不竟 理不得相待耳 將以明復來省矣 其勉之
此人至到悲痛倍前 至心誦念 纔得竟畢 明旦 其人復來省 語曰 如此觀世音之初 省不能誦無可奈何 我將捨汝而去也 此人跪曰 昨暮纔得竟了

於是其人大喜 欲以相試 乃坐床誦之 四十卷經 一無遺落 次復 此人上床誦之 始得發聲 卽於空中 雨種種花香 花溢堵室 香聞遍谷 氣氳滿天 不可勝計 於是 誦花嚴者 卽下地叩頭 頭面流血 懺悔謝過

1-③ 事畢 欲別去 此人止曰 常有一老翁 餉我食 子可少待 而久久不來 於別而去 此人欲汲水如井向 老翁擔食 番伏於草下 此人怪而問曰 我伴適來 望得共食 有何事異 竄伏不餉翁答 彼人者輕我若此 豈忍見乎 於是始知 是觀世音菩薩 卽四〔五〕體投地 禮拜甚至 須臾仰視 便失所在 此人所睹堵牆 至今猶存 沙門發正親所見焉
右一條 普門品云 六十二億恒河菩薩名字 乃至一時禮拜觀世音正等無異

1-④ 卽是隔海之事 加後聞見淺薄如斯 感應實非窺見所迷 但呆云 後葉好事之人 廢或繼之 自不是力 謹著篇二條 續之篇末(『觀世音應驗記』百濟沙門 發正)

『六朝古逸觀世音應驗記の研究』(牧田諦亮, 平楽寺書店, 1970)의 원문 및 『동아시아 한국불교사료─중국문헌편』(박광연·고승학 외역, 동국대 출판부, 2014) 해석 참조.

및 기간, 중국으로 구법 활동을 떠나게 된 동기, 구법 활동 지역 등을 간략하게나마 살펴볼 수 있다. 사료에 보이는 발정의 구법 동기는 '심사학도尋師學道'로 '스승을 찾아 불도를 배우는 것'이었다. 앞서 입축 구법승 겸익은 '시심구율', 즉 율장 확보와 같은 구체적인 구법 동기가 있었던 반면 입화 구법승 발정은 당대 유명한 승려를 찾아 그 당시 융성했던 불교의 경전, 신앙, 교학 등 불교 전반에 대한 구법 활동을 진행한 것으로 볼 수 있다.

당시 중국 남조의 불교적 상황은 계속적인 왕조의 교체에도 불구하고 불교적 발전은 계속되었다. 특히 유송의 원가년간424~453, 남제 경릉왕이 활동하던 시기484~495, 양무제 재위기간502~549 이 세 시기에 비약적인 발전을 이루었다.[69]

양 무제는 양조 55년 중 48년을 지배하였고, 그의 불교 신앙을 서술하는 것이 곧 양대 불교라고 할 정도였다.[70] 무제는 불교에 깊이 심취했던 군주로 당시 남해 여러 나라에 숭불천자崇佛天子로 알려져 있었다. 개인적으로 계율을 중시하였고, 사회적으로는 역경사업, 사탑寺塔 건립, 법회 개최, 사신捨身 등을 실천했다. 무제는 『열반경』·『대품경』·『정명경』·『삼혜경』 등의 의기義記 수백권을 썼고, 당시 학승에게 명하여 많은 책을 편찬하고 써내게 했다. 또한 그 자신이 고승의 강론을 듣고 의기講會를 주최하였으며 친히 강경을 하기도 했다.[71] 이와 같이 발정은 중국에서 불교가 가장 융성한 시기 중 하나인 양무제 재위기간에 구법활동을 했음을 알 수 있다.

발정이 중국 어느 지역에서 구법활동을 했는지 정확하게 알 수는 없지만, 당시 양의 수도 건강은 '큰 절이 700여 곳이고 승니와 강중이 항상 1

---

69   K.S. 케네쓰 첸, 박해당 역, 『중국불교』 (상), 민족사, 1991, 137쪽.
70   겸전무웅, 『중국불교사─남북조의 불교(상)』 (3), 장승, 1996, 196쪽.
71   겸전무웅, 『중국불교사』, 경서원, 2010, 99쪽.

만이 있었다'고 할 정도로 불교가 매우 번성한 곳이었다.[72] 또한 구법 초기 삼국 구법승들의 유학지점은 양나라, 진나라 영토에 집중되었고, 그들의 발자취가 남악형산南岳衡山, 월주越州, 양도楊都, 금릉金陵 등에 이르렀다는 점에서[73] 발정 또한 관음 도실이 있었던 월주 계산과 수도 건강을 중심으로 유명 승려나 사찰을 찾아 주요한 구법활동을 했을 것으로 생각된다.

(2) 구법활동

① 여정

초창기 구법승들은 대부분 국가 주도하에 파견되었고, 입·출국시 사신단과 동행하는 경우가 일반적이었다. 사료 1-①에서 발정은 천감연간502~519 중국으로 건너갔고, 이 시기 백제와 중국 간 외교기사는 〈표 4〉의 512년천감11, 521년보통2 2회 뿐이었다.[74] 귀국 시기를 고려하면 발정은 512년무령왕12 입축 구법승 겸익과 함께 입화 구법승으로 파견된 것으로 볼 수 있다.

발정이 512년 중국으로 구법활동을 떠나 양에서 30여 년을 머물고 귀국했다면, 그의 귀국시기는 542년 전후가 된다. 이 시기 양국 간의 외교관계를 살펴보면, 541년 백제는 양에 열반경 등의 경의를 요청하고 양무제가 이를 허락했다는 기록이[75] 남아 있어 발정은 541년 조공사절단과

72　梁記云東臺西府相繼八十餘年 都邑大寺七百餘所 僧尼講衆常有萬人(『破邪論』 卷下)

73　문무왕,「한국구법승들의 활동지역에 관한 연구」,『불교연구』 27, 2007, 190쪽.

74　十二年 夏四月遣使入梁朝貢(『三國史記』 卷第26 武寧王 12年)
　　冬十一月 遣使入梁朝貢 先是爲高句麗所破 衰弱累年 至是上表稱 累破高句麗 始與通好 而更爲強國(『三國史記』 卷第26 武寧王 21年)
　　普通二年, 王餘隆始復遣使奉表, 稱累破句驪, 今始與通好. 而百濟更爲強國(『梁書』 東夷列傳 百濟)

75　十九年 王遣使入梁朝貢 兼表請毛詩博士涅槃等經義幷工匠畵師等 從之(『三國史記』 卷第26 百濟本紀 第4 聖王 19年)
　　大同七年 累遣使獻方物 幷請涅盤等經義毛詩博士 幷工匠畵師等 救並給之累遣使獻方物

함께 귀국한 것으로 추정할 수 있다.[76]

② 양梁에서의 구법활동

발정은 사신단과 양나라의 수도 건강에 도착 후 한동안은 수도에 머물며 구법활동을 했을 것이다. 당시 건강은 불교가 매우 번성한 도시였다. 따라서 중국에 도착한 발정은 건강에서 유명한 승려와 사찰을 찾아 구법활동을 진행했을 것이다.[77]

1-①에서 발정은 귀국 전 방문한 월주越州[78] 계산界山은 관세음보살 영험설화가 전하는 곳으로, 월주 계산이 있는 강남 지역은 선종과 천태종 관련 사찰이 많다. 선종의 주요 거점지역으로 한국 승려들과 관련된 사찰이 많은 편이다. 5세기 고구려 승 승랑은 회계산 강산사에 머무른 바 있다.

『관세음응험기』의 내용을 살펴보면, 사료 1-②, 1-③은 월주 계산에 전해지는 관세음 응험 설화에 관한 것으로 발정의 중국에서의 구법활동

兼請涅盤等經義毛詩博士幷工匠畵師等 勅幷給之(『梁書』東夷列傳 百濟)

76 길기태는 발정의 귀국시기를 양과의 외교기록이 있는 541년으로 보았고(「백제의 법화사상과 혜현구정」, 『신라문화제학술발표논문집』 31, 2014, 144~145쪽), 조경철은 532~554년 사이를 귀국연대로 추정, 양나라와의 사신 교류가 있었던 534년, 541년, 549년에 백제의 외교사절을 따라 왔을 가능성이 있다고 보았다. 그리고 541년 백제에서 정식으로 양나라에 열반경 등의 주석서를 요구했기 때문에, 당시 양나라에서 활약하고 있던 발정의 귀국을 요구했을 가능성이 높다고 보았다(조경철, 「백제 불교사의 전개와 정치변동」, 한국학중앙연구원 박사논문, 2005, 91~92쪽).

77 양 무제 시기에 건강(남경)에 건립된 사찰은 장간사(長干寺), 지도사(智度寺), 법왕사(法王寺), 광택사(光宅寺), 해탈사(解脫寺), 권선사(勸善寺), 대애경사(大愛敬寺), 동태사(同泰寺), 황기사(皇基寺), 소제사(蕭帝寺), 자성사(資聖寺), 동행사(同行寺) 등이 있으며, 이 중 지도사, 해탈사, 대애경사는 부모, 부인 등 가족을 위해 무제가 건립한 사찰이다(양은경, 「양 무제시기 불교사찰, 불교조각과 사회변화」, 『미술사학』 23, 2009, 249쪽 표 2 참조).

78 월주는 수 문제가 진(陳)을 멸망시키고서 회계군을 폐하고 오주(吳州)를 두었고, 양제(煬帝)는 다시 이를 월주로 고쳤다. 현재 절강성 소흥시에 해당한다.

과 관련이 있는 것으로 볼 수 있다. 설화의 내용은 크게 2개의 영험담으로 구성되어 있다. 첫 번째는 『화엄경』과 『법화경』을 외우는 두 도인의 이야기로, 화엄경을 암송하는 도인[이하 화엄경 도인]과 『법화경』을 암송하는 도인[이하 법화경 도인]이 각자 기한을 정해 경을 암송하기로 한다. 화엄경 도인은 정해진 기한 내에 전부 암송했으나 법화경 도인은 한 권도 다 외우지 못했고, 결국 기한을 연장해 『법화경』28품 중 25품인 「관세음보살보문품」만 겨우 암송할 수 있었다.

화엄경 도인은 먼저 화엄경 40권을 다 외운 자신과 기한 내에 1권도 제대로 암송하지 못하는 법화경 도인을 비교하며 질책했다. 둘은 서로 암송한 것을 시험하였는데, 화엄경 도인은 먼저 40권을 빠짐없이 암송했다. 그리고 나서 법화경 도인이 「관세음보살보문품」을 암송하자 향기로운 꽃이 비처럼 내리고 방안을 가득 채우는 이적이 나타났고 화엄경 도인은 땅에 머리를 조아리며 자신의 과오를 참회하고 사과했다.

첫 번째 영험담을 통해 기본적으로 신앙인의 올바른 마음가짐에 대해 알려주고 있다. 경전을 단시간에 암송하거나 많은 분량을 외우는 것이 곧 신앙심의 깊이를 의미하는 것은 아니라는 것을 말해준다. 법화경 도인은 경 전체를 다 외우지도 못했고 기한도 넘겼으나 자신의 부족함을 반성하고 지극한 마음을 암송을 계속했기에 결국 그에게 이적이 나타난 것이다. 이에 반해 화엄경 도인은 기한 내에 경 전체를 암송했지만, 법화경 도인을 질책하고 부족함을 탓하였다. 이적이 화엄경을 완송한 도인이 아니라 『법화경』의 「관세음보살보문품」을 외운 도인에게 일어난 것은 화엄경 암송 도인의 신앙적 태도가 옳지 않다는 것을 보여준다.

한편 영험담은 『화엄경』과 『법화경』의 우열을 보여주는 것으로 해석할 수도 있다. 시간 안에 많은 분량의 경을 암송한 화엄경 도인이 아닌 오랜 시간에 걸쳐 겨우 「관세음보살보문품」 한 권을 암송한 법화경 도인에게 이적이 나타났다는 것은 당시 대표적인 양대 대승 경전인 『화엄경』과 『법화경』 중 『법화경』이 상대적으로 우위에 있었음을 보여주는 것이다.[79]

법화경 도인이 암송한 「관세음보살보문품」은 『관음경』이라는 이름의 경전으로 별도로 유통되어 관음신앙의 주요 전거로 널리 유행했었다.[80] 이는 중국 남조에서의 법화신앙은 관음신앙을 중심으로 성행하였는데, 이는 승려나 지배층이 아닌 일반 재가자들에게 『법화경』은 이해하기 어려웠고,[81] 관음경은 상대적으로 이해하기 쉬웠기 때문으로 보인다.

사료 1-③의 두 번째 영험담은 『법화경』 암송 도인이 관세음보살의 현신을 만나는 내용으로 발정과 『관음경』과의 관련성을 생각해 볼 수 있다. 두 도인은 시험을 끝내고 늘 법화승 암송 도인의 식사를 준비해 준 노인을 기다렸으나 오지 않았다. 『법화경』 암송 도인은 화엄경 암송 도인과 헤어지고 난후 그 노인이 우물가에 풀 아래 엎드려 있는 것을 보고 왜 나타나지 않았는지 물었다. 노인은 자신을 가볍게 보는 화엄경 도인에게는 대접할 마음이 없다고 대답했다. 법화경 도인은 이 대답을 듣고 그 노인이 관세음보살의 현신임을 깨닫게 되었고, 결국 법화경 도인만이 관세음보살의 현신을 만날 수 있었다. 관세음보살은 『법화경』과 『화엄경』 모두에서 언급되고 있

---

79 『법화경』은 서진의 축법호가 286년에 한역한 『정법화경』 10권 27품, 406년 요진의 구마라집이 406년에 한역한 『묘법연화경』 7권 28품, 601년 수의 사나굴다와 달마급다가 공역한 『첨품묘법연화경』 7권 27품이 있다. 『정법화경』은 문장이나 표현이 어려운데 반해 『묘법연화경』은 문장이 아름답고 이해하기 좋아 예로부터 많이 독송되었으며 법화경의 대표적인 역본이다(천태불교문화연구원, 『묘법연화경』, 대한불교천태종, 2016, 11~15쪽). 『화엄경』은 한역본의 권수에 따라 불타발타라가 번역한 60화엄, 실차난타가 번역한 80화엄, 반야가 번역한 40화엄이 있다. 입법계품(入法界品)은 십지품(十地品)과 함께 가장 먼저 성립된 부분으로 『화엄경』의 품 중에서 특히 중요한 품이다.

80 천태불교문화연구원, 『묘법연화경』, 대한불교천태종, 2016, 695쪽.

81 정아영, 「감응연을 통해 본 백제의 법화신앙」, 고려대 석사논문, 2017, 10쪽.

으나 책 속에서 그려지는 관세음보살의 모습은 사뭇 다른 점이 있다.

먼저 『법화경』에서 그려지는 관세음보살의 모습을 살펴보기로 하자. 1-③에서 만난 관세음보살은 『법화경』의 「관세음보살보문품」과 『화엄경』의 「입법계품」에서 찾을 수 있다. 먼저 『법화경』 제7권 「관세음보살보문품」은 「관음보문품」 또는 『관음경』이라고 하며, 무진의보살의 2가지 물음에 부처가 대답하는 형식으로 되어있다. 첫 번째 질문은 '관세음보살은 무슨 인연으로 관세음이라고 하는가'하는 질문에 '중생이 고뇌를 받을 때에 이 관세음보살의 이름을 듣고 일심으로 그 이름을 부르면, 관세음보살이 곧 그 음성을 듣고 모두 해탈케 한다'고 대답한다. 두 번째 질문은 '관세음보살이 사바세계에 어떻게 노닐며, 중생을 위해 어떻게 설법하며, 방편력으로 하는 일이 무엇인가'하는 질문이다. 그리고 이에 대해 관세음보살은 '갖가지 형상으로 모든 국토에 노닐면서 중생을 제도하여 해탈케 한다'라고 대답한다.[82]

다음 『화엄경』 「입법계품」에서 선재동자는 53선지식을 순방하면서 가르침을 듣는데, 그중 관세음보살을 찾아가 보살행菩薩行)과 보살도菩薩道를 묻는다. 이때 관세음보살은 광명산에 거처하며 금강 보배 자리에 가부하고 앉아 대자비경大慈悲經을 연설하여 중생을 포섭한다. 『화엄경』에서 관세음보살에 대한 묘사는 다음과 같다.

---

82 世尊 觀世音菩薩 以何因緣名觀世音…善男子 若有無量百千萬億衆生受諸苦惱 聞是觀世音菩薩 一心稱名 觀世音菩薩卽時觀其音聲 皆得解脫
世尊 觀世音菩薩 云何遊此娑婆世界 云何而爲衆生說法方便之力 其事云何…無盡意 是觀世音菩薩成就如是功德 以種種形 遊諸國土 度脫衆生(『妙法蓮華經』 7권 觀世音菩薩普門品第二十五)

2-① 그리하여 차츰 노닐면서 광명산光明山[83]에 이르렀다. 그 산에 올라가 두루 찾다가, 관세음보살이 산 서쪽 언덕에 있는 것을 발견하였다… 그는 금강 보좌寶座에 가부좌하고 앉아 있었고 무수한 보살들이 그를 공경하며 호위하고 있었는데, 그는 대자비경大慈悲經을 연설하여 중생을 널리 포섭하였다.[84]

위의 두 경전 속에서 등장하는 관세음보살의 모습은 상당한 차이가 있다. 『법화경』의 「관세음보살보문품」에 등장하는 관세음보살은 중생의 고통을 들어주고 쉽게 그 고통에서 벗어날 수 있게 도와주는 중생들이 쉽게 다가갈 수 있는 존재이다. 반면 『화엄경』의 관세음보살은 금강 보배 자리에 가부좌하고, 무수한 보살들이 그를 공경하고 호위하고 있어 중생들이 쉽게 다가가기 어려운 위엄 있는 모습이다. 따라서 1-③에서 법화경 도인의 식사를 준비해 주고, 화엄경 도인은 만나주지 않았던 소탈한 모습의 노인은 중생의 고통을 들어주는 『법화경』 「관세음보살보문품」에 등장하는 관세음보살이 현신한 것이다.

사료의 응험담이 큰 범주에서는 『법화경』 관련 응험담으로 볼 수 있지만, 좀 더 구체적으로는 관세음보살보문품에 초점이 맞춰져 있다고 볼

83　80화엄과 40화엄에서는 관자재보살로 보달락가산, 또는 보타락가산에 머물고 있다.
　　於此南方 有山名補怛洛迦 彼有菩薩 名觀自在…觀自在菩薩 於金剛寶石上 結跏趺坐 無量菩薩 皆坐寶石 恭敬圍遶 而爲宣說大慈悲法 令其攝受一切衆生(『대방광불화엄경』(80권본) 卷第68권)
　　觀自在菩薩於淸淨金剛寶葉石上結跏趺坐 無量菩薩皆坐寶石恭敬圍遶 而爲宣說智慧光明大慈悲法 令其攝受一切衆生(『대방광불화엄경』(40권본) 卷第16)

84　漸漸遊行 至光明山 登彼山上 周徧推求 見觀世音菩薩住山西阿…結跏趺坐金剛寶座 無量菩薩恭敬圍遶 而爲演說大慈悲經 普攝衆生(『대방광불화엄경』(60권본) 51권 入法界品 第34之8)

수 있다. 「관세음보살보문품」은 『법화경』의 한 품이기는 하나 서진西晉, 265~316 때 보문품을 읽고 건강을 회복한 왕이 이 보문품만을 따로 단행본으로 유통시키면서 독립적인 경전인 『관음경』으로 유포되었다. 이후 중국에서 법화신앙은 관음신앙을 중심으로 성행하는 양상을 보였고,[85] 양의 3대 법사 중 한명인 승민僧旻, 467~567은 대중들을 대상으로 한 강론에서 '사람들을 무릎 꿇게 하려면 각기 『관음경』을 한 번씩 외우도록 하라'라고 하였고, 모든 사람들이 기꺼이 이 지시에 따랐으며, 그 후 도인과 속인들이 물건을 희사하고 강론을 바랄 때에 앞서 경을 외우는 풍습이 비롯되었다[86]고 할 정도로 중국에서 『관음경』 독송이 유행하였다.

정리하면 사료 1-②, 1-③의 영험담은 기본적으로 『법화경』을 근본으로 한 법화사상에 기반하지만, 법화경 도인이 『법화경』 중에서도 '관세음보살보문품'을 암송하였고, 관세음보살의 현신을 만났다는 점에서 관음사상과 좀 더 밀접한 관련이 있는 것으로 생각된다. 따라서 발정이 양에서 진행한 구법활동 역시 관음신앙과 좀 더 밀접한 관련이 있었던 것으로 생각된다.

(3) 귀국 후 활동

앞서 백제와 양의 외교기사를 통해 발정이 입축 구법승 겸익과 함께 512년무령왕 12 사신단 일행과 구법활동을 떠났으며, 30여 년의 중국 구법활동을 마친 후 541년성왕 19 경 사신단 일행과 함께 귀국한 것으로 추정해 보았다.

사료에서는 발정의 귀국 후 활동에 대한 언급이 없어 그가 백제로 귀국한 후 어떠한 활동을 했는지 정확하게 알 수는 없지만, 당시 구법활동을 했던

---

85   정아영, 「감응연을 통해 본 백제의 법화신앙」, 고려대 석사논문, 2017, 10쪽.
86   『續高僧傳』卷第5 梁楊都莊嚴寺沙門釋僧旻傳

다른 구법승들의 귀국 과정을 통해 간접적으로나마 유추해 보고자 한다.

먼저 발정과 비슷한 시기에 구법활동을 떠났던 겸익은 호승 배달다삼장과 함께 범본으로 된 율장과 논장을 가지고 귀국했다. 비슷한 시기 귀국한 신라 구법승의 경우, 549년진흥왕 10 귀국한 각덕은 부처의 사리를 가지고 귀국했고, 565년천가 6 귀국한 명관은 1,700여 권의 경론을 가지고 귀국했다.[87] 이와같이 구법승들은 삼보불·법·승를 가지고 귀국하는 것이 일반적이었다. 발정 또한 541년 사절단과 함께 귀국했다면, 양나라에서 보내는 열반경 등의 의소義疏를 가지고 사절단과 함께 귀국했을 것이다. 이때 '열반등경의涅槃等經義', '열반등경소涅槃等經疏'[88]는 '열반경의 주석서'라고 한정해서 해석하기보다는[89] '열반경을 비롯한 다양한 경전들의 주석서'로 폭넓게 해석하는 것이 좀 더 적절해 보인다.[90] 발정은 30여 년의 오랜 기간 구법활동을 진행했다. 당시 양 무제는 유명한 승려들에게 불서를 찬집하고 주석시켰으며, 본인이 직접 경전을 주해, 많은 주석서를 편찬

---

87 與梵僧 倍達多三藏 齎梵本阿曇藏五部律文歸國(彌勒佛光寺事蹟)
    十年春 梁遣使與入學僧覺德 送佛舍利 王使百官 奉迎興輪寺前路(『三國史記』卷第4 新羅本紀 第4 眞興王 10年)
    眞興王代天嘉六年乙酉 陳使劉思與釋明觀載送佛経論一千七百餘卷(『三國遺事』卷第3 塔像第4 前後所藏舍利)

88 十九年 王遣使入梁朝貢 兼表請毛詩博士涅槃等經義并工匠畫師等 從之(『三國史記』卷第26 百濟本紀 第4 聖王 19年)
    之(『梁書』東夷列傳 百濟)
    梁武帝 大同七年 百濟王遣使請涅槃等經義(『册府元龜』卷999 外臣部44 請求)
    是歲, 宕昌·蠕蠕·高麗·百濟·滑國各遣使朝貢 百濟求涅槃等經疏及醫工·書師·毛詩博士 並許之(『南史』卷7 梁本紀 中第7 大同 7年)

89 최연식은 이에 대해 매우 구체적으로 추정하였는데, 541년 백제에서 양나라에 요청하였던 『열반경』등의 주석서의 핵심은 양 무제 때에 편찬되었던 『열반경』에 대한 주석서, 즉 보량의 『열반경의소』와 승랑이 편찬한 『열반경집해』 등을 가리킨다고 보았다(「백제 후기의 불교학의 전개과정」, 『불교학연구』 28, 2011, 200쪽).

90 조경철, 「백제 불교사의 전개와 정치변동」, 한국학중앙연구원 박사논문, 2005, 91~92쪽.

했다. 이 점을 감안한다면,[91] 발정 또한 『법화경』과 『관음경』·『열반경』 등 다양한 불경과 주석서를 가지고 귀국했을 것으로 생각해 볼 수 있다.

한편 구법승들이 귀국 시 왕명으로 특정 사찰에 주석하기도 한다. 겸익은 귀국 후 왕명으로 흥륜사에 주석해 역경 사업을 진행하였으며, 각덕 또한 왕명으로 흥륜사에 주석하였다. 따라서 발정 역시 국가와 밀접한 관련이 있는 사찰에 주석했을 가능성이 있으며, 발정의 법화사상이 왕권과 밀접한 관련 속에서 발전해 나갔다고 상정하기도 한다.[92]

앞서 영험담을 통해 발정의 구법활동은 『법화경』의 「관세음보살보문품」에 기반한 관음신앙에 집중되었던 것으로 추정된다. 또한 30여 년 동안의 긴 해외 활동으로 국내 지지 기반이 불확실하여 왕권과 긴밀한 관계를 유지하며, 귀국 후 중앙에서 활동을 이어가기는 쉽지 않았을 것으로 보인다. 따라서 기존 연구에서 발정을 『법화경』의 '회삼승귀일승會三乘歸一乘'의 왕권 친화적인 법화승려로 이해하기 보다는 다양한 경전 연구 및 염불을 통해 현세의 고난에서 벗어나게 해주는 현세이익적 관음신앙의 도입 및 확산에 공헌한 인물로 보는 것이 적절하다고 생각한다.

2) 현광玄光

현광은 앞서 살펴 본 발정과 함께 대표적인 법화 승려로, 백제 승려들

---

91 鎌田茂雄, 『중국불교사—남북조의 불교(상)』(3), 장승, 1996, 212~213쪽.
92 길기태는 성왕이 겸익 귀국 시 전국의 고승을 초치하였고, 이를 불교계 장악과 연결시켰으며, 발정 귀국 후 그를 적극적으로 활용하고자 정림사를 창건하여 창건과정에 참여시켰다고 보았다(「백제의 법화사상과 혜현구정」, 『신라문화제학술발표논문집』 31, 2014, 145~146·168쪽). 그러나 김낙중은 고고학적 조사를 바탕으로 정림사의 조영 연대가 사비천도 직후까지 올라가기는 어려우며, 6세기 후엽 이후에 창건되었을 가능성이 높다고 보았다(「백제정림사의 창건연대」, 『문화재』 45-4, 2012, 50쪽). 따라서 발정과 정림사의 관련 여부는 좀 더 고찰이 필요해 보인다.

중에서도 비교적 관련 사료가 많이 남아 있는 편이다. 중국 측 승전에 관련 기록이 남아 있는 유일한 구법승으로, 중국측 관련 사료에는 승전류인 『송고승전』·『신수과분육학승전』·『신승전』, 천태법화류인『불조통기』, 국내 관련 사료에는 승전류인『서역중화해동불조원기』·『대동선교고』, 천태법화류인『법화영험전』이 있다.

『송고승전』은 승려 찬영贊寧이 칙명을 받아 찬술한 고승들의 전기집으로 전체 30권으로 되어 있으며, 988년 완성되었다.『고승전』및『속고승전』과 마찬가지로 이 책에도 중국의 승려들만이 아니라 주변 지역에서 활동한 승려들의 전기가 다수 수록되어 있다. 그 중 삼국의 승려 13명이 수록되어 있으며, 중국 출신의 승려가 아닌 경우 중국에 유학 활동한 승려들의 전기를 수록하는 것이 일반적이다. 현광의 전기는『송고승전』권 제18 감통편에 '신라국 현광전'에 실려 있다. 이 때문에 현광에 대한 연구 초기 현광을 신라승으로 구분하기도 했으나 대부분의 연구자들은 이를 수정하고 현광백제승설이 통설화되어 있다.[93]

천태법화류인『불조통기』는 송나라 때의 천태종 승려 지반志磐이 편찬한 불교 역사서로 1269년 완성되었다. 불교 역사서로는 드물게 기전체 형식을 취하고 있는데, 고려초기 인물인 의통과 체관 이외에 고구려 출신의 파약, 신라 출신의 법융과 이응, 순영 등의 행적이 실려 있다. 현광의 사례는 권9 세가에 있으며, 내용은『송고승전』의 내용과 크게 다르지 않다. 이 책은 인도와 중국 고승들의 전기를 서술하면서 천태종의 전통을

93　안계현,「백제 불교에 관한 제문제」,『백제연구』8, 1977, 186쪽. 그러나 김복숙은 현광-연광-경흥이 웅천주에서 신라승으로 활동한 것으로 추정하였다(「수·당의 교체 정국과 신라 불교계의 추이」,『한국고대사연구』43, 2006, 180쪽). 그외 역사학계나 불교학계 이외에서는 여전히 신라승으로 분류하기도 한다(김승호,「해외문헌을 통해 본 삼국시대 인물전승 양상」,『한국문학연구』32, 2007, 361쪽 표).

밝히는데 주안점을 두고 있어 현광이 중국 유학생활 동안 중국 천태종 발전과 관련된 활동을 한 것으로 추측된다.

국내사료 중 천태법화류인『법화영험전』은 고려 말기 승려 요원이 영험담을 엮은 책으로 1377년 2권 1책으로 간행되었다. 현광에 관한 내용은 권상 제8단에 실려 있으며, 그 출저는 송 종효宗曉의『법화경현응록』이라고 밝히고 있다. 그 외 승전류에 속하는『서역중화해동불조원류』와『대동선교고』는 현광이 웅천주 사람이며 혜사의 제자로 법화삼매를 증득했음을 간략하게 언급하고 있다. 본문에서는 현광에 관한 가장 자세한 내용을 전하고 있는『송고승전』을 주 사료로 살펴보도록 하겠다.

1-① 승려 현광은 해동 웅주 사람이다. 어려서 매우 영리하여 문득 세속을 싫어하게 되었다. 이름난 승려를 찾아가기로 결심하고 범행梵行을 닦는데 전념하였다. 성장해서는 바다를 건너 중원의 선법을 구하고자 하였다. 이에 진나라를 관광하고, 날래게 형산으로 갔다. 혜사대화상이 만물에 통하여 교화를 성취하는 것을 보고 신묘한 이해가 서로 일치하였다. 혜사 선사가 그의 연유를곡절을 살피고 비밀리에 법화안락행문을 전수하였다. 현광은 날카롭기가 신묘한 송곳 같아서 어떤 견고한 것도 찌르지 못하는 것이 없고, 새롭기가 겁패 같아서 물든 것을 모두 신선하게 하였다. (스승의 가르침을) 받들어 행하기를 부지런히 하고 변함이 없었다. 얼마 지나지 않아 법화삼매를 증득하였다. 인가를 청하니, 혜사가 그를 위해 증명해 주었다. "네가 깨친 것은 진실하여 헛되지 않다. 잘 호념護念하여 법이 증장하도록 하여라. 너는 본국으로 돌아가 훌륭한 방편을 마련하여 애벌레를 잘 길러 모두 성충이 되게 하여라."

현광은 예를 올리며 소리 없이 눈물을 흘렸다. 이로부터 강남으로 돌아가 주석하였다.

1-② 마침 본국의 배가 짐을 다 싣고 해안을 떠나려 하였는데, 이때 채운이 눈을 어지럽히고 아악이 허공에 떠들썩 하였다. 진홍색 절節과 무지개 색 정旌를 가진 이가 천제의 부름을 전하러 와서 허공에 소리치기를 "천제께서 해동의 현광선사를 부르십니다"라고 하자, 현광이 두 손을 맞잡으며 사양하였다. 푸른 옷을 입은 이가 앞에서 인도하는 것을 보았을 뿐인데 잠깐 사이에 궁성에 들어왔다. 이곳은 인간의 관부가 아니었다. 천제의 호위대가 나열해 있었는데 모두 비늘이 달려 있었고 각종 귀신이 섞여 있었다. 어떤 이가 말하기를,"오늘 천제께서 용왕의 궁전에 내려와 스님께 친증법문을 설법해 달라고 청하면서 '우리들이 수부에서 스님의 이익을 받고자 한다'고 하셨습니다."

현광이 보전에 오른 다음 높은 대로 올라갔다. 물어보는 대로 설법하여 대략 7일이 지난 뒤에 왕이 몸소 송별하였다. 배는 바다에 떠 있으면서 전진하지 못하였는데, 현광이 다시 배에 오르자 배에 있던 사람들이 한나절이 지났을 뿐이라고 하였다.

1-③ 현광은 웅주 옹산으로 돌아와 지팡이를 세우고 띠풀을 엮어 마침내 범찰을 지었다. 동성상응하여 법을 증득하려는 자들이 모여들어 닫혔던 문호가 개방되었고, 소승을 즐기다가 마음을 돌려 현광의 법문을 좋아하는 이들이 개미가 줄지어 빠르게 오는 것 같았다. 법당에 올라가 기별을 받은 자昇堂受莂者가 한 명, 화광삼매火光三昧에 든 자가 한 명, 수광삼매水光三昧에 든 자가 두 명이었고, 두 종류의 법문을 서로 듣고서 불심을 일으킨 자는 삼매의 이름을 드러낼 뿐이었다. 여러 문생들은 비유하면 여러 새가 함께 수미산에 모여들어 모두 동일한 색인 것과 같았다. 현광이 죽기 전에 어디로 갔는지 알 수 없다. 남악의 조사가 영당을

지어 안에 28명을 그렸는데, 현광이 그중 한 자리를 차지하였다. 천태산 국청사의 조당에도 마찬가지이다.

1-④ 이어서 다음과 같이 말한다. "대개 붓다가 입멸하신 뒤 불도에 들어감을 징험하려는 사람은 교教, 리理, 행行, 과果의 4법으로 밝히면 피해 갈 수가 없다. 성인과의 거리가 가까운 이는 수행하여 과위果位의 증득을 이룰 수 있고, 성인과의 거리가 조금 먼 이는 교教를 배움이 쉽고 리理를 봄이 직접적이고, 더욱 멀어진 이는 교를 배움이 정밀하지 못하고 리를 보아도 진리가 아니다. 조금의 망념도 발생하지 않고 전후의 분별이 단절된 이러한 돈심頓心의 경지가 성불이다. 이불理佛을 구족하여 보시행을 실천하였지만 일찍이 행불行佛은 진술한 적이 없어서 내용은 갖추어져 있으나 미비하다. 동하東夏에서 6조 이래로 선리禪理에 대해서는 많이 이야기하고 선행禪行에 대해서는 조금 이야기하였으니, 남방의 혜능 말고는 행을 말하지 않았다. 또한 견도에 대해서는 마치 머리에 붙은 불을 끄듯이 하였다. 남악 혜사 선사는 교학과 계戒를 모두 갖추어 겸수할 것을 가르쳤다. 그리하여 학자들이 행行, 과果를 징험하여 화광삼매에 든 것 같았다. 『천태경』에서는 '선정에서 뜻을 포섭하여 화계삼매火界三昧에 들어 찰토刹土가 환한 것을 어리석은 이들은 불을 만난 것이라고 한다'고 하였다. 수계삼매水界三昧에 든 것은 어리석은 이들이 보고서 속으로 물에 사물을 던진 것이라고 여긴다. 보살은 마음이 허공과 같아 접촉을 느끼지 못하는 자이다. 이는 이승二乘의 경지로는 궁구할 수 있는 것이 아니다. 이에 행, 과를 서둘러야 한다. 입으로만 설해서는 안 되며, 신身과 의意로 함께 닦지 않으면 무엇을 말미암아 도를 닦으리오."[94]

---

94 1-① 釋玄光者 海東熊州人也 少而穎悟 頓厭俗塵 決求名師 專修梵行 迨夫成長 願越滄溟
求中土禪法 於是觀光陳國利往衡山 見思大和尙開物成化 神解相參 思師察其所由 密授法

(1) 구법배경 및 동기

『송고승전』 현광 전기의 제목이 '신라국 현광'으로 되어 있어 연구 초기 신라승으로 보기도 했다. 그러나 아래 사료 1-①의 본문 첫줄에서 '웅주인'으로 출신지역을 밝히고 있고, 그가 6세기 후반 중국에서 구법활동을 하였다는 점을 감안한다면, 현광은 백제승려로 보아야 할 것이다.

그의 구법동기는 '決求名師결구명사'와 '求中土禪法구중토선법'으로, 유명한 스승을 찾아 선법禪法을 구하고자 중국으로 떠났다. 현광은 중국으로 떠나기 전부터 범행梵行을 닦았으며, 국내에서의 수행에 만족하지 않고, 보다 전문적으로 선법을 배우고자 중국으로 구법을 떠났다.

현광이 처음 입국한 곳은 진557~589의 형산으로, 이곳에서 스승 혜사慧

華安樂行門 光利若神錐無堅不犯 新猶劫貝有染皆鮮 稟而奉行 勤而罔忒 俄證法華三昧 請求印可 思爲證之 汝之所證 眞實不虛 善護念之 令法增長 汝還本土施設善權 好負螟蛉 皆成蜾蠃 光禮而垂泣 自爾返錫江南

1-② 屬本國舟艦, 附載離岸 時則綵雲亂目雅樂沸空 絳節霓旌 傳呼而至 空中聲云 天帝召海東玄光禪師 光拱手避讓 唯見靑衣前導 少選入宮城 且非人間官府 羽衛之設也 無非鱗介 參雜鬼神 或曰 今日天帝 降龍王宮 請師說親證法門 吾曹水府 蒙師利益 旣登寶殿 次陟高臺 如問而談 略經七日 然後王躬送別 其船泛洋不進 光復登船 船人謂經半日而已

1-③ 光歸熊州翁山 卓錫結茅 乃成梵刹 同聲相應得法者蟄戶爰開 樂小迴心慕羶者蟬連係至 其如升堂受莂者一人 入火光三昧一人 入水光三昧二人 互得其二種法門 從發者彰三昧名耳 其諸門生 譬如衆鳥 附須彌山 皆同一色也 光末之滅 罔知攸往 南嶽祖構影堂 內圖二十八人 光居一焉 天台國淸寺祖堂亦然

1-④ 系曰 夫約佛滅後 驗入道之人 以敎理行果 四法明之 則無逃隱矣 去聖彌近者 修行成果位證也 去聖稍遙者 學敎易見理親也 其更綿邈者 學敎不精見理非諦 夫一念不生 前後際斷 斯頓心成佛也 理佛具足 行布施行 曾未嘗述行佛 具體而微 東夏自六祖已來 多談禪理 少談禪行焉 非南能不說行 且令見道如救頭然 之故南岳思師切在兼修乘戒俱急 是以學者 驗諸行果 其如入火光三昧者 處胎經中 以禪定攝意 入火界三昧 利土洞然 愚夫謂是遭焚 若入水界三昧 愚夫見謂爲水投物于中 菩薩心如虛空不覺觸嬈者 此非二乘所能究盡也 斯乃急於行果焉 無令口說 而身意不修 何由助道耶(『宋高僧傳』卷第18 感通篇 第六之一 陳 新羅國 玄光傳)『大正新脩大藏經』50 원문 및 『동아시아 한국불교사료－중국문헌편』(박광연·고승학 외역, 동국대 출판부, 2014) 해석 참조.

思, 515~577를 만났다. 혜사는 현광의 구법동기에 가장 잘 부합하는 인물이었다. 현광은 '이름 난 스승을 찾아' '선법을 구하고자' 하였고, 진에 도착해 형산의 혜사가 선정과 지혜가 뛰어나고 계율이 청정하다는 말을 듣고 남악으로 혜사를 찾아갔다.[95] 혜사는 남악에서 568년부터 577년 입적할 때까지 10여 년을 머물며 강설하였고,[96] 현광은 이때 혜사 문하에 들어가게 된다. 현광은 혜사로부터 선법을 배우며 법화안락행문을 전수, 법화삼매를 증득했으며 573년『법화안락행의』를 받았다.

혜사가 남악에서 머문 568~573년 사이에 두 사람이 만났다면, 현광은 567년 9월 조공사절단과 함께 구법활동을 떠난 것으로 추정된다. 당시 중국은 진 선제[568~582] 통치시기로, 선제는 진 문제[559~566]와 마찬가지로 불교를 신봉했다. '당시 경읍에는 여럿이 걸어가며 독송하는 소리가 자자했고, 나라의 공양은 풍부하고 호화로웠다. 그리고 배우는 사람들에게는 폐단이 없었으며, 몇 해 되지 않아서 불도를 수행할 인물들이 많이 늘어났다'[97]고 할 정도로 불교가 융성하였다.

선제는 당시 담원曇瑗, 혜명慧明, 지문智文, 지의智顗 등 여러 고승들을 우대하고 그들의 활동을 지원했다. 선제는『십송율』에 통달하고 율을 강의했던 승려 담원을 승정에 임명, 광택사에 주석하게 하였고,[98] 천태지의가 천태산으로 들어갈 때 조칙으로 그를 말렸으며, 천태산에 머물고 있는 지

---

95 聞衡山思大禪師 雙弘定慧 兼善毗尼 一志徑造南岳(『法華靈驗傳』卷上 第八段 安樂行品 龍天請講)(『현토역주묘법연화경』별권, 대한불교천태종총본산구인사)

96 又將四十餘僧經趣南岳 即陳光大二年六月二十二日也(『續高僧傳』卷第17 陳南嶽衡山釋慧思傳)

97 京邑屯鬧行誦相誼 國供豊華學人無弊不踰數載道器大增(『續高僧傳』卷第21 陳楊都光宅寺釋曇瑗傳)

98 由是律學更新上聞天聽 帝又下勅榮慰 以瑗爲國之僧正 令住光宅 苦辭以任 勅特許之(『續高僧傳』卷第21 陳楊都光宅寺釋曇瑗傳)

의를 위해 이 지역의 조세를 면제하고 물과 땔나무를 공양했다.[99] 또한 578년태건 10 칙명으로 사명寺名 수선사를 하사했다.[100] 이와 같이 선제는 불교에 대한 이해가 깊었고, 여러 고승들과 교유했으며 문제文帝를 본받아 참문을 짓고, 법회를 여는 등의 봉불 행위가 기록에 남아 있다.[101]

선제는 정책적인 면에 있어서도 친불교적이었다. 573년태건 5부터 북제 토벌을 시작한 후 578년태건 10 경 크게 패하자, 승려들에게 노역을 요청하였다. 이에 지문은 반대하는 표를 올렸고, 선제는 그 의견은 받아들였다. 이후에도 지문이 상주하는 일은 황제의 윤허를 받지 못하는 일이 없었다고[102] 할 정도로 선제는 불교 승려들에 대해 포용적 태도를 취하였다.

당시 활동하던 지의는 경우, 현광과 마찬가지로 혜사의 제자였다. 지의는 560년 혜사의 제자가 되었고, 569년 건강 와관사에서 『법화경』을 강의하였다. 또한 575년 천태산에 들어가 천태종을 확립했고, 587년 건강 광택사에서 법화문구를 강의했다. 이 때 현광은 강남 회향사에서 제자 혜민에게 성실론을 강의하고 있었다.

현광이 구법활동을 떠난 시기는 567년위덕왕 14이다. 당시 백제의 정치 외교적 상황을 살펴보면, 위덕왕은 성왕 전사 이후 즉위, 재위기간 45년으로 사비시대 왕들 중에서 통치기간이 가장 길었다. 즉위 초기에는 관산성 전

99　京師三藏雖弘皆一途偏顯兼之者寡朕聞 画像瓦官濟濟深用慰懷宜停訓物豈遑獨善一二曹義達口具得朕意也四月一日臣景歷(『國淸百錄』卷1 太建十年宣帝勅不許入天台)
宜割始豐縣調以充衆費 蠲兩戶民用供薪水(『續高僧傳』卷第17 隋國師智者天台山國淸寺釋智顗傳)

100　具左僕射徐陵啓 智顗禪師 創立天台宴坐名嶽 宜號修禪寺也(『國淸百錄』卷1 太建十年宣帝勅給寺名)

101　鎌田茂雄, 『중국불교사－남북조의 불교(상)』(3), 장승, 1996, 248~254쪽.

102　宣帝命旅剋有准泚 一戰不功千金日喪 轉輪運力遂倚衆僧…乃格詞曰…豈宜以勝福田爲胥下之役…有勅許焉 事即停寢 爾後凡所詳奏莫非允愜(『續高僧傳』卷第21 陳楊都奉誠寺大律都釋智文傳)

투 패전의 책임으로 왕권이 안정적이지 못하였고, 이와 같은 상황에서 위덕왕은 왕실의 권위 회복을 위한 돌파구를 대외 교섭을 통해 찾으려 했다.

562년위덕왕 9 이후 중국과의 외교를 강화하였고, 577년위덕왕 24에 이르러서는 중국 남북조 모두 외교관계를 가졌으며, 일본과도 적극 교류를 추진했다. 위덕왕은 효과적인 대외 관계를 통해 왕권 신장을 지속적으로 추구한 것으로 볼 수 있다. 그러나 577년 이후 안정적인 왕권의 기반 아래 시도되었던 대신라 전투의 실패는 또다시 내부적으로 백제 정국의 불안정을 초래하였고, 위덕왕은 이후 대외적인 전쟁보다는 외교적으로 책봉을 통해 국제적 지위를 확인하여 왕실의 권위 회복, 즉 왕권의 기반을 공고히 다지는 작업을 추진한 것으로 보인다.[103] 이와 같은 정치 외교적 관계속에서 백제는 대중관계 강화의 일환으로 조공 사절단과 함께 입화 구법승을 파견한 것으로 볼 수 있다.

(2) 구법활동

① 여정

사료 1-①에 따르면 현광은 진557~589에 도착해 먼저 진나라를 관광하였다. 그리고 남악현 절강성에 머물고 있는 혜사515~577를 찾아가 그의 제자가 되었으며, 573년 스승 혜사로부터 법화삼매를 증득하였다. 이 과정에서 현광의 구법활동 시기를 추정해 보면 다음과 같다. 혜사는 진陳 광대 2년568에 제자들과 함께 남악으로 들어가 577년 입적할 때 까지 이곳에서 10여 년을 머물며 강설했다. 따라서 진나라에 도착한 현광이 남악에 머물고 있는 혜사를 만난 것은 568~577년 사이로 볼 수 있다.[104]

---

103 김병남,「백제 위덕왕대의 정치 상황과 대외 관계」,『한국상고사학보』43, 2004, 68~71쪽.
104 정병조는 혜사가 호남성 남악에 있는 복엄사(福嚴寺)에 주석해 있었고, 현광은 이곳에

2-① 15세 때 회향사에서 신라의 광법사로부터 성실론의 법문을 듣고 솔선
해서 문답을 주고받았는데 여느 도인들보다 아주 뛰어났다… 그가 17
세 때 초청을 받고 고향으로 돌아와 해염海鹽의 광흥사에서 『법화경』을
강의했다.[105]

3-① 선사 혜민은 하동인이다. 9세에 출가하여 『묘법연화경』을 송독하였는
데 한달만에 모두 마쳤다. 15세에 현광법사에게 법을 청하였다. 영특
하고 뛰어나서 숙사들이 그를 칭송하였다.[106]

3-② 태건561~682년간에 남악 혜사선사가 해동 현광법사를 위해 법화안락행
을 설하였다. 귀국해 교리를 널리 펼쳐 해동 여러 나라 전교의 시초가
되었다.[107]

3-③ 태건 5년573 해동 현광 사문이 남악혜사로부터 법화안락행의를 받았
다. 귀국해 교리를 널리 펼쳐 해동 여러 나라 전교의 시초가 되었다.[108]

그런데 사료 1-①과 3-②, 3-③에 따르면 현광은 573년 스승 혜사로
부터 『법화경안락행의法華經安樂行義』을 전수 받았다. 따라서 현광이 혜사를
만난 시기는 568~573년 사이로 좁혀진다. 당시 백제와 진나라 간 외교
기사를 정리하면 〈표 5〉와 같으며, 현광이 568~573년 사이에 혜사를 만

서 수학하며 법화삼매를 증득하였다고 보아 현광이 구법활동을 진행한 사찰로 구체적
으로 추정하였다(「구법승 연구의 의의와 과제」, 『불교연구』 23, 2005, 25쪽).

105　2-① 十五聽法迴向寺新羅光法師成論 率先問對秀逸玄賓 命覆幽宗耆宿同悅 年十七赴請
還鄉 海鹽之光興寺講法華經(『續高僧傳』卷第22 唐蘇州通玄寺釋慧旻傳)

106　3-① 禪師慧旻 河東人 九歲出家 誦妙經 朞月便過 年十五 請法於光禪師 英偉秀發宿士稱
之(『佛祖統紀』卷第9 諸祖旁出世家 第5之1 南岳旁出世家,新羅玄光禪師法嗣)

107　3-② 大建中 南岳思禪師 爲海東玄光法師 說法華安樂行 歸國演敎 爲高麗 東國傳敎之始
(『佛祖統紀』卷第23 歷代傳敎表 第9 陳宣帝)

108　3-③ 五年 海東玄光沙門 受法華安樂行義於南岳禪師 歸國演敎 爲海東諸國傳敎之始(『佛
祖統紀』卷第37 法運通塞志 第17之4 陳宣帝 太建 5年)

나기 위해서는 567년 사절단과 함께 구법활동을 떠난 것으로 추측된다.

<표 5> 백제와 진(陳)의 외교 기사

시기	기사내용	비고
562년 (위덕왕 9)	3년 윤 2월 기유, 백제왕 여명(餘明)을 무동대장군으로 삼았다.[109]	책봉
567년 (위덕왕 14)	14년 가을 9월, 진에 사신을 보내 조공했다.[110] 광무 대원 9월 경진, 백제국에서 사신을 보내 방물을 바쳤다.[111]	조공
577년 (위덕왕 24)	9년 가을 7월 기묘, 백제국에서 사신을 보내 방물을 바쳤다.[112]	조공
584년 (위덕왕 31)	지덕 2년 11월 무인, 백제국에서 사신을 보내 방물을 바쳤다.[113]	조공
586년 (위덕왕 33)	지덕 4년 가을 9월 정미, 백제국에서 사신을 보내 방물을 바쳤다.[114]	조공

* 방향숙, 「5~7세기 중국왕조들의 백제에 대한 인식과 외교 전략의 변화」, 『백제연구』 57, 60쪽 <표 1> 참조

다음 사료 2-①『속고승전』과 3-①~③『불조통기』를 통해 현광의 귀국 시기를 추정해 보면 다음과 같다. 사료 2-①과 3-①에 따르면 현광은 혜사로부터 법화삼매를 증득한 후 15년 후인 587년부터 혜민이 고향으로 돌아가는 589년까지 2년간 회향사에서 성실론을 강의하였다. 즉 현광은 스승 혜사에게 법화안락행의를 받은 후에도 중국 내에서 17년 이상 더 구법활동을 한 후 590년 경 백제로 귀국한 것으로 추정된다.[115]

---

109 三年閏二月己酉 以百濟王餘明爲撫東大將軍(『陳書』卷3 本紀 第3 文帝 天嘉 3年)

110 十四年秋九月 遣使入陳朝貢(『三國史記』卷第27 百濟本紀 第5 威德王 14年)

111 (光大元年九月)景辰 百濟國遣使獻方物(『陳書』卷4 本紀 第4 廢帝 光大元年)

112 九年秋七月己卯 百濟國遣使獻方物(『陳書』卷5 本紀 第5 宣帝 太建 9年)

113 至德二年十一月戊寅 百濟國遣使獻方物(『陳書』卷6 本紀 第6 後主 2年)

114 至德 四年 秋九月 丁未 百濟國遣使獻方物(『陳書』卷6 本紀 第6 後主 4年)

115 귀국 연대를 추정하는데 있어 현광이 587~589년 2년간 제자 혜민을 가르쳤다는 점이 중요하다. 사료 2-①『속고승전』에서 언급되는 '新羅光法師(신라광법사)'를 원광으로 해석해 현광의 귀국시기를 혜사로부터 법화안락행의를 받은 이후 태건 5년(573) 이후 570년대로 보는 견해가 있다(이장웅, 「百濟 東岳 鷄藍山과 玄光의 翁山 梵刹」, 『한국고

② 중국내 활동

앞서 여정에서 현광의 중국 구법활동 기간을 567~590년 경으로 추정한 바 있다. 20년이 넘는 기간으로 시기적으로 진대陳代와 수대隋代에 걸쳐 있다. 현광은 혜사를 스승으로 삼아 법화안락행의를 받았고, 혜민을 제자로 삼아 성실론을 강의하였다. 본문에서는 현광의 사승관계를 중심으로 중국 내 구법활동을 살펴보도록 하겠다.

현광은 혜사의 제자가 되어 스승 혜사로부터 법화안락행문을 전수받았고, 법화삼매를 증득했으며, 혜사가 저술한 『법화경안락행의』를 받았다. 『법화경안락행의』는 교본과 같은 것으로, 사료 1-④에서 혜사는 ‘兼修乘戒俱急겸수승계구급’[116] 에 중점을 두었고, 계율을 지키는 것과 가르침을 배우는 것을 겸해야 한다고 보았다. 즉 당시 선행禪行에 소홀한 분위기에서 실천적인 수행을 함께 강조한 것으로 볼 수 있다.

혜사로부터 법화삼매를 증득한 현광은 중국 및 백제에서 교화행에 힘썼다. 그는 중국에서는 혜민을 제자로 받아들여 가르쳤고, 귀국 후에는 그의 불법을 배우고자 모여든 많은 문생들을 가르쳤다. 혜민과 관련하여 사료 2-①, 3-①, 4-①에 따르면, 현광은 587~589년까지 2년 동안 회향

대사탐구』 23, 2016, 57쪽). 그러나 사료 2-①『속고승전』의 내용과 거의 동일한 내용이 사료 3-①『불조통기』에서도 언급되고 있어 두 사료에 나오는 광법사(光法師)나 광선사(光禪師)는 원광이 아니라 현광으로 보는 것이 보다 타당하다고 생각한다(이기운,「법화삼매의 사상체계 연구」, 동국대 박사논문, 1996;「현광의 교화행에 대한 연구」,『한국불교학』 27, 2000; 길기태,「백제의 법화사상과 혜현구정」,『신라문화제학술발표논문집』 31, 2014; 박광연,「신라 법화사상사 연구」, 이화여대 박사논문, 2010). 현광의 570년대 귀국설에 관한 연구성과는 이장웅 앞의 글, 57쪽 참조.

116 계승구급(戒乘俱急)과 동의어. 계승구급은 계승사구(戒乘四句)의 하나이다. 계승사구는 계율을 지키고 가르침을 배우고 익히는 기질에 따라 네 가지로 분류한 것이다. 그중하나인 계승구급은 계율을 지키는 데도 적극적이고, 가르침을 배우고 익히는 데도 적극적인 기질이다(곽철환,『시공 불교사전』, 시공사, 2016, 40쪽).

사에서 제자 혜민에게 성실론을 가르쳤다.

> 4-① 그는 9세에 출가하여 부지런히 정진하여 행업을 깨끗이 하고, 『법화
> 경』을 외웠는데 한 달 만에 모두 마쳤다. 15세 때 회향사迴向寺에서 신
> 라 광법사로부터 『성실론』의 법문을 들었다… 그가 17세 때 초청을 받
> 고 고향으로 돌아와 해염海鹽의 광흥사光興寺에서 『법화경』을 강의하였
> 는데, 청중들이 구름같이 모여들었으며 모두 경사로운 징조라고 말하
> 였다. 그가 강의할 때면 기이한 향기가 순식간에 자주 공중에 감돌곤
> 하였다.[117]

현광이 혜민에게 가르친 성실론은 당시 중국 남북조에서 대승경전으
로서 널리 읽혀지고 연구되고 있었다. 현광이 어느 시기에 성실론을 접
했는지는 정확히 알 수 없으나, 구법활동을 떠나기 전 이미 국내에서 성
실론을 접했을 가능성도 있다. 현광은 중국 내에서 구법활동 중 법화삼매
증득 후, 574년부터 제자 혜민을 만나기 전인 586년 사이 『법화경』 뿐만
아니라 성실론에 대한 연구를 심화시켰을 가능성도 있다. 결국 현광이 회
향사에서 제자 혜민에게 성실론을 강의했다는 것은 그가 성실론 연구에
도 조예가 깊었음을 보여주는 것이다. 결국 현광이 중국 내 구법활동 과
정에서 스승 혜사로부터 불법을 배우고, 한편으로는 제자 혜민을 가르치
면서 한중 양국 간 불교적 교류가 이루어졌다고 볼 수 있다.

---

117 4-① 釋慧旻 字玄素 河東人…十五聽法迴向寺新羅光法師成論…年十七赴請還鄉 海鹽之
　　 光興寺講法華經 聽衆雲翔咸陳嘉瑞 異香彈指屢結空中(『續高僧傳』22 唐蘇州通玄寺釋
　　 慧旻傳)

(3) 귀국 후 활동

현광은 회향사에서 589년까지 제자 혜민에게 성실론을 가르쳤고, 590년경 귀국한 것으로 보인다. 사료 1-②『송고승전』에는 현광이 귀국 도중 용궁으로 불려 가 7일 동안 친증법문을 설했다고 하는 영험담이 기록되어 있다. 현광의 영험담은 국내 사료인 요원의『법화영험전』에도 실려있다. 일반적으로 용궁에서의 설법은 불교의 흥기와 관련이 있으며, 현광이 용궁에서 법화삼매를 설법한 것은 그가 백제의 법화신앙을 크게 일으키는 역할을 담당한 것으로 해석하기도 한다.[118]

현광의 귀국 후 활동은 사료 1-③을 통해 살펴볼 수 있다. 현광은 귀국 후 수도 사비에 머물지 않고 웅주 옹산에 거처를 마련하였다. 이후 현광과 뜻을 같이하는 문생들이 모여들었고 법화삼매의 법을 증득하고자 하였다. 현광이 수도 사비에 머물지 않았음에도 문생들이 모이기를 '개미가 줄지어 빠르게 오는 것과 같았다'라는 표현에서 이미 현광은 귀국 시부터 주목을 받고 있었던 것으로 보인다. 현광은 자신의 거처에 모인 문생들에게 혜사로부터 배운 선법禪法과 선행禪行을 가르쳤다. 그리고 그 제자들 중에서 승당수별자昇堂受莂者 1명, 화광삼매火光三昧 1명, 수광삼매水光三昧 2명[119]의 법화삼매 증득자가 배출되었다.

5-① 스님에게 도를 전수받은 무리들은 모두 깨우침을 얻었으니, 당에 올라 기별을 받은 자는 한 사람이다. 【『법화문구』에는 "'수기受記'를 또한 '수별受莂'이라고도 하였다. '受'는 뜻을 받는다는 뜻이고, '莂'은 분별하여

---

118 김두진,『삼국시대 불교신앙사 연구』, 일조각, 2016, 218쪽.

119 수광삼매자(水光三昧者)의 경우『佛祖統紀』卷第9 諸祖旁出世家 第5之1의 '南岳旁出世家 新羅玄光禪師'에는 2인으로, '南岳旁出世家目錄'에는 1인으로 기록되어 있다.

안다는 뜻이다"라고 나와 있다】화광삼매에 든 자는 한 명이고, 수광삼
매에 든 자는 두 명이다.[120]

5-② 수기授記는 또한 수기受記, 수결受決, 수별受莂이라고 한다. 授는 곧 부처가
뜻을 준다는 것이고, 受는 곧 뜻을 받는다는 것이다. 記는 곧 사실을 기
술함이요, 決은 곧 결정決定이요, 莂은 곧 구별해 안다는 것이다.[121]

승당수별자는 현광의 법을 계승, 법화삼매를 증득자로, 사료 5-①『불
조통기』에서 승당수별자의 의미를 지의智顗의 『묘법연화경문구』이하『법화
문구』을 인용하여 설명하고 있다. 5-②『법화문구』에 따르면, 수별자受莂者
는 곧 수기자受記者를 의미한다. 수기授記의 범어는 비야카라나Vyakarana로서
'記', '決', '莂別' 등으로 한역되며, 수기란 성불을 증명하는 신표信標를 주
는 것으로, 수기受記란 그 신표를 받는 것으로 풀이된다.[122] 따라서 승당수
별자는 현광의 법을 이어 전법하는 자로 수기를 얻은 자를 뜻한다.[123]

현광은 백제에 귀국한 후 그의 문하에 많은 문생들이 모여 들었고, 삼
매에 든 제자도 여럿 나왔지만, 그의 입적에 관한 부분은 잘 알려져 있지
않다. 오히려 사후 중국 내에서 남악의 조사당 28도와 천태산 국청사 조
사당에 모셔졌으며, 그의 위치는 천태지의에 비견될 정도로 높은 평가를
받았다.[124]

120　5-① 受道之衆 咸蒙開悟 升堂受莂者一人【文句 受記亦云受莂 受是得義 莂是別了】入火
　　　光三昧者一人 入水光三昧者二人(『佛祖統紀』卷第9 諸祖旁出世家 第5之1 南岳旁出世家
　　　新羅玄光禪師)
121　5-② 授記亦云受記 受決受莂 授是與義受是得義記是画像記事 決是決 定是了莂(智顗,
　　　『妙法蓮華經文句』卷7)
122　최기표,「법화경에 있어서 授記의 수행론적 의의」,『불교학리뷰』13, 115·132~134쪽.
123　이기운,「백제 현광의 교화행에 대한 연구」,『한국불교학』27, 2000, 229쪽.
124　고영섭,「불광겸익과 옹산현광」,『문학사학철학』36, 2014, 34쪽.

한편, 귀국 후 당시 수도였던 사비가 아닌 이전 수도인 웅주를 자신의 활동 근거지로 선택한 점에 대해서도 의견이 갈린다. 먼저 현광이 전수받은 『법화경』 안락행품의 전륜성왕이 정법으로 소왕을 토벌한다는 교설은 당시 위덕왕이 추구하고자 했던 왕권강화책과 들어맞는 것으로, 현광이 이를 사상적으로 뒷받침한다는 견해이다.[125] 이는 『법화경』의 '회삼승귀일승' 사상을 통해 사회의 갈등 요소를 타협과 조화 속에서 하나로 통합하는 기능을 담당했다고 보는 관점이다.

두 번째 견해는 현광이 스승 혜사로부터 중생 교화의 사명 받은 바에 따라 수도가 아닌 웅주를 활동 근거지로 정한 것이며, 『법화경』 안락행품에서 보살은 국왕과 왕자, 대신들은 '불친근처'의 대상으로 가까이 하지 말아야 함을 강조하는 것이다. 즉, 권력과 거리를 두고 민중 중심의 포교를 전개하기 위한 포석으로 해석하는 것이다.[126]

세 번째 견해는 앞의 두 가지 견해에 대한 중도적 입장이다. 웅주가 지배층에게 제2의 수도로 여전히 중요지역으로 여겨졌을 것이라는 점에서 지역에서의 현광의 활동이 왕권과 일정한 관계를 유지하면서 이루어졌고, 그들의 입장과 부합하는 측면이 있다고 보는 견해이다.[127]

현광의 귀국 후 활동의 특징을 정리하면 다음과 같다. 사료 3-②, 3-③『불조통기』에 따르면 그는 해동 전교의 시초로, 법화삼매 증득 후 스승 혜사로부터 중생 교화의 사명을 받았다.

'교화敎化'는 현광 불교 활동의 중요한 특징이다. 귀국 후 현광은 웅주

---

125 조경철, 「백제 불교사의 전개와 정치활동」, 한국학중앙연구원 박사논문, 2005, 93쪽.

126 길기태, 「백제 사비시기 법화신앙」, 『대구사학』 80, 2005, 9~19쪽.

127 정아영, 「感應緣을 통해 본 百濟의 法華信仰」, 고려대 석사논문, 2017, 34쪽; 이장웅, 「百濟 東岳 鷄藍山과 玄光의 翁山 梵刹」, 『한국고대사탐구』 23, 2016, 62쪽.

옹산을 활동 근거지로 정하였고, 처음 그가 주석한 절은 띠풀을 엮어 만든 매우 초라한 사찰이었다. 현광이 친왕적 법화승려로 왕권과 밀접한 관련이 있었다면 이와 같이 초라한 절에 주석하지는 않았을 것이다. 따라서 현광은 친왕적 법화승려라기보다는 지역에서 법화사상 및 선법을 통한 대중교화에 힘쓴 인물로 보는 것이 타당할 것이다. 현광은 지역에서 『법화경』 사상 및 선법을 제자들에게 전수하거나 대중교화에 힘썼고, 그 결과 많은 사람들이 그의 법문을 듣고자 찾아올 만큼 그의 교화활동은 매우 성공적이었다고 볼 수 있다.

3. 삼론학의 도입과 담혜曇慧

담혜는 입화 구법승이지만 일본에서 전법활동을 병행했기 때문에 일본측 사료에 관련 기록이 남아 있으며, 『일본서기』·『원형석서』·『본조고승전』·『선광사연기』에서 활동 기록을 살펴 볼 수 있다. 『일본서기』는 681~720년에 완성된 일본 최고의 관찬사서로 편년체 통사이다. 『원형석서』는 1322년 사련師錬, 1278~1346이 집필한 일본 최초의 편년체로 쓰인 고승전이다. 『본조고승전』은 사만師蠻, 1625~1710이 1702년에 지은 불교서적으로 모두 75권으로 이루어져 있다. 일본의 승려전기 중 최고로 뽑히며, 서문에서 30권으로 된 『원형석서』를 모범으로 삼고 『원형석서』의 결함을 보충하여 완전한 승전을 작성하고자 저술하였음을 밝히고 있다. 『본조고승전』은 담혜에 관해 가장 자세하게 서술하고 있으며, 양에서의 구법활동을 언급한 유일한 사료이다.

1-① 승려 담혜는 백제 사람이다. 일찍이 당[128]에 들어가 당시 종장宗匠들의 자리에 배석하여 대승과 소승을 종합하고 유화遊化에 뜻을 두었다. 저 나라에서 이 나라가 불법을 숭상한다는 소문을 듣고 흠명 15년[554] 봄 2월에 담혜와 도심 등이 함께 조공하러 왔다. 칙명으로 정사를 건립하고, 맞이하여 머물게 하였다. 이것이 일본에서 사문이 있게 된 시초이다.다만 사민士民들이 아직 삼보에 귀향해야 하는 이유를 알지 못했고, 시기도 고르기 어려웠으므로, 종승宗乘을 기술하지 않았다.『국사』에도 마친 바를 기록하지 않았다.

1-② 다음과 같이 찬한다. 담혜와 도심 두 대사는 외공外貢을 선택했으나 교화 인도에는 집착하지 않았으므로 어떤 종宗인지 알지 못하겠다. 나는 (그들이) 발마와 제바의 종지를 벗어나지 않는다고 생각한다. 구마라집이 관중에 들어와서 삼론과 성실론을 크게 제창하였으니, 당 이전의 승려들은 두 논을 익히고 숭상하였다. 그래서 그 법이 일찍이 삼한에 전해졌던 것이다. 연력 15년[796] 관부에서 성실론을 삼론에 부가하게 했으니, 두 대사가 공종인 것이 분명하도다. 또한 이 나라의 가섭마등과 축법란이 되었으므로 책의 앞머리에 둔 것이다.[129]

---

128 원문에 唐으로 표기되어 있으나 시기적으로 梁나라에 해당함

129 1-① 釋曇慧 百済國人 蚤入大唐 陪時匠席 綜大小乘 遊化爲志 彼國聞此方崇佛法 欽明十五年春二月 慧及道深 偕計貢來 勅建精舍 延以居之 是本朝有沙門之始也 但以士民未知所以歸嚮三寶 時機難調 不述宗乘 國史亦不記所終
1-② 贊曰 慧深二師 選擇外貢 化導不著 不知何宗 余想不出跋摩提婆之宗 羅什入關 大唱三論成實 自唐以前諸師 習尚二論 是以其法早傳於三韓耳 延曆十五年 官符稱 成實論附三論 二師爲空宗也明矣 且爲此方之騰蘭 故系冠于篇首焉(『本朝高僧傳』卷第1 法本1之1 百濟沙門曇慧傳)
『大日本佛敎全書』102, 61쪽 원문 및 『동아시아 한국불교사료─일본문헌편』(김영태 편, 동국대 출판부, 2015) 해석 참조.

1) 구법배경 및 동기

사료 1-①을 살펴보면, 담혜는 백제 사람으로 양에 들어가 당시 종석宗席에 배석하여 대소승을 가리지 않고 배웠고, '유화'에 뜻을 두었다고 한다. 유화란 '승려가 유행하여 중생을 교화하여 선으로 이끄는 것'으로 담혜가 구법동기로 유화에 뜻을 두었다는 것은 곧 중생 교화를 전제하고 구법 활동을 계획 및 진행한 것으로 볼 수 있다. 담혜는 본국으로 귀국해 활동하던 중 554년흠명 15 2월 도심, 계리와 함께 일본으로 전법을 떠났고, 이후 일본 사문의 시초가 되었다. 담혜가 구법활동 후 전법 활동을 연계하였다는 점에서 애초에 그의 '유화'라는 구법동기는 이후의 전법활동까지 염두해 둔 것으로 보이기도 한다.

사료1-①에서 알 수 있듯이 담혜는 구법활동 당시 대승과 소승을 가리지 않고 배웠으며, 당시 주목받던 불교교학의 종장을 찾아가거나 사찰을 찾아가 불법을 배웠다. 한편『본조고승전』의 찬자 사만師蠻은 당시 중국에서 삼론과 성실이 성행했고, 삼한에도 전해진 것으로 보아, 담혜를 삼론 승려로 추정하였다.

담혜가 구법활동을 떠난 것은 5세기 전반으로 겸익, 발정과 비슷한 시기에 출발한 것으로 추정된다. 당시 중국은 양무제 재위기간502~549으로 불교가 매우 융성했던 시기이다. 당시 양의 수도 건강은 큰 절이 700여 곳이고 승니와 강중이 항상 1만이 있었다고 할 정도로 불교가 매우 번성하였다. 또한 무제는 당시 학승들에게 많은 책을 편찬하고 써내게 했으며, 그 자신이 고승의 강론을 듣고 강회를 주최, 친히 강경을 하기도 했다.

성실론은 남조인 제와 양에서 가장 널리 연구되고 영향력 있는 논서였다. 구마라집이 번역한 성실론 연구는 처음에는 북쪽 지방에서 행해졌으나 이후 남쪽 지방에서 왕성해져 양대에는 남지南地 성론대승成論大乘 이라고 할 만큼 융성해졌다.[130] 반면 삼론의 경우 승조384~414 이후 열반경과 성실론에 대한 관심이 지배적이었기 때문에 남조 초기에는 이에 대한 관심이 잠시 줄어들었다가 이후 승랑, 승전, 법랑과 같은 삼론종의 논사들이 배출되었고, 특히 고구려승 승랑은 무제의 신임을 받았다. 성실론은 삼론학자들에게 잘못된 공관을 전파하였다는 비판을 받게 되었고, 법랑507~581과 길장549~623의 노력으로 결국 삼론학이 승자가 되면서, 이후 수隋의 등장과 더불어 성실론에 대한 관심은 점차 줄어들었다.[131]

2) 구법활동

(1) 여정

3-①에서 담혜가 554년 일본으로 전법활동을 떠났다고 한다면, 그는 554년 이전 양에서의 구법활동을 마치고 백제로 귀국했을 것이다. 그런데 충남 부여 소재의 대조사에는 담혜 창건설[132]과 겸익 창건설[133]이 전한다. 「대조사미륵실기」『부여지』, 부여군청, 1929에 따르면 겸익이 527년 창건하여 532년 완성한 것으로 기록되어 있다.[134] 당시 백제와 양의 조공기사는

---

130 鎌田茂雄, 정순일 역,『중국불교사』, 경서원, 2012, 116~117쪽.

131 K.S. 케네쓰 첸, 박해당 역,『중국불교』(상), 민족사, 1991, 148쪽.

132 한국민족문화대백과사전(http://encykorea.aks.ac.kr/Contents/Item/E0014775).
한국민족문화대백과사전 대조사 항목에서「대조사사적기」를 참작하여 기록한 현판에 의하면 이 절은 527년 담혜가 창건하였다고 하였으나 사적기나 현판에 대한 기록은 확인할 수 없다. 다만『사찰사전』(불교시대사, 1996, 127쪽)에서는 두가지 설을 모두 기록하고 있다.

133 겸익의 대조사 창건에 관한 내용은『扶餘誌』卷之3 林川郡 寺刹 大鳥寺조와 卷之3 記大鳥寺彌勒實記에 실려 있다. 「대조사미륵실기」에 관해 신빙성에 의문이 제기되기도 한다. 실기에 따르면 대조사는 527년(성왕 5)에 조성되어 532년 완공된 것으로 기록되어 있지만, 대조사 석불은 고려양식으로 연혁 관련 내용이 후대에 추가로 기술된 것으로 보기도 한다(『부여 대조사 석조미륵보살입상』, 부여군, 2018, 83쪽;『충남지역의 문화유적－부여편』3, 백제문화개발연구원, 1989, 162쪽).

134 『부여 대조사 석조미륵보살입상－정밀실측조사보고서』, 부여군, 2018;『전통사찰총서

512년무령왕12, 521년무령왕21 2회로[135] 담혜는 512년 또는 521년 구법 활동을 떠난 것으로 추정되며, 귀국한 것은 일본으로 전법활동을 떠난 554년 이전으로 볼 수 있다. 담혜가 512년에 출발했다고 가정하면, 백제는 겸익, 발정, 담혜 3명의 구법승을 동시에 파견한 것으로 자국 내 불교를 빠르게 발전시키고자 다수의 승려를 해외에 파견하고 있는 셈이다.

(2) 양에서의 구법 활동

사료 1-①에서 담혜는 양나라로 들어가 종장들의 자리에 배석하여 대승과 소승을 종합하였다고 한다. 담혜가 양나라에 도착 후 수도 건강에서 유명한 사찰 및 승려를 찾아가 불도를 배웠고, 대승과 소승 모두 섭렵했다는 것으로 보아 중생 교화라는 목표를 위해 구법활동을 진행했고, 특정 종파의 사상이나 신앙에 편중되지는 않았던 것으로 보인다. 사료 1-②『본조고승전』에서 찬자는 담혜가 삼론의 종지를 크게 벗어나지 않았으며 삼론과 성실론 두 논을 익히고 숭상하였다고 추측하였다.

담혜가 중국에서 구법활동을 할 당시 성실론 및 삼론학자들의 활동을 살펴보면 다음과 같다. 성실론 관련 양의 3대 법사로 지장智藏, 458~522, 승민僧旻, 467~567, 법운法雲, 467~529이 있다. 지장은 무제의 칙명으로 팽성사에서 성실론을 강의하였는데 청중이 천여 명에 달했으며, 혜륜전에서 『반야경』을 강의하였고, 천감말년519 도인 속인들을 불러 모아 『금강반야바라밀경』을 강론하였다. 만년에는 개선사에 머물렀으며, 그가 강론한 『대

<hr>

- 충남의 전통사찰I』 12, 사찰문화연구원, 1999; 서문성 편, 『전통사찰의 창건설화』, 창, 1997; 『문화유적총람(사찰편)』, 충청남도, 1990; 『충남지역의 문화유적—부여편』 3, 백제문화개발연구원, 1989.

135 十二年 夏四月 遣使入梁朝貢(『三國史記』 卷第26 百濟本紀 第4 武寧王 12年) 十一月 遣使入梁朝貢(『三國史記』 卷第36 百濟本紀 第4 武寧王 21年)

품경』,『소품경』,『열반경』,『반야경』,『법화경』,『십지론』,『금광명경』,『성실론』,『백론』,『아비담십론』 등은 각기 내용의 해설이 저술되어 세상에 유포되었다.[136]

승민은 영명 10년[492] 흥복사에서 성실론을 강술하여 유명해졌으며, 천감 5년[506] 무제가 그를 등용했고, 강론하게 하였다. 천감天監, 502~519 말년에 장엄사莊嚴寺에 명을 내려 설법하게 하였는데, 승민은 가장 마지막 순서였지만 청중은 더 많았다.[137]

무제는 또한 천감 2년[503] 법운을 예우하여 궁으로 초청하였고, 이름 높은 대덕들이 각기 성실론의 의소를 지었는데, 법운은 이것을 합쳐서 책을 만들었다. 천감 7년[508] 무제는 그를 가승으로 예우하고 광택사에 주석하게 하였으며, 보통 6년[525] 대승정에 임명하였다.[138]

삼론의 경우 열반경과 성실론에 대한 관심이 지배적이었기 때문에 남조 초기 관심이 줄어든 것으로 나타난다. 삼론학파의 대표적인 논사들로는 승랑, 승전, 법랑이 있으며, 6세기 전반 고구려 출신 승랑은 섭산에 머물며 가르침을 펼쳤는데, 그 명성이 무제에게까지 알려지게 되었다. 무제는 삼론학자로서의 그의 명성을 듣고 성실을 버리고 대승大乘으로 개종하였고, 512년 남경 섭산의 서하사栖霞寺에 10명의 승려를 보내 그의 문하에서 공부하게 하였다.[139] 이후 승랑은 강남불교 삼론종의 발원지라고 할 수 있는 서하사로 거처를 옮겨 말년을 보내다가 530년경 입적하였다.[140]

이와 같이 담혜가 구법활동을 할 당시 중국에서는 성실론과 삼론의 유

---

136 『續高僧傳』卷第五. 梁鍾山開善寺沙門釋智藏傳十二
137 『續高僧傳』卷第五. 梁楊都莊嚴寺沙門釋僧旻傳八
138 『續高僧傳』卷第五. 梁楊都光宅寺沙門釋法雲傳九
139 鎌田茂雄, 정순일 역,『중국불교사』, 경서원, 2012, 165쪽.
140 김성철,「승랑과 승조」,『불교학보』61, 2012, 21~22쪽.

명 승려들의 강론이 주요 사찰을 중심으로 진행되었다. 그리고 담혜는 다양한 강론을 통해 당시 삼론과 성실론을 연구했을 것으로 생각되며, 당시 중국에서 삼론학자로 활동하고 있던 고구려 승랑의 삼론학 강의를 접했을 가능성도 있다.

3) 귀국 후 활동

사료를 통해서 담혜의 귀국 시기를 정확히 알 수는 없으나 554년 일본으로 건너가기 전까지 국내에서 수년간 활동했을 것으로 추정되며,[141] 삼론 및 성실론을 중심으로 교화 활동에 매진했을 것으로 생각된다. 담혜에 의해 도입된 삼론학은 삼론학 연구 및 강학을 통해 국내에 보급되었고, 국내승 혜현에 이르러서는 재가신자에게까지 삼론 교육이 이루어질 만큼 백제 불교 교학의 주요한 특징이 되었다.

담혜는 무엇보다도 대중교화에 강한 의지를 가지고 있었으며, 국내 지역에서의 교화 활동에 만족하지 않고 국외로 눈을 돌려 당시 불교의 불모지라고 할 수 있는 일본으로 전법활동을 떠났다. 사료 1-①에 따르면 담혜는 도심 등과 함께 554년위덕왕1 2월 일본으로 전법활동을 떠난 것으로 보인다.[142] 담혜 일행이 일본에 도착하자 흠명은 조서를 내려 정사精舍를 짓고, 주석하게 했다. 담혜는 왕의 환대를 받았으며 일본 사문의 시초가 되었지만, 전법활동은 그리 순탄하지 않았던 것으로 보인다. 사료 1-①을 보면, '사민土民들은 왜 불법에 귀의해야 하는지 알지 못했고, 담혜는 포교 및 교화에 적

---

141 앞서 532년 완공된 대조사와 담혜가 관련이 있다고 전제한다면, 담혜는 대조사 창건을 전후한 530년 경부터 도일 전 553년까지 약 20여 년간 국내에서 활동한 것으로 추정할 수 있다.

142 『일본서기』는 담혜 등 9인이 도심 등 7인과 교대한 것으로 기록되어 있다.
僧曇慧等九人 代僧道深等七人(『日本書紀』卷第19 欽明 15年)

당한 때를 고르기도 어려웠다'라고 하여 당시 일본에 불교가 공전되었음에도,[143] 담혜의 대중교화 전법활동이 원활하지 못했음을 짐작케 한다.

앞서 살펴본 구법승 겸익이나 발정, 현광과 달리 담혜는 초창기 구법활동과 전법활동을 함께 진행했다는 점에서 의의가 크다.[144] 또한 담혜에 의해 백제에 삼론학이 도입됨으로써 백제 불교 교학의 주요한 특징으로 자리 잡았고, 이후 일본으로 건너간 백제전법승들에 의해 고대 일본 불교에까지 영향을 주었다.[145] 이처럼 담혜는 구법승이자 전법승으로 고대 동아시아의 중국, 백제, 일본을 무대로 선진 불교문화의 전달자였다.

4. 정토종의 도입과 숭제崇濟

숭제에 관한 내용은 『삼국유사』권제4 의해 제5 진표전간조와 관동풍악발연수석기조에 나온다. 진표전간조에서는 숭제崇濟, 관동풍악발연수석기조에서는 순제順濟로 표기되며,[146] 양 사료에서 숭제와 순제는 금산사에 주석했던 진표의 스승으로 동일인물이다.^{이하 숭제(崇濟)}

진표는 12세에 숭제에게 출가하여 20대에 명산을 찾아 들어가기 전까

---

143 冬十月 百濟聖明王更名聖王 遣西部姬氏達率怒唎斯致契等 獻釋迦佛金銅像一軀·幡蓋若干·經論若干卷(『日本書紀』卷第19 欽明 13年)

144 고구려 전법승 혜관의 경우 길장의 문하에서 수학 후 625년 경 도일, 2대 승정에 추대되었고, 백제말 도일한 전법승 의각의 경우「향천사사적책」에 입당 구법활동 사실이 기록되어 있다.

145 김인덕은 담혜 일행이 도심 일행과 교체할 당시 대부분이 승려들이 삼론과 관련 있는 것으로 보았다(「백제의 삼론 고승」,『한국불교학』22, 1997, 48쪽).

146 근대 문건인「佛戒律淵源」(해인사 금강계단, 1938. 4. 8)에는 번제화상(煩濟和尙)으로 표기되어 있다. 순제(順濟)의 오기가 아닐까 생각된다.

지 그의 가르침을 받았고,[147] 진표의 행적 속에서 숭제의 행적을 일부 찾을 수 있다. 숭제의 귀국 후 금산사를 중심으로 한 활동이 주로 8세기 전반에 이루어졌다고 한다면, 중국 내 구법활동은 7세기 후반에 진행된 것으로 볼 수 있다. 본서에서는 구법승으로 구분하여 살펴보도록 하겠다.

진표 관련 사료 중 스승 숭제에 관해 언급하고 있는 것은 『삼국유사』의 진표전간조와 관동풍악발연수석기조다. 『송고승전』 당백제국금산사진표조에서는 진표의 스승인 숭제 및 그의 제자들에 관한 내용이 확인되지 않는다. 금명보정[1861~1930]이 편찬하였고, 400여 명의 불조佛祖에 대한 약전과 찬송을 수록하고 있는 『불조록찬송』에서는 숭제와 진표의 사승관계가 기록되어 있다.[148]

1-① 나이 열두 살에 이르러 금산사 숭제법사의 강석 하에 들어가 중이 되어 배우기를 청하였다. 그 스승이 일찍이 일러 말하기를 "나는 일찍이 당나라에 들어가 선도삼장善道三藏에게서 수업을 받은 뒤에 오대산으로 들어가 문수보살의 현신에 감응하여 오계五戒를 받았다."고 하였다. 진표가 "삼가 수행하기를 어찌하여야 계를 받을 수 있습니까."라고 아뢰었다. 숭제가 말하였다. "정밀함이 지극하면 1년을 넘기지 않을 것이다." 진표가 스승의 말을 듣고 명산을 두루 돌아다니다가 선계산仙溪山 불사의암不思議菴에 석장을 멈추고, 삼업을 갖추어 수련하여서 망신참亡身懺으로 ■■■하였다. 처음에 일곱 밤을 기약하고 오체를 돌에 부딪쳐 무릎과 팔뚝이 모두 부러지고 피를 바위에 흩뿌렸으나 성응聖應이 없는 듯 하여 목숨을 바칠 것을 결심하고 다시 7일을 기약하였다. 14

---

147 박광연, 「진표의 점찰법회와 밀교」, 『한국사상사학』 26, 2006, 6쪽.
148 嗣崇濟 姓■■全州萬頃人(『佛祖錄賛頌』海東新羅列祖 眞表律師)

일이 끝나자 지장보살이 현신함을 보고 정계淨戒를 받았다. 이때가 곧 개원 28년 경진庚辰 3월 15일 진시였고 이때 나이가 23세였다.

그러나 뜻이 미륵보살에게 있기 때문에 감히 도중에 그치지 않고 마침내 영산사【혹은 변산 또는 능가산이라고도 한다】로 옮겨 또한 처음처럼 부지런하고 용감하게 수행하였는데, 과연 미륵보살이 나타나 점찰경 2권【이 경전은 곧 진陳과 수隋 사이에 외국에서 번역된 것이니 지금 처음 나온 것은 아니다. 미륵이 경을 진표에게 준 것이다】과 증과證果 간자簡子 189개를 주고 일러 말하기를, "이 중 제8간자는 새로 얻은 묘계妙戒를 이르고, 제9간자는 구족계를 더 얻음을 이른다. 이 두 간자는 내 손가락뼈이고 나머지는 모두 침단목沈檀木으로 만든 것으로 모든 번뇌를 이르는 것이다. 너는 이것으로써 세상에 법을 전하여 사람을 구하는 뗏목으로 삼아라."라고 하였다.[149]

1-② 관동풍악발연수석기【이 기록은 곧 사주寺主 영잠이 찬술한 것이고 승안 4년 기미에 돌을 세웠다】진표율사는 전주 벽골군 도나산촌 대정리 사람이다. 나이 12살에 이르러 뜻을 출가에 두자 아버지가 허락하였다. 법사는 금산수金山藪 순제법사에게 가서 중이 되었다. 순제는 사미계법을 주고, 「공양차제비법供養次第秘法」 1권, 『점찰선악업보경』 2권

---

149 1-① 年至十二歲投金山寺崇濟法師講下落彩請業 其師嘗謂曰 吾曾入唐受業於善道三藏 然後入五臺感文殊菩薩現受五戒
表啓曰 勤修幾何得戒耶 濟曰 精至則不過一年 表聞師之言遍遊名岳止錫仙溪山不思議菴 該錬三業以亡身懺■■■ 初以七宵爲期 五輪撲石膝腕俱碎雨血品崖若無聖應 決志捐捨更期七日 二七日終見地藏菩薩現受净戒 即開元二十八年庚辰三月十五日辰時也 時齡二十餘三矣
然志存慈氏故不敢中止 乃移靈山寺【一名邉山又楞伽山】又勸勇如初 果感弥力現授占察経兩卷【此經乃陳・隋間外國所譯 非今始出也 慈氏以経捜之耳】并證果簡子一百八十九介 謂曰 於中第八簡子喻新得妙戒 第九簡子喻增得具戒 斯二簡子是我手指骨 餘皆沉檀木造 喻諸煩惱 汝以此傳法於世作濟人津筏(『三國遺事』卷第4 義解第五 眞表傳簡)

을 전하며 말하기를 "너는 이 계법을 가지고 미륵·지장 두 보살 앞에서 정성을 다해 참회를 구하여 친히 계법을 받아 세상에 널리 전하라."라고 하였다. 법사가 가르침을 받들고 인사하고 물러나와 명산을 두루 돌아다녔는데 나이가 이미 27세가 되었다.

(…중략…) 이에 지장·미륵보살이 (율사) 앞에 나타났는데, 미륵보살이 진표의 머리를 쓰다듬으면서 말하였다. "잘하는도다, 대장부여. 이와 같이 계를 구하여 목숨을 아끼지 않고 참회를 간절히 구하는도다." 지장이 『계본』을 주고 미륵은 다시 2개의 생栍을 주었는데 하나는 9자者라고 쓰여 있었고 하나는 8자者라고 쓰여 있었다. 진표에게 일러 말하였다. "이 두 간자는 나의 손가락뼈인데, 이는 시각始覺·본각本覺 2각을 이른다. 또한 9자는 법 자체이고 8자는 신훈성불종자이니 이로써 마땅히 과果, 보報를 알 것이다. 너는 이 몸을 버려 대왕국의 몸을 받아 내세에는 도솔천에 태어날 것이다." 이와 같이 한 뒤에 두 보살은 곧 사라졌다. 이때가 임인壬寅 4월 27일이다.

(…중략…) 이때 속리산 대덕 영심永深이 대덕 융종融宗·불타佛陁 등과 함께 율사가 있는 곳에 와서 청하였다… 진표가 이에 가르침을 전하여 관정灌頂을 하고, 드디어 가사와 바리, 「공양차제비법」 한 권, 『점찰선악업보경』 두 권과 생栍 189개를 주었다. 또 미륵의 진생眞栍 9자와 8자를 주고, 경계하여 말하였다….[150]

---

150 1-② 關東楓岳鉢淵藪石記【此記乃寺主瑩岑所撰, 承安四年己未立石】真表律師全州碧骨郡都那山村大井里人也 年至十二志求出家父許之 師徃金山藪順濟法師處零染 濟授沙弥戒法 傳教供養次第秘法一卷 占察善惡業報經二卷曰 汝持此戒法於彌勒 地藏兩聖前懇求懺悔 親受戒法流傳於世 師奉教辞退遍歷名山 年巳二十七歲
…於是地藏·慈氏現前 慈氏磨師頂曰 善哉 大丈夫 求戒如是不惜身命懇求懺悔 地藏授與戒本 慈氏復與二栍 一題曰九者 一題八者 告師曰 此二簡子者是吾手指骨 此喻始夲二覺 又九者法尒 八者新熏成佛種子 以此當知果報 汝捨此身受大國王身後生於兜率 如是語已

1) 구법 배경 및 동기

사료 1-①에 따르면 숭제가 스승으로 모신 선도善道는 중국 정토종의 제3조인 선도善導, 613~681로 숭제가 중국에 들어갔을 당시 장안에서 활동하고 있었던 것으로 추정된다.[151] 한편, 그가 선도로부터 수업을 받고, 귀국 후 8세기 전반 금산사에 주석해 활동하였다고 한다면, 구법활동을 떠난 것은 백제 멸망 이후로 볼 수 있다.

백제 멸망 이후 백제 승려들의 선택은 도침처럼 부흥운동에 참여하거나, 도장처럼 제3국인 일본으로 건너간다든지, 경흥처럼 신라 중앙 불교계에서 활동하는 것이었다. 결국 백제 고토에 남은 승려들은 불교를 통해 망국의 유민들을 위로하며 삶을 이어나갈 수 있도록 돕고자 하였고, 백제 멸망의 현실을 받아들이면서 전쟁과정에서 죽어간 중생들을 위한 아미타 신앙[152]에 관심을 갖게 되었다.[153] 이와 같은 혼란한 상황 속에서 숭제 또한 아미타 신앙을 통해 백제에 남아 있는 유민들을 위로하고자 하였고, 당시 장안에서 유명한 정토종 승려 선도를 찾아 구법행을 선택했을 것으로 생각된다.

백제와 고구려 멸망 후 대당항쟁668~676의 혼란한 시기로, 숭제는 대당

両聖即隱 時壬寅四月二十七日也

…時俗離山大德永深與大德融宗佛陁等同詣律師所伸請…師乃傳教灌頂 逐與袈裟及鉢供養次第秘法一卷日察善惡業報経二卷一百八十九柱 復與弥勒真柱九者八者 誡曰…(『三國遺事』卷第4 第5 義解 關東楓岳鉢淵藪石記)

151 사료 2-①『속고승전』에서 선도는 스승 도작(562~645) 입적 후 장안으로 들어와 활동을 시작한 것으로 추정된다.

152 아미타 신앙은 미타 신앙, 정토 신앙과 같다. 아미타불의 본원력에 의지하는 타력신앙으로, 나무아미타불을 염불하면서 극락정토에 왕생하는 것을 요체로 하는 불교사상이다. 정토 신앙은 누구나 쉽게 실천할 수 있는 내용이기 때문에 대중교화에 널리 민간에 널리 전파되었다. 백제에서는 사비시대 초기에 수용되어 의자왕대에 일반인에게 전파되었다. 의자왕대에 일반민들에게까지 수용되었으며, 멸망 이후 연기지역에 아미타 신앙의 흔적이 남아 있다(길기태, 「백제 사비기의 아미타신앙」, 『진단학보』102, 2006, 54쪽).

153 조경철, 「백제 불교사의 전개와 정치활동」, 한국학중앙연구원 박사논문, 2005, 174쪽.

항쟁이 마무리되는 677년부터 680년 사이에 구법활동을 떠난 것으로 추정되며, 귀국 시기를 추정해 보면 다음과 같다. 숭제는 729년 진표를 제자로 받아들였고,[154] 사료 1-②에서 진표에게 「공양차제비법」과 『점찰선악업보경』[이하 『점찰경』]을 전해 주었다. 「공양차제비법」은 725년 한역되었으므로 숭제가 이 2종의 서적을 가지고 귀국했다는 것을 전제한다면,[155] 두 책이 모두 번역된 726~728년 사이에 귀국한 것으로 볼 수 있다.

숭제의 구체적인 구법동기는 정확히 알 수는 없으나 사료 1-①에서 숭제가 아미타 신앙에 관심을 갖고 정토종 승려인 선도에게 수업을 받았다는 점에서 현광과 마찬가지로 '決求名師결구명사', 즉 이름 난 스승을 찾아 불법을 익히고자 한 것으로 생각된다.

2) 당에서의 구법활동

사료 1-①에 따르면 숭제는 당으로 건너가 선도613~681의 제자가 되어 수업을 받았고, 오대산에서 문수보살로부터 오계를 받았다고 한다. 숭제가 스승으로 모신 선도善道는 중국 정토교의 제3조인 선도善導, 613~681로 숭제가 중국에 들어갔을 당시 장안에서 활동하고 있었던 것으로 보인다. 즉 숭제가 중국에서 오랜 기간 구법활동을 진행하는 동안 당연히 스승 선도로부터 정토종의 사상이나 수행법에 관해 배웠을 것으로 추정된다.

2-① 근래에 선도라는 산승山僧이 있었는데, 그는 세상을 두루 돌아다니며

---

154 진표는 740년(개원 28) 23세이므로 12세 때 숭제법사의 제자로 들어간 해는 729년이 된다(윤여성, 「新羅 眞表와 眞表系 佛敎 硏究」, 원광대 박사논문, 1999, 14쪽 〈진표의 연보〉 참조).

155 박광연은 숭제가 선무외를 찾아가 그의 가르침을 받고 「공양차제법」의 한역본을 가지고 귀국한 것으로 보았다(「진표의 점찰법회와 밀교」, 『한국사상사학』 26, 2006, 20쪽).

도를 구하여 스승을 찾아다니다가 서하에 이르러 도작道綽의 문하에
들어가 그곳에서 오직 염불미타정업만을 수행하였다. 서울에 들어온
뒤에 널리 이 교화를 행하며『불설아미타경』을 몇 만 권 베껴 쓰니 여
러 남녀들 가운데 그를 받드는 사람이 헤아릴 수 없이 많았다.

어느 날 광명사에서 설법을 할 때 어떤 사람이 선도에게 말하였다. "지
금 부처님의 명호를 염송하면 정녕 정토에 태어나게 됩니까?" 선도가
말하였다. "염불하면 반드시 정토에 태어난다." 그러자 그 사람은 예배
를 마치고 입으로 "나무아미타불"을 외웠는데, 소리가 끊이지 않고 이
어졌으며 광명사의 문을 나와 버드나무 꼭대기에 올라가 합장하고 서
쪽을 바라보다가 거꾸로 몸을 아래로 던져 땅에 떨어져 마침내 죽었
다. 이 일이 조정에 알려졌다.[156]

위의 사료 2-①『속고승전』에 의하면 선도는 서하西河에서 도작道綽,
562~645의 문하에 들어가 그곳에서 오직 염불미타정업念佛彌陀淨業만을 수행
하였다. 도작은 중국 정토교의 5조 중 제2조이며, 그의 노력으로 아미타
신앙은 산서성 일대에서 매우 성행하였다. 선도는 도작이 입적한 3년 후
장안으로 들어왔으며, 산서성의 정토교를 장안에 옮겨놓았다. 당시 그를
받드는 남녀의 수는 헤아릴 수 없을 정도로 많았다. 이와 같이 도작과 선
도는 순수하게 아미타불을 대상으로 한 칭명염불稱名念佛을 강조하여 대
중을 교화하였다.[157]

156　2-① 近有山僧善導者 周遊寰寓 求訪道津 行至西河 遇道綽部 惟行念佛彌陀淨業 旣入京師
　　　廣行此化 寫彌陀經數萬卷 士女奉者,其數無量 時在光明寺說法 有人告導曰 今念佛名 定生
　　　淨土不 導曰念佛定生 其人禮拜訖 口誦南無阿彌陀佛 聲聲相次 出光明寺門 上柳樹表 合掌
　　　西望 倒投身下 至地遂死 事聞臺省(『續高僧傳』卷第27 唐終南豹林谷沙門釋會通傳)
157　김영미,「新羅 阿彌陀信仰 硏究」, 이화여대 박사논문, 1991, 23, 24쪽.

선도는 종남산 오진사[이후 광명사로 개칭]와 장안 광명사에 주석하였다. 당 고종이 낙양 용문에 있는 봉선사에 대비로자나상감을 지을 때 검교승으로 활약하였다. 숭제는 당시 장안 실제사에서 설법하고 있던 선도를 찾아가 제자가 되었고,[158] 불교적으로도 스승의 영향을 받았을 것이다. 사료 2-①의 일화에서 알 수 있듯이 선도는 정토종의 칭명염불에 강한 믿음을 가지고 있었고, 도작과 선도의 칭명염불의 수행방법은 전형적인 정토종의 수행방법이다.[159] 따라서 선도의 칭명염불, 정업淨業 등은 숭제의 주요 구법활동이 되었을 것이다.

사료 1-②에서 숭제가 진표에게 전해 준 「공양차제법」 1권과 『점찰경』 2권은 숭제가 귀국 시 가지고 온 것으로 볼 수 있다. 먼저 『점찰경』은 『점찰선악업보경』의 약칭으로 『지장보살업보경』, 또는 『대승실의경』·『점찰경』 등으로 불리우며 상하 양권으로 구성되어 있다.[160] 수隋의 개황 13년593 이후 위경 논란이 있었으나 천책만세 원년695에 정장으로 편입됨으로써 진경으로 결정되었다.[161]

다음 「공양차제비법」은 『대비로자나성불신변가지경』[이하 『대일경』]의 제7

---

158 권덕영, 「唐 長安의 新羅僧과 日本僧, 그 과거와 현재」, 『사학연구』 110, 2013, 63쪽; 천징푸, 「한국 승려의 장안에서의 활동」, 『불교연구』 23, 2005, 151쪽.

159 정토종은 극락정토에 왕생을 목적으로 삼은 종파로 특히 칭명염불로서 주요한 수행방법을 삼고 아미타불의 본원(本原)을 빌려서 극락정토에서의 왕생을 염원하기 때문에 염불종(念佛宗)이라고도 부른다(정광균, 「정토신행에 드러난 조사신앙」, 『정토학연구』 27, 2017, 59·62쪽).

160 상권은 점찰법에 대해 상세히 서술하고 있고, 하권은 대승을 구하는데 필요한 '心'에 대해 언급하고 있다. 상권을 통해 의식 의례로서 점찰법회 내용에 접근할 수 있으며, 하권을 통해 이 경과 법회가 근거로 삼은 또는 목적으로 하는 불교교리 사상을 살펴 볼 수 있다(박미선, 「점찰경의 성립과 그 사상」, 『역사와 현실』 32, 2007, 249쪽).

161 그러나 역주 보리등(菩提燈)이란 인물에 대한 전기가 없고 미상인 점과, 역경(譯經)의 시(時)와 처(處)를 알 수 없다는 점에서 위경으로 판단하기도 한다(김영태, 「신라점찰법회와 진표의 교법연구」, 『불교학보』 9, 1972, 113~117쪽).

권 32품의「공양차제법중진언행학처품」이하 「공양차제법」을 말한다. 『대일경』의 구성은 제1권에서 제6권까지 총 31품으로 구성되어 있고, 제1품은 사상, 교리를 담고 있으며, 제2~31품까지는 의식, 의궤, 수행방법 등을 교설하고 있다. 제7권의 32품에서 36품까지는 법신 비로자나불에 대한 공양법으로 구성되어 있다.

「공양차제법」은 수행자가 간직해야 할 자세에 대해서 설한다. 수행자는 자타의 이익과 최상의 실지悉地[162]를 성취하기 위해서 청정한 마음을 가져야 하며, 또한 중생에게 이익을 베풀기 위해서는 자비와 환희심과 사심捨心을 가져야 한다. 또한 중생을 위하여 법·재·무외시[163]를 적절히 베풀어야 하며 스승을 공양해야 한다.[164]

선무외가 『대일경』을 직접 가지고 중국에 왔는지는 확실하지 않으나, 「공양차제법」은 『대일경』과 별도로 유통되기도 하였으며, 『대비로자나공양차제법소』에서 선무외가 문수보살로부터 직접 「공양차제법」을 받았다는 이야기가 있는 것으로 보아 선무외가 『대일경』중에서도 「공양차제법」을 특히 중시한 것으로 보인다.[165]

당시 현종712~756은 비록 개인적으로는 도교를 선호하였지만 불교를 억누르는 조치를 취하지는 않았으며,[166] 현종의 지원하에 선무외는 724

---

162 실지(悉地)는 산스크리트어 siddhi의 음사로 성취·완성으로 번역되며, 밀교에서 설하는 가르침이나 수행으로 성취된 결과, 경지를 말한다(곽철환, 『시공 불교사전』, 시공사, 2016, 427쪽).

163 재시(財施), 법시(法施), 무외시(無畏施)를 일컬어 삼시(三施)라 한다. 재시는 자기의 재물을 주는 것이고, 법시는 교법을 말해주어 깨게 하는 것이고, 무외시는 죽음에 대한 두려움을 없애는 것이다(『불교사전』, 동국역경원, 2000, 409쪽).

164 『대일경』, 동국역경원, 2007, 28쪽.

165 박광연,「진표의 점찰법회와 밀교」, 『한국사상사학』 26, 2006, 17~18쪽.

166 K.S. 케네스 첸, 『중국불교』, 민족사, 1991, 242쪽.

년 『대일경』을 한역하고, 725년 「공양차제법」을 한역하면서 제자들에게 『대일경』 강의도 함께 했다.

정리하면 숭제는 정토종 승려인 선도의 강의를 듣고, 정토신앙 및 수행법을 익혔을 것이다. 그리고 진표에게 건네준 불경들은 숭제가 선도의 입적 후 선무외의 문하에서 수업을 듣고, 귀국 시 가지고 온 「공양차제법」, 『점찰경』의 한역본으로 볼 수 있다.

3) 귀국 후 활동

앞서 숭제는 중국에서의 구법활동을 마치고 726~728년 사이 귀국한 것으로 추정하였다. 귀국 후 숭제는 신라의 중앙 불교계가 아닌 백제 고토인 김제 금산사에 주석하였으며, 완산주 만경현 출신인 진표를 제자로 맞이하였다. 숭제는 자신이 중국에서 정토종 승려인 선도에게 배웠다고 밝혔으나, 귀국 후 정토종과 관련하여 구체적으로 어떠한 활동을 했는지는 사료에 남아 있지 않다.[167] 숭제는 귀국 시 가지고 온 것으로 추정되는 『점찰경』과 「공양차제법」을 제자 진표에게 전해 주었다. 사료 1-②에서 숭제는 진표에게 두 책을 전달하면서 미륵, 지장 두 보살 앞에게 정성을 다해 참회를 구하고 계법을 받아 세상에 계법을 전하라는 가르침을 전하였다. 이후 진표는 미륵과 지장보살로부터 계본과 2개의 간자를 받았다. 진표가 선계산에서 지장보살로부터 정계淨戒를 얻은 것은 개원 28년740 23세였다. 따라서 진표는 12세에 숭제의 문하에 들어가 23세까지 10여 년을 스승 숭제 문하에 있었던 셈이다. 이 시기에 숭제는 중국에서의 구

---

167 다만 정토신앙은 누구나 쉽게 실천할 수 있는 내용으로 대중교화의 방편으로 널리 전파되었다는 점과, 백제 멸망 이후 연기 지역에서 정토신앙의 흔적을 찾을 수 있다는 점에서 숭제 또한 이와 관련된 활동을 했을 가능성은 있다고 생각된다.

법활동을 통해 얻은 새로운 불교사상과 교학을 제자 진표에게 전해 주었고, 이를 통해 진표사상의 근간이 마련되었다고 볼 수 있다. 숭제가 제자 진표에게 끼친 영향은 사료 1-①, ②에서 언급되어 있다.

사료 1-①에서는 미륵보살이 진표에게 『점찰경』 양권과 제8, 9간자가 포함된 증과간자 189개를 주었고, 사료 1-②에서는 숭제가 『점찰경』 2권을, 미륵이 제8, 9간자에 해당하는 2개의 간자를 준 것으로 되어 있다. 사료 1-②는 일연이 기록한 1-①과 1199년 영잠이 지은 「발연수진표율사장골탑비석」이 서로 일치하지 않아 무극이 보완한 것이기 때문에 숭제에 관한 내용 역시 1-①보다 상세하게 기록되어 있다.

간자의 경우 1-①에서는 미륵이 책과 증과간자 189개를 준 것으로 되어 있고, 1-②에서 책은 숭제가, 8간자와 9간자는 미륵이 준 것으로 되어 있다. 1-①에서 미륵이 전해 준 『점찰경』이 1-②에서 숭제가 전해 준 것으로 되어 있다는 점에서 간자 역시 스승 숭제로부터 받았을 가능성도 있다고 생각된다. 이후 진표가 자신이 스승 숭제로부터 책과 간자를 받았듯이 제자 영심永深 등에게 「공양차제법」, 『점찰경』과 함께 간자를 전해 줌으로써, 숭제의 사상적 영향이 진표와 그 제자들을 통해 이어지게 되었다.

백제 멸망 전후 잦은 전쟁으로 혼란한 상황 속에서 나라를 잃고 피폐해진 백제 유민들을 위로할 수 있는 정토 신앙이 대두되었고, 숭제 또한 극락 정토 왕생을 염원하는 정토신앙에 관심을 갖게 되어 구법활동을 떠나게 되었다. 숭제는 신도의 문하에 들어가 정토사상 빛 실천법을 배우고자 하였고, 귀국 후에는 옛 백제 지역을 중심으로 대중교화 활동을 했을 것으로 추정된다. 또한 귀국 시 참회법회의식인 점찰법회占察法會의 소의경전인 『점찰경』과 수행자가 간직하여야 할 자세에 대해서 설한 「공양차제법」을 들여와 제자 진표에게 전해 주었다. 이 과정에서 백제 불교의 영향이 진표를 통해 신라 불교에 부분적으로나마 영향을 끼쳤다고 볼 수 있으며, 이와 같은 점에서 숭제의 귀국 후 활동의 의의를 찾을 수 있다.

5. 구법승 활동의 특징과 성격

고대 구법승들의 해외 구법활동은 개인의 신앙심이나 의지보다는 국가적 차원에서 체계적으로 파견된 것으로 볼 수 있다. 초창기 해외 파견 구법승들은 출국 및 귀국 시 사절단과 동행하는 경우가 많았으며,[168] 백제와 중국 양국으로부터 지원과 예우를 받는 동시에 관리 및 통제의 대상이기도 했다.

중국 내에서 활동하고 있는 외국의 구법승들에 대한 처우를 살펴보면, 삼국 구법승들과 중국 승려들 간 차별은 거의 없었으며, 중국 내에서 비교적 자유롭게 활동할 수 있었다.[169] 또한 중국은 외국인 승려에 대한 교육을 실시하였는데, 수 양제 때에는 사방관四方館에서 외국 학승에 대한 교육을 실시하기도 하였다. 승 정업은 608년대업 8 홍로관에 들어가 613년 선정사에 주석하기 전까지 이곳에서 번승蕃僧을 가르쳤으며, 승 정장은 정업의 뒤를 이어 613년대업 9부터 618년무덕 원 옥천사에 주석하기 전까지 홍려시에서 삼국 및 변방의 승려들을 가르쳤다.[170]

---

168 정병준은 구법승을 국가교류의 일환으로 입당한 경우와 사적으로 입당한 경우로 구분하고, 전자의 경우 사절단과 동행한 경우가 많으며, 반면 구법 활동 후 귀국하지 않는 경우는 후자일 가능성이 높다고 보았다(「당 신라 교류사에서 본 신라구법승」, 『中國史硏究』 75, 2011, 70~79쪽).

169 김상현, 「7, 8세기 해동 구법승들의 중국에서의 활동과 의의」, 『불교연구』 23, 2005, 56쪽.

170 大業四年 召入鴻臚館 教授蕃僧(『續高僧傳』 卷第12 隋終南山悟眞寺釋淨業傳)
　　大業九年召入鴻臚 教授東蕃 三國僧義九夷狼戾 初染規猷 賴藉乘機 接誘竝從法訓(『續高僧傳』 卷第13 唐終南山玉泉寺釋靜藏傳)

한편 634년정관8 산동반도 내주에서 아뢰기를, 고려 삼국【고구려, 신라, 백제】의 승려가 중국에 와서 불법을 배우고자 하는데, 당나라의 허실을 엿보려고 하는 것이라는 상주문이 올라왔다. 이에 대해 당태종은 그들을 막는 것은 국익에 아무런 이익이 없다며 삼국 구법승들의 진입을 허락하는 조서를 내렸다. 또한 번승에게 해마다 비단 25필을 주며 사계절에 따른 복장을 주라는 규정까지 만들었다.[171] 이와 같은 사례를 통해 당시 중국이 자국 내에서 활동하고 있는 삼국 및 외국의 구법승들에 대해 수용적인 정책을 취하였으며, 상당히 좋은 대우를 해주었음을 알 수 있다.

국가 교류 차원에서 입화한 구법승들의 경우, 평소 외교사절과 비슷한 정도의 예우를 받았다. 그러나 양국의 정치 외교적 관계가 악화될 시 언제라도 이들의 출입국 및 중국 내 활동에 제약이 가해질 수 있었다. 중국 정부는 자국 내에서 활동하는 삼국의 구법승들을 억류함으로써 정치 외교적 협상 카드로 이용하기도 하였는데, 이를 의자왕대 구법승 지조의 사례를 통해 살펴볼 수 있다.

지조 관련 사료는 『문관사림』 권664 정관년중무위백제왕조일수에 수록된 외교문서로 당시 당에서 구법활동을 하고 있던 구법승 지조의 상황이 언급되어 있다.[172] 현존하는 『문관사림』 중 664권에는 중국이 주변 이

171　八年…莱州奏 高麗三國僧【與新羅百濟爲三國】願入中國學佛法 欲覘虛實耳 魏徵曰陛下所
　　　爲善足爲夷狄法 所爲不善 雖距夷狄 何益於國 詔許之(『佛祖統紀』36 唐太宗 貞觀 8年)
　　　便勅下揚州曰 其僧榮叡等既是蕃僧 入朝學問 每年賜絹二十五匹 四季給時服(『遊方記抄』
　　　唐大和上東征傳)

172　『문관사림』은 658년(당 고종 3)에 허경종(許敬宗)·유백장(劉伯莊)이 왕명으로 공동
　　　편찬한 것으로, 한나라 초기에서 당나라 초기에 이르는 동안의 시문을 형식별·내용별
　　　로 분류 수록한 1천여 권의 시문집이다. 『삼국사기』에 따르면, 우리나라에 들어온 것은
　　　신문왕대로, 686년(신문왕 6) 신라는 당에 『예기』와 문장에 관한 책을 요청하였고, 이
　　　에 측천무후는 길흉요례(吉凶要礼)들을 베껴 쓰게 하면서, 『문관사림』 가운데 규범이
　　　될 만한 글들을 채택하여 50권을 만들어 주었다. 이후 중국과 우리나라에서는 일실되

민족에게 보내는 조서 13점이 실려 있는데, 그 중 「후위효문제여고구려왕운조일수後魏孝文帝與高句麗王雲詔一首」, 「정관년중무위백제왕조일수貞觀年中撫慰百濟王詔一首」이하 「백제조서」, 「정관년중무위신라왕조일수貞觀年中撫慰新羅王詔一首」 등의 제목이 붙어 있는 3점의 조서는 한국고대사와 관련된 외교문서이다. 「백제조서」의 구법승 및 지조 관련 내용을 살펴보면, 당 태종은 '…표에 올린 바 학문승 등의 자유로운 출입과 삼국의 사신 등급을 조정해 달라고 청한 것을 들어주겠다. 또 (백제)왕의 병 치료를 위해 보내 줄 것을 요청한 장원창은 짐이 앞서 익주도에 보내 아직 돌아오지 못했기 때문에 왕이 있는 곳으로 향하라는 영을 내리지 못했다. 승려 지조의 귀국을 요청한 것은 이미 올린 바대로 했다'라는 요지의 조서를 내렸다.[173] 조서를 통해 당시 중국 내에서 활동하고 있는 백제 구법승들의 활동에 제약이 있었으며, 지조는 귀국을 못하고 있는 상황으로 추정된다.

당시 양국 간 정치 외교적 상황을 살펴보면, 643년 백제와 고구려가 신라를 공격하였고, 당이 이 사건에 개입하면서 양국의 관계는 긴장 국면으로 들어서게 되었다.[174] 당은 정치 외교적으로 무관한 구법승들의 자

았고, 1800년 일본에서 필사서 20여 권이 발견되었다.

[173] …所奏學問僧等 請聽恣意出入及三藩使人等級者知 又請將元昌往彼爲王療患者 元昌朕先使往益州道 今猶未還 所以未得令向王處 所請僧智照還國者 已依所奏宜知(『文館詞林』卷664 貞觀年中撫慰百濟王詔一首)
원문 자료는 『조선사』 제1편 제3권(조선사편수회, 1932), 『한국상대고문서자료집성』(이기백, 일지사, 1987), 해석은 『한나절에 읽는 백제의 역사』(이윤섭, 이북스펍, 2014) 참조.

[174] 당 태종은 644년 백제와 고구려 양국에 사농승(司農丞) 상리현장(相里玄奬)을 파견하였다. 1월 상리현장은 고구려에 도착하였고 고구려 왕에게 조서를 전달하면서 고구려와 백제 양국의 신라에 대한 즉각적인 공격 중지를 명하였다. 그리고 이를 어길 시 병력을 출동시킬 것임을 경고하였다.
大宗遣司農丞相里玄奬齎璽書 賜高句麗曰 新羅委命國家 朝貢不闕 爾與百濟宜卽戢兵(『三國史記』卷第5 新羅本紀 第5 善德王 13年)
春正月 遣使入唐朝貢 太宗遣司農丞相里玄奬 告諭兩國 王奉表陳謝(『三國史記』卷第28

국내 활동에 대해 통제 조치를 취함으로써 외교적 문제를 해결하고자 한 것으로 보인다. 이에 백제는 군사를 철수시키는 한편 사신 강신康信을 대표로 조공사절단을 당에 파견하였으며, 강신은 645년정관 19 1월 하례식에 참석하여 표를 올렸다.[175]

「백제조서」는 이 표에 대한 답신의 형식을 취하고 있으며, 645년 2월 낙양에서 작성된 것으로 볼 수 있다.[176] 조서를 통해 앞서 강신이 올린 표의 내용을 역추적해 보면, '고구려와의 연화설 변명, 구법승의 자유로운 활동 보장, 의원 장원창의 파견 및 구법승 지조의 송환 등을 요청한 것'으로 추정된다.[177] 앞서 당 태종이 중국 내에서 활동하는 외국 승려들에 대해 매우 호의적인 태도를 취하고 있었음을 살펴 보았다. 그러나 7세기 한반도 내에서 삼국은 국운을 걸고 치열하게 경쟁하고 있었으며, 이에 따라 삼국과 중국 간 외교 관계 또한 우호와 적대 관계를 넘나드는 매우 불안한 시기였다.

당 태종은 백제와의 관계가 악화되자 중국 내에서 활동하고 있었던 백제 구법승들의 활동을 제한하고, 지조의 출국을 불허함으로써 백제에 대

百濟本紀 第6 義慈王 4年 春一月)

春一月…帝命司農丞相里玄獎 賫璽書賜王曰 新羅委質國家 朝貢不乏 爾與百濟 各宜戢兵 若更攻之 明年發兵 擊爾國矣(『三國史記』卷第21 高句麗本紀 第9 寶藏王 3年)

(唐太宗貞觀) 十八年(644) 九月乙巳 相里玄獎使高麗還. 玄獎初至平壤 蓋蘇文破新羅兩城(『冊府元龜』卷660 奉使部9 敏辯2)

(貞觀 18年 正月)相里玄獎至平壤 莫離支已將兵擊新羅 破其兩城(『資治通鑑』卷197 唐紀13 太宗文武大聖大廣孝皇帝)

175 春正月 遣使入唐朝貢 太宗遣司農丞相里玄獎 告諭兩國 王奉表陳謝(『三國史記』卷第28 百濟本紀 第6 義慈王 4年 春一月)

(唐太宗貞觀) 十九年 正月 庚午朔 百濟太子扶餘康信·延陁·新羅·吐谷渾·吐蕃·契丹·奚·吐火羅葉護·沙鉢羅葉護·于闐·同娥·康國·靺鞨·霅等遣使來賀 各貢方物(『冊府元龜』卷970 外臣部15 朝貢3)

176 주보돈, 「문관사림에 보이는 한국고대사 관련 외교문서」, 『경북사학』 15, 1992, 167쪽.

177 권덕영, 『고대한중외교사』, 일조각, 1997, 18~19쪽 표〈1-2〉백제의 견당사 일람 참조.

해 외교적 압박을 가하였다. 이는 곧 당 태종이 자국 내에서 활동하고 있는 백제승을 정치 외교적 협상 카드로 활용한 것으로 해석할 수 있다.

이에 백제는 강신을 파견하여 즉각적인 문제 해결을 시도하면서 동시에 백제 구법승에 대한 당 정부의 입출국 제한 및 중국 내에서의 자유로운 활동 등을 요청하였다. 결국 강신의 표와 당 태종의 조서를 통해 양국 간 긴장 관계가 다소 해소되면서 당 태종은 중국 내 백제 구법승들의 자유로운 활동을 다시 허용하였고, 지조의 귀국 또한 허락하였다.

지금까지 의자왕대 구법승 지조의 사례를 통해 백제의 해외 파견 구법승에 대한 관리체계를 살펴볼 수 있었다. 이를 통해 백제는 7세기 중엽에도 국가적 차원에서 해외에 구법승을 파견하고 체계적인 관리와 지원을 하고 있음을 확인할 수 있었다. 즉 백제 말기에도 여전히 해외 파견 구법승들은 국가 운용에 필요한 인재로 인식되고 있었다.

백제는 인도와 중국에 구법승 파견을 통해 다양한 불교 사상 및 교학의 도입에 힘썼다. 특히 입축 구법승 겸익과 입화 구법승 발정, 현광을 각각 인도와 중국에 파견함으로써 백제의 대표적인 불교 사상인 계율 사상과 법화 사상을 전격적으로 도입하였다.

먼저 계율 사상의 도입 과정을 살펴보면, 당시 백제는 교단 및 승단 정비의 필요성을 체감하고 있었다. 그러나 당시 중국의 한역화된 광율로는 교단의 문제를 해결할 수 없다고 판단, 과감하게 인도로 구법승을 직접 파견함으로써 이 문제를 적극적으로 해결하고자 했다. 이에 입축 구법승 겸익은 범본의 논장과 율장을 가지고 귀국, 역경사업을 통해 백제적인 '신율'을 완성하였고, 백제는 이 신율을 통해 승단을 정비하고 승니들에게 보다 엄격한 계율 준수를 요구하였다. 이와 같이 겸익의 구법활동을 통해 계율 불교가 도입되면서, 백제 불교는 강한 계율적 성격을 갖게 되었다.

한편 중국에 파견된 입화 구법승 발정과 현광은『법화경』과 관련된 구법활동을 진행하였다. 겸익과 비슷한 시기에 파견된 발정은 국내외 사료에서 가장 이른 시기에 기록된 인물로, 그와 관련된 영험담은 당시 백제의 법화 사상 및 신앙의 대표 사례로 기록되어 있다. 관련 영험담 속에서『법화경』의「관세음보살보문품」을 암송하거나, 관세음보살의 현신이 등장하고 있다는 점에서 관음 신앙과 좀 더 밀접한 관련이 있었던 승려로 추측된다. 발정보다 반세기 정도 뒤에 활동한 현광은 그의 전기가 중국측 승전에 전하고, 천태종 영당에 다른 고승들과 함께 영정이 안치될 만큼 국내외에서 이름 난 승려였다. 현광은『법화경』의 선법禪法에 관심이 있었다. 혜사로부터『법화경』의 수행법인 법화삼매를 증득 받은 후, 귀국 후에 웅주를 중심으로 제자들에게 선법과 선행을 가르쳤다. 이와 같이 백제는 발정과 현광을 통해『법화경』관련 신앙 및 수행법을 백제에 도입함으로써 법화 불교는 계율 불교와 함께 백제의 대표적 불교 사상으로 자리잡게 되었다.

백제는 계율과 법화 불교 뿐만 아니라 담혜, 숭제 등을 통해 다양한 불교 사상과 교학을 도입하였다. 담혜는 당시 중국에서 성행했던 삼론과 성실론을 중심으로 구법활동을 한 것으로 추정되며, 담혜 이후 백제 내에서는 삼론학에 대한 연구 및 강연이 점차 유행하게 되었다. 담혜를 포함하여 일본으로 건너간 백제 전법승 대부분이 삼론학자로 불릴 만큼 삼론학은 백제 불교 교학의 수류가 되었다.

백제 멸망 이후 활동한 것으로 추정되는 숭제는 당시 장안에서 유명한 정토종 승려인 선도로부터 정토사상 및 수행법을 익혔으며, 귀국 후에는 중앙 불교계가 아닌 백제 고토인 금산사에 주석해 활동하였다. 숭제는 진표를 제자로 받아들여 10여 년을 가르치면서 귀국 시 가지고 온 것으로 추정되는 『점찰경』 등을 전해 주었다. 이후 진표가 자신의 제자에게 이를 다시 전해 줌으로써 숭제의 사상적 영향이 진표 및 그의 제자들에게로 이어지고 있는 것으로 볼 수 있다.

이와 같이 백제는 6세기부터 인도와 중국에 적극적으로 구법승을 파견함으로써 당대의 선진적인 불교 사상 및 교학을 빠르게 도입할 수 있었다. 그리고 이를 통해 국내 불교 발전에 있어 부족한 점을 보완하면서 백제 불교는 다양하고 균형 잡힌 발전을 이룰 수 있었다.

한편 구법승들은 귀국 후 중앙지역 보다는 지방에서의 대중교화 활동을 통해 불교의 지역적 확산 및 대중화에 기여하고자 하였다. 현광 또한 수도 사비가 아닌 웅진에서 『법화경』 사상 및 선법을 제자들에게 전수하면서 교화에 힘썼다. 그는 해동 전교의 시초이자 법화삼매를 증득 후에는 스승 혜사로부터 중생 교화의 사명을 받았고, '교화'는 현광의 불교 활동의 중요한 특징이라고 볼 수 있다. 담혜 또한 '유화'를 목적으로 구법활동을 진행했을 만큼 대중교화에 관심이 많았으며, 귀국 후에는 일본으로 건너가 적극적으로 대중교화 활동을 실현하고자 하였다.

이와 같이 구법승들은 귀국 후 국내 활동에서 중앙에서의 친왕권적, 또는 정치적 활동보다는 지역에서의 다양한 불교 사상 및 신앙, 교학을 통한 제자 양성 및 대중교화 활동에 치중하였고 이를 통해 불교의 지역적 확산 및 대중화에 기여하였다.

제2장

백제의 불교 확립과 국내승國內僧의 활동

앞서 서론에서 백제 승려들을 주요 활동지역 및 성격에 따라 구법승, 국내승, 전법승 세 유형으로 구분했다. 이중 국내승은 해외 활동 기록이 전혀 없는, 삼국시대 및 통일신라 초기, 백제 및 신라 지역에서 활동한 승려로 규정하였고, 백제 멸망 이후 신라 불교계에서 활동한 경흥과 의영을 연구대상에 포함 시켰다.

제1장에서 백제는 적극적으로 해외에 구법승을 파견함으로써 다양한 불교 사상과 교학을 도입하였고, 이를 통해 균형잡힌 불교 발전을 가져왔음을 살펴 보았다. 제2장에서는 구법승들에 의해 도입된 다양한 백제의 불교가 국내승들을 통해 확립 및 발전해 나가는 과정을 살펴 보도록 하겠다. 활동지역에 따라 국내승을 구분하면 〈표 6〉과 같다.

〈표 6〉 백제 국내승

활동지역	승명	활동 시기	활동내용
백제 지역	담욱, 혜인	526년 경	-겸익이 인도에서 가지고 온 율부의 소(疏) 36권 저술
	혜현	7세기 전후	-생몰년 570~627 -북부 수덕사 주석. 법화경 독송, 삼론 강의 -달라산 입산 수행
	지명	7세기 전후	-용화산 사자사 주석 -미륵사 창건(629) -수덕사 및 정혜사 창건설(599)
백제 지역	도침	663	-사비성 함락(660) 이후 영군장군을 자칭. 스승 묘련왕사, 왕자 부여풍, 장군 복신 등과 함께 백제부흥운동 주도 -의각과 대련사 공동창건(설)(656)
신라 지역	경흥	7세기 중후반	-생몰년 620~700 -삼랑사 주석 -국노(國老) 임명(681) -삼미륵경소, 무량수경연의술문찬, 금광명경최승왕경약찬 등 저술
	의영	7세기 말	약사본원경소, 유가사지논의림 저술

1. 계율 불교의 확립

1) 담욱曇旭 · 혜인惠仁

국내승 담욱과 혜인은 구법승 겸익이 인도에서 가져와 번역한 율부 72권에 대해 36권의 소疏를 저술하였고, 이와 관련된 내용은 「미륵불광사사적」과 『저역총보』에 전한다.

1-① 「미륵불광사사적」에 이르기를, 백제 성왕 4년 병오년 사문 겸익은 계율을 구하기로 맹세하여 바다를 건너 중인도의 상가나대율사에 이르렀다. 범문을 배운지 5년 만에 천축의 말에 환히 통하였으며, 율부를 깊이 전공하여 계의 본체를 장엄하게 하였다. 그리하여 인도승 배달다 삼장과 함께 범본 아비담장과 5부 율문을 가지고 귀국하였다.

1-② 백제왕이 우보의식용 해가리개와 고취풍악로써 교외에서 맞이하여 흥륜사에 머물게 하였다. 국내의 명승 28인을 불러 모아 겸익과 같이 율부 72권을 번역하게 하였으니, 이것이 바로 백제 율종의 비조가 되었다. 이에 담욱, 혜인 두 법사가 율부의 소疏 36권을 저술하여 왕에게 바쳤다. 왕은 비담과 신율의 서문을 지어 태요전에 받들어 간직하였다. 왕은 장차 새겨서 널리 펴고자 하였으나 얼마 안 있어 붕어하였다.[1]

---

[1] 1-① 彌勒佛光寺事蹟云 百濟聖王四年丙午 沙門謙益 矢心求律 航海以轉至中印度常伽那大律寺 學梵文五載 洞曉竺語 深攻律部 莊嚴戒體 與梵僧 倍達多三藏 齎梵本阿曇藏五部律文歸國
1-② 百濟王 以羽葆鼓吹 郊迎 安于興輪寺 召國內名釋二十八人 與謙益法師 譯律部七十二卷 是爲百濟律宗之鼻祖也 於是 曇旭惠仁兩法師 著律疏三十六卷 獻于王 王作毘曇新律序 奉藏于台耀殿 將欲剞劂廣佈 未遑而薨(『朝鮮佛敎通史』上篇 佛化時處1 彌勒佛光寺事蹟(『朝鮮佛敎通史』上篇 佛化時處1 彌勒佛光寺事蹟) 원문 및 해석은 『역주 조선불교통사』1(동국대 출판부, 2010) 참조.

(1) 율부律部의 주석서 편찬

사료 1-①, 1-②에 따르면, 성왕은 겸익이 가지고 온 범본 '오부율문'을 국내승 28명을 불러 모아 번역하게 했고, 번역한 '율부'72권에 대해 담욱과 혜인으로 하여금 '율소律疏'36권를 저술하게 했다. 본문에서는 율부에 대한 주석서 '율소'에 대해 살펴보도록 하겠다.

당시 중국 내 주석서 번역 및 편찬 상황을 살펴보면, 일찍이 중국에서는 『십송율』의 주석서 또는 강요서가 4세기 중엽부터 한역되기 시작하였다. 「비니모경」8권, 4세기경 번역, 역자미상, 『살바다부비니마득륵가경』10권, 4세기 중엽, 승가발마 역, 『살바다비니비바사』9권, 435, 역자미상가 한역되었고, 『사분율』의 경우 7세기 많은 율소가 작성되었다. 고려 의천이 엮은 『신편제종교장총록』에 따르면 수나라 승려 지수智首, 567~635가 『사분율소』를 지었고, 당나라 승려 법려法礪, 569~635 또한 『사분율소』를 남겼다. 이와 같은 한역 주석서들의 권수를 살펴보면, 대략 10권 내외다. 그런데 담욱과 혜인이 저술한 주석서는 36권에 달해 단일 경전의 주석서라고 보기 어려운 점이 있으며, 다수 경전에 대한 여러 종의 주석서가 아닐까 한다.

한편 사료 속에서 '율부'의 용례를 찾아보면, 사료 1-①, 1-②「미륵불광사사적」의 '율부를 깊이 전공하여 계의 본체를 장엄하게 하였다', '담욱과 혜인은 율부의 소를 저술했다'고 하는 부분에서 '율부'라는 단어가 쓰이고 있다. 중국 측 사료에서 율부의 용례를 찾아보면 다음과 같다.

2-① 강량야사 아비담을 잘 외우고, 율부律部를 두루 섭렵하였다.[2]

2-② …그 무렵에 율사께서 계행이 청엄淸嚴하고 마음은 율부律部에 두어서,

---

2 畺良耶舍 此云時稱 西域人 性剛直 寡嗜欲 善誦阿毘曇 博涉律部(『高僧傳』卷第3 譯經下 畺良耶舍11)

사방에서 의문을 가진 사람이 찾아와서 자문을 받고 해결하곤 하는 것을 보았습니다.[3]

사료 2-①은 『고승전』의 호승 강량야사에 관한 내용이고, 사료 2-②는 『대당대자은사삼장법사전』에서 자은사 명혜라는 승려가 입적 후 서명사 도선율사에게 신神이 나타나 말한 내용이다. 사료 1-①, ②와 2-①, ②에서 '율부'는 문맥상 율에 관한 책, 율장으로 볼 수 있다. 특히 2-①에서 아비담논장과 율부율장를 구분하고 있어 이 점을 더욱 명확하게 확인시켜준다. 율장은 부처가 제정한 계율을 기록한 모든 문헌을 의미하며,[4] 담욱과 혜인이 주석한 율부는 백제에서 번역된 '백제 율장'이다.[5] 겸익이 가지고 온 범본 오부율문이나 역본 율부 72권은 모두 율장으로 앞서 겸익이 귀국 시 가지고 온 오부율문을 상좌부의 십송율, 사분율, 오분율과 당시 미전이었던 근본설일체유부비나야, 계본 해탈계경, 그리고 대중부의 마하승기율로 추정하였다. 따라서 오부율문의 번역본 율부는 이를 번역한 다수의 율장으로 볼 수 있다. 특히 율부 72권은 중국에서 번역된 오대광율의 권수와 일치하지 않는다는 점에서 단일 율장이 아닐 가능성이 높다.[6]

---

3 法師亡後 西明寺上座道宣律師有感神之德 至乾封年中見有神現 自云 弟子是韋將軍諸天之子 主領鬼神 如來欲入涅槃 勅弟子護持贍部遺法 比見師戒行淸嚴 留心律部 四方有疑 皆來諮決(『大唐大慈恩寺三藏法師傳』 卷10)

4 곽철환, 『시공 불교사전』, 시공사, 2016, 562쪽.

5 박호남은 율부는 광율(廣律), 계경(戒徑), 율론(律論)으로 광율은 한역된 율장을 말하며, 계경은 비구계와 비구니계의 부분으로, 포살 때의 암송을 위하여 재편집된 것으로 구분하였다(「불교율장의 성립과 대승율의 발달 연구」, 한국정신문화연구원 박사논문, 1992, 87~93쪽).
  본서에서 율부는 백제에서 번역된 다수의 율장으로, '백제율장'을 의미하는 것으로 한정한다.

6 72권이라는 권수는 중국의 오대광율의 전체 번역 권수인 190권과 차이가 나며, 다른 십송율(61권), 사분율(60권) 오분율(30권) 등과도 일치하지 않는다. 〈표 3〉 참조.

따라서 담욱과 혜인이 저술한 '율소' 역시 단일 율장의 주석서가 아닌 다수의 주석서를 통칭하는 것으로 볼 수 있다.

지금까지 백제에서 번역된 율장인 '율부'와 이에 대한 주석서 '율소'를 살펴 보았다. 당시 백제는 겸익이 가지고 온 율장의 역경 사업과 동시에 이에 대한 주석서를 편찬하였다. 즉, 백제는 새로운 율의 도입과 동시에 국내에서는 계율에 대한 연구를 꾸준히 진행함으로써 역경과 주석서 편찬이 한꺼번에 가능했던 것으로 생각된다.

백제는 해외 구법승 파견과 국내승의 활동을 통해 빠르게 계율 불교를 도입 및 확립하였다. 즉 백제의 계율 불교는 겸익이 인도에서 직접 도입하고 담욱과 혜인이 이에 관한 주석서를 저술함으로써 중국의 영향에서 벗어난 독자적인 백제 계율 불교가 성립된 것이다. 또한 담욱과 혜인의 주석서 편찬 이후으로 541년 양에 『열반경』의 주석서인 경의를 요청하는 것으로 보아[7] 백제에서 원전에 대한 연구가 지속적으로 이루어진 것으로 추측된다. 백제 계율불교는 이후 도일한 백제 전법승들에 의해 일본 내 계율불교 발전에도 큰 영향을 끼쳤다.[8]

---

[7] 十九年 王遣使入梁朝貢 兼表請毛詩博士涅槃等經義并工匠畫師等 從之(『三國史記』卷第 26 百濟本紀 第4 聖王 19年)

[8] 일찍이 백제는 일본에 율사 등을 파견하여 백제 계율을 전파하고 있었으며, 588년에는 일본에서 선신니 등이 계율을 배우고자 백제로 유학을 왔을 정도로 일본 내 백제 계율의 영향이 적지 않았다. 노중국은 624년 일본에서 백제승 관륵이 초대 승정으로 임명된 사실을 통해 백제내에서는 그 이전에 승관제가 실시되고 있었을 것으로 추정하였고, 성왕이 계율을 장려하고 교단의 질서를 확립하고자 한 점에서 성왕대 승관제가 정비되었을 것으로 추측하였다(노중국, 「백제의 고대동아시아 세계에서의 위상」, 『백제문화』 40, 2009, 172쪽).

2. 법화 불교의 완성과 혜현惠現

앞서 제1장에서 구법승 발정과 현광에 의해 법화 불교가 도입되었고, 백제 불교 사상의 주요 특징이 되었음을 살펴 보았다. 이후 백제의 법화 불교는 국내승 혜현에 의해 중국에까지 알려질 만큼, 혜현은 법화승려 및 삼론학자로 국내외에서 널리 알려진 인물이다.

혜현은 국내에서만 활동했음에도 불구하고 그 명성이 중국에까지 전해져 여러 사료에 관련 내용이 전한다. 중국 측 사료는『속고승전』·『법화전기』·『홍찬법화전』·『신승과분육학승전』, 국내 사료는『삼국유사』가 있다.『삼국유사』의 내용은『속고승전』과 거의 동일하며, 사료 1-②에서 저자 일연은 혜현의 명성이 중국에까지 알려져 전기가 쓰여지고 당나라에서도 명성이 드러났다고 기록하였다. 본문에서는 혜현의 활동을 활동 근거지의 변동에 따라 수덕사 활동 시기와 달라산 활동 시기로 구분하여 살펴 보도록 하겠다.

> 1-① 승려 혜현은 백제 사람이다. 어려서 출가하여 애써 전념하여『법화경』을 독송하는 것으로 업을 삼았는데, 기도하여 복을 빌면 영험한 감응이 실로 많았다. 겸하여 삼론을 전공하여 수도를 시작하니 신명에 통하였다. 처음에는 북부 수덕사에 살면서 대중이 있으면 (경을) 강하고, 없으면 지송持誦했으므로 사방의 먼 곳에서 (그의) 교화를 흠모하여 문 밖에는 (항상) 신발이 가득했다.
>
> 1-② 차차 번잡한 것이 싫어 마침내 강남의 달라산達拏山으로 가서 살았다. 산이 매우 험준하여 내왕이 어렵고 드물었다. 혜현이 고요히 앉아서 (번뇌를)잊고 산중에서 세상을 마쳤다.

같이 공부하던 이가 시신을 옮겨 석실 속에 안치했는데, 호랑이가 (그) 유해를 다 먹고 오직 해골과 혀만 남겨두었다. 추위와 더위가 세 번 돌아와도 혀는 여전히 붉고 부드러웠다. 그 후 자줏빛으로 변하고 돌처럼 단단하게 되었는데, 승려나 속인이 (모두) 그것을 공경하여 석탑에 간직하였다. 세속의 나이 58세였는데, 즉 정관년간 초기였다. 혜현은 서방에 유학하지 않고 조용히 물러나 일생을 마쳤으나, 그의 명성은 중국에까지 알려져 전기가 쓰여지고 당나라에서도 명성이 드러났다.

1-③ 또 고구려의 승려 파약波若은 중국의 천태산에 들어가서 지자智者의 교관教觀을 받아 신이神異로 산중에 알려졌다가 죽었다. 당승전에도 글이 실려 있는데 자못 영험한 가르침이 많았다. 찬하여 말한다. 불자들과 강경함도 권태로워 지난해 독경소리 구름 속에 숨겼다. 명성은 역사에 오래도록 전하고 화장한 뒤는 연꽃인 양 향기로운 혀라네.[9]

1) 수덕사修德寺 활동기

사료 1-①에서 혜현은 어릴 때 출가,[10] 수덕사에 주석하여 법화경 독송 및 강독, 삼론 연구 및 강의 등의 활동을 하였고, 정관627~649 초년 58세로

---

9   1-① 釋惠現百濟人 小出家苦心專志誦蓮經爲業 祈禳請福靈應良稠 兼攻三論染指通神 初
     住北部修德寺有衆則講 無則持誦四遠欽風戶外之履滿矣
     1-② 稍猒煩擁遂徃江南達拏山居焉 山極嵓險來徃艱稀 現靜坐求忘終于山中
     同學舉尸置石室中 虎啖盡遺骸唯髏舌存焉 三周寒暑舌猶紅軟 過後方變紫硬如石 道俗敬
     之藏于石塔 俗齡五十八即貞觀之初 現不西學靜退以終 而乃名流諸夏立傳在唐聲著矣
     1-③ 夫又高麗釋波若入中國天台山 受智者教觀以神異聞山中而滅 唐僧傳亦有章 頗多靈
     範 讚曰 鹿尾傳經倦一場 去年清誦倚雲藏 風前青史名流遠 火後紅蓮舌帶芳(『三國遺事』
     卷第5 避隱 第8 惠現求靜)
10   출가(出家)란 자의적으로 행할 수 있는 것으로 혜현의 신분이 그리 낮지 않았을 것으로
     유추하기도 한다(길기태, 『백제 사비시대의 불교 신앙 연구』, 서경, 2006, 196쪽).

달라산에서 입적했다.[11] 혜현이 수덕사 이전에 다른 절에 주석했다는 내용이 없는 점에서 처음부터 수덕사에 주석한 것으로 보인다.[12] 혜현은 수덕사에서 『법화경』을 독송하고 삼론을 연구하며, 대중들을 상대로 강론을 하는 등,[13] 그의 주요한 외부 활동 대부분은 수덕사에서 주석한 시기에 이루어졌다.

혜현이 주석한 북부 수덕사와 관련 창건주, 창건시기, 위치 등에 대해 여러 논의가 있다. 먼저 사료 1-①의 북부 수덕사와 현재 충남 덕숭산에 위치한 수덕사를 동일한 사찰로 보는 견해와 반대로 별개의 사찰로 보는 견해가 있다. 후자의 별개의 사찰로 보는 경우, 혜현이 주석했던 사찰을 '수덕사구기修德寺舊基'[14] 또는 '미상'[15]으로 구분한다.

한편 동일한 사찰로 보는 견해는 부여가 수도였던 당시 백제의 북부지역 및 그 주변에서 또 다른 수덕사가 존재하였다는 흔적을 찾아볼 수 없

---

11 김수태는 혜현의 생몰년을 위덕왕대 570년 초반 출생하여 무왕 전기까지 활동한 것으로 추정하였다(「백제 법왕대의 불교」, 『선사와 고대』 15, 2000, 17쪽). 사료에 따르면 혜현은 정관(627~649) 초 58세로 입적하였으므로 본서에서는 혜현의 생몰년을 570~627년 경으로 추정한다.

12 길기태, 「백제사비시기 법화신앙」, 『대구사학』 80, 24쪽.

13 『속고승전』에 따르면 '(혜현이) 삼론을 강의한다는 소리를 듣고, 곧 쫓아가 수업을 들었다(聞講三論便從聽受)'라고 하여 혜현이 삼론을 가르쳤다는 사실이 보다 분명하게 기록되어 있다(『續高僧傳』 卷第28 伯濟國達拏山寺釋慧顯傳).

14 홍사준은 현 수덕사 건물이 일제시대 보수공사 시 발견된 銘文에 따르면 고려시대 현 위치에 재건되었고, 백제시대 수덕사가 창립된 기지는 찾지 못하였기 때문에 수덕사구기로 구분하였다(「修德寺舊基와 白石寺考」, 『백제연구』 4, 1973, 37쪽).

15 修德寺 在忠淸南道德山(今入禮山郡)德崇山 寺有翠積 拂雲二樓 東國輿地勝覽一九卷二一九頁 梵宇攷 ○在縣西南二十里伽藍考 ○在禮山郡德山面德崇山 大本寺疏谷寺末寺 修德寺 未詳 ○釋惠現百濟人 小少出家苦心專志…初住北部修德寺有衆則講 無則持誦四遠欽風戶外之履滿矣…三國遺事五卷 慧顯求靜條(권상노, 『한국사찰사전』(상), 1994, 이화문화출판사, 1105쪽).
    권상노는 『한국사찰전서』(상)에서 현재 충남 덕산 덕숭산에 있는 수덕사와 혜현이 머물렀던 수덕사를 별개의 항목으로 기록하고 있으며, 후자의 경우 그 위치를 미상으로

다는 점에서 1-①의 북부 수덕사와 현재 예산 덕숭산에 위치한 수덕사를 동일한 사찰로 보는 것이다.[16]

후자의 입장에서 사료 1-①의 수덕사 사명寺名 앞에 붙는 '북부北部'의 '부'는 전국을 대상으로 한 광역의 통치 단위인 5방제의 '方'을 대신한 표현이다. 현재 예산에 위치한 수덕사의 위치는 당시 서방과 북방의 경계지역에 해당하므로[17] 지금의 수덕사와 북부 수덕사와 동일한 사찰로 볼 수 있다.

창건 시기 및 창건주에 관해서도 여러 이견이 있다. 창건 시기의 경우 대략 위덕왕대 창건설,[18] 법왕대 창건설,[19] 무왕대 창건설[20] 세 가지로 정리할 수 있다. 우선 위덕왕대 창건설은 사료 혜현전에 보이는 정황을 토대로 사비시대[538~660] 법왕 원년 이전, 특히 위덕왕대로 추정한 것이다. 현재 수덕사 대웅전 안내판에도 위덕왕 재위 시 창건된 것으로 표기되어 있다. 다음 법왕대 창건설은 혜현이 627년[무왕 28] 입적했다고 보아 그 전왕대인 법왕 원년[599]에 창건한 것으로 보는 견해이다. 무왕대 창건설의 경우는 『속고승전』 및 『삼국유사』의 기록에 따라 수덕사 개창 연대를 추정

기록하여 두 사찰을 별개의 사찰로 구분, 혜현이 주석한 사찰은 '未詳'으로 기록했다. 권상노(1879~1965)의 『韓國寺刹全書』(상·하)(동국대 출판부, 1979)는 1994년 『한국사찰사전』(상·하)으로 재출간되었다. 위의 첫 번째 수덕사의 경우 현재 예산 덕숭산 소재 수덕사에 관한 내용이다. 그 전거로 『동국여지승람』·『범우고』(편자미상, 1779), 『가람고』(신경준, (1712~1781), 연도미상)를 인용하였는데, 이들 사료에서는 백제시대 절이라는 언급이 없다.

16 김영태, 「백제 고찰 수덕사의 사적 고찰」, 『한국불교학』 22, 1997, 15~17쪽.

17 김영심, 「백제사에서의 부와 부체제」, 『한국고대사연구』 17, 2000, 198쪽.

18 김영태는 사료 혜현전에 보이는 정황상 사비시대(538~660) 중 법왕 원년 이전, 특히 위덕왕대로 추정했다(「백제 고찰 수덕사의 사적 고찰」, 『한국불교학』 22, 1997, 19~20쪽; 수덕사, 『덕숭산수덕사』, 1998, 12쪽).

19 수덕사는 충남 예산군 덕산면에 있는 절로, 백제 법왕 원년(599) 지명이 창건하였다 (일연, 이민수 역, 『삼국유사』, 을유문화사, 1998, 481쪽).

20 홍사준, 「修德寺舊基와 白石寺考」, 『백제연구』 4, 1973, 38쪽.

한 것이다. 다음 창건주에 관해서는 599년 지명 창건설, 백제말 숭제 창건설, 676년 원효 개창설 등이 있으나 명확한 전거가 없는 경우가 많아 확증하기 어렵다.[21]

이와 같이 혜현이 주석해 왕성한 활동을 했던 수덕사와 관련하여 위치, 창건주 및 창건 시기에 대한 다양한 논의들을 살펴 보았다. 정리하면 혜현이 달라산으로 거처를 이동하기 전까지 주석했던 수덕사는 국방상 중요한 위치이자, 교통의 요지로[22] 이와 같은 주요 사찰에 혜현이 처음부터 주석할 수 있었던 것은 그가 불교계 내에서 탄탄한 입지를 가지고 있었고, 정치적으로도 왕권과의 친밀한 관계를 유지하고 있었기 때문에 가능한 것으로 추정된다.[23]

다음 혜현의 사상적 측면을 살펴보면 다음과 같다. 사료 속에서 혜현

---

21 『한국의 명산대찰』 '사기(寺記)'에는 백제말 숭제법사에 의해 창건되었으며, 무왕 때 혜현법사가 법화경 강론을 했고, 고려 공민왕 때 나옹화상이 중수했다고 기록되어 있다. 일설에는 신라 진평왕 21년(599) 지명법사가 창건하였고, 원효대사가 중수했다고 기록하고 있다(『한국의 명산대찰』, 국제불교도협의회, 1982, 202쪽; 『문화유적총람 충청남도편』, 문화재관리국, 1990, 703쪽; 노중국, 「百濟 武王과 知命法師」, 『한국사연구』 107, 1999, 27쪽). 『충남지역의 문화유적』에서는 신라 문무왕 35년(676) 원효대사가 개창하였다고 읍지(邑誌)에 있으며, 사원 승려의 기록에는 백제 법왕 원년(599)에 신라승 지명법사가 창건하고 고려 충렬왕 34년(1308)에 중수되었다고 기록하였다(백제문화개발연구원, 1986, 165쪽).
위에서의 지명창건설과 원효 개창설에 대해 『한국불교사찰사전』에서는 먼저 599년 지명창건설에 대해 신라의 지명은 진나라 유학 중이었으므로 신빙성이 없다고 보았다(불교시대사, 1996, 360~361쪽). 한편 『불교사전』의 경우 599년 지명이 수덕사를 창건하고 647년 숭제가 법화경을 강설했다고 기록하였다(동국역경원, 2000, 485쪽). 이에 대해 김영태는 사전 편찬 과정에서 착오로 혜현이 들어가야 할 자리에 숭제의 이름이 바뀌어 들어간 것으로 추정했다(「백제 고찰 수덕사의 사적 고찰」, 『한국불교학』 22, 1997, 34쪽).

22 길기태, 「백제 사비시기 법화신앙」, 『대구사학』 80, 2005, 22쪽.

23 앞서 제1장에서 구법승들은 귀국 후 대중교화 활동을 중시하였고, 이를 위해 중앙보다는 지방을 중심으로 활동함으로써 불교의 지역적 확산 및 대중화에 기여한 것으로 추정하였다. 이는 국내승들의 친왕권적인 활동과 대비되는 점이라 할 수 있다.

은 『법화경』의 수지독송을 업으로 삼았다고 하는 점에서 구법승 발정, 현광과 함께 법화승려로 분류된다. 기존 연구에서는 발정을 대표로 하는 왕권친화적인 법화사상과 현광으로 대표되는 왕권을 불친근처로 규정하는 법화사상으로 구분하기도 한다.[24] 특히 후자의 사상적 흐름이 중앙보다는 지방에 어울리며, 은둔적인 성격이라는 점에서 말년에 달라산으로 근거지를 옮긴 혜현과 사상적 맥락이 닿는다고 보는 것이다.[25] 즉 발정을 친왕적 법화승려로, 현광과 혜현을 불친근처의 은둔적 법화승려로 규정하는 것이다. 그러나 혜현은 달라산으로 은둔하기 전 중앙의 주요 사찰인 수덕사에 처음부터 주석해 오랜 기간 왕성한 활동을 하였고, 많은 사람들이 그의 강의를 듣고자 모여들었다는 점에서 혜현은 은둔적 법화승려라기 보다는 오히려 교단 내 확고한 지지 기반을 확보하고 있는 친왕적 법화 사상가로 볼 수 있다.

1-①에서 혜현은 기도하여 복을 빌면 영험한 감응이 많았고, 이루어지는 것이 많았다고 한다.[26] 이와 같은 활동을 관음신앙의 관점으로 이해하기도 한다. 『법화경』의 관세음보살보문품은 관음보살에 대한 귀의와 관음의 응현을 자세히 이야기하고 있으며, 따로 『관음경』으로 유통되기도 하였다. 『관음경』은 관음신앙의 소의 경전이다. 혜현이 복을 빌어 청원하

---

24 길기태는 전자의 경우, 왕권강화의 사상적 배경이 되는 것으로 이해하여 왕권의 지근 거리에서 "회삼승귀일승"의 논리를 통해 왕권을 다져나가고 있는 것으로 보았고, 후자의 경우 왕권을 불친근처로 규정하고, 선정(禪定)을 강조, 수지독송(受持讀誦)을 중요시한다고 보았다(「백제의 법화사상과 혜현구정」, 『신라문화제학술발표논문집』 31, 2014, 158쪽).

25 현광이 수도 사비가 아닌 웅주 옹산에 자리 잡았듯이 혜현 또한 험지인 달라산으로 거점을 옮겼고, 『법화경』의 수지 독송을 일상으로 삼은 부분도 현광의 영향으로 보았다(박광연, 「신라 법화사상사 연구」, 이화여대 박사논문, 2010, 22쪽).

26 祈福請願 所邃者多(『續高僧傳』 卷第28 伯濟國達拏山寺釋慧顯傳)

면 이루어지는 일이 많았다는 것은 관음보살과 관련된 신앙으로,[27] 혜현의 기도 대상은 관음보살과 관련된 것으로 볼 수 있다.[28] 따라서 혜현의 법화사상은 관음신앙과도 밀접한 관련이 있는 것으로 생각된다.

혜현은 사료 1-①에서 『법화경』 관련 신앙활동 뿐만 아니라 삼론 교학 연구에도 매진했다. 삼론학은 중국에서 양무제 때 고구려승 승랑에 의해 크게 연구되었고, 길장549~623에 이르러 집대성되었다. 백제에서는 구법승 담혜에 의해 본격적으로 국내에 도입되었고, 이후 지속적으로 연구되었다. 담혜 이후에도 백제의 입화 구법승들은 삼론과 관련하여 많은 길장의 저서들을 가지고 귀국하여 중국에 길장의 책이 남아나질 않았다고 할 정도였고,[29] 7세기 이후 삼론학은 백제 불교계의 주류적 흐름으로 완전히 자리 잡았다.[30]

혜현은 삼론학을 연구했을 뿐만 아니라 대중강설도 하고 있어 당시 백제에서 삼론에 대한 관심은 일부 출가자들에게만 국한되지 않고 재가신자에게 까지 확산된 것으로 볼 수 있다.

지금까지 혜현의 불교사상을 관음신앙 중심의 법화사상과 삼론 연구를 통해 살펴 보았다. 혜현은 『법화경』을 수지독송하는 법화승려이자 삼론학을 겸하여 연구하는 삼론학자였다. 혜현이 『법화경』과 삼론을 함께 연구한 배경으로 『법화경』과 삼론의 교리적 공통점인 공사상을 지적하기도 한다. 삼론은 『반야경』을 심화한 것으로,[31] 『법화경』에서 설하는 공

---

27 최연식,「월출산의 관음신앙에 대한 고찰」,『천태학연구』10, 2007, 221쪽.

28 진경찬,「한국법화신앙의 역사적 전개에 관한 연구」, 위덕대 박사논문, 2012, 83쪽.

29 云 其吉藏法師涅槃疏記等百濟僧並將歸鄕 所以此間無本留行 道融　京感亭日年過見百濟賢者持此吉藏法師涅槃玄意 行故鄕寫之二有疏而未得讀 乃寫其賢者在彼訓(吉藏,『涅槃經遊意』)

30 최연식,「백제 후기의 불교학의 전개과정」,『불교학연구』28, 2011, 217쪽.

31 김선근은『법화경』에 나타난 空사상은『반야경』의 空사상을 기반으로 하였고,『법화

사상과 삼론이 연결되어 있다는 것이다.[32] 그런만큼 법화승려가 삼론을 함께 연구하는 것은 자연스러운 일이다.

한편 친왕권적 정치 사상 측면에서 둘의 공통점을 찾기도 한다. 즉, 삼론이 정치적 지배자와 피지배자 사이의 대립적 국면을 용해시키고 조화시키는데 유용한 이념으로 해석될 수 있다는 점과 법화경의 회삼귀일會三歸一의 사상이 통합사상이라는 점에서 두 사상이 서로 연결된다고 보는 것이다.[33]

지금까지 혜현의 수덕사에서의 활동을 살펴 보았다. 혜현은 수덕사 활동 당시 『법화경』과 관련하여 수지독송을 통한 수행법, 관음신앙, 삼론 연구 및 대중 강학 등 매우 왕성한 활동을 하였다. 혜현은 앞서 법화 불교를 도입한 구법승 발정의 관음신앙과 현광의 법화삼매 수행법을 받아들여 이를 종합함으로써 법화사상을 완성하였다. 또한 앞서 담혜가 도입한 삼론학을 연구하고 이를 강학함으로써 삼론에 대한 관심을 대중들에게까지 확산시켰다. 이와 같이 국내승 혜현은 구법승들이 도입한 법화사상과 삼론 교학을 국내에서 심화, 발전시킴으로써 법화불교와 삼론학을 백제의 대표적인 사상과 교학으로 완성시켰다.

혜현이 수덕사에서 활동할 당시 많은 신도들이 그의 강의를 듣고자 수덕사로 모여들었다는 점은 당시 불교계 내에서 혜현의 비중과 영향력이 컸음을 보여주는 것이다.[34] 그런데 수덕사에서 왕성한 활동을 하고 있던

경』의 「안락행품」·「여래수량품」·「신해품」·「약초유품」·「법사품」에 나타나며, 이중 「법사품」을 제외한 모든 品들은 『반야경』의 空사상을 계승한 것으로 보았다(「법화경에 나타난 공사상」, 『한국불교학』 54, 2009, 303쪽).

32 길기태, 『백제 사비시대의 불교신앙연구』, 서경, 2006, 196쪽.

33 이장웅은 이와 같은 관점에서 혜현의 행적은 단순히 피은만 강조하는 것이 아니라 왕권과 일정한 관계를 가졌을 가능성이 있는 것으로 보았다(「百濟 西岳 旦那山과 慧顯의 修德寺·達拏山寺」, 『한국고대사연구』 84, 2016, 327쪽).

34 노중국, 「百濟 武王과 知命法師」, 『한국사연구』 107, 1999, 28쪽.

혜현은 사료 1-②에서 단순히 '번잡한 것이 싫어' 수덕사를 떠나 달라산으로 근거지를 옮기고 있다. 이와 같은 혜현의 행적은 매우 갑작스럽고 납득하기 어려운 행동으로 이에 대해 다양한 추측이 있다.

2) 달라산達拏山 활동기

사료를 통해 수덕사를 떠나게 된 정황을 살펴보면, 혜현은 수덕사에 주석해 『법화경』을 수지독송하고 삼론학을 연구하며 멀리서 찾아오는 대중들을 대상으로 강설도 진행하고 있었다. 그런데 점차 대내외적으로 이름이 나면서 그의 강론을 듣고자 많은 사람들이 수덕사로 몰려 오면서 대중을 위한 강설 시간은 점차 늘어나고 개인 수행의 시간은 부족하게 되면서, 결국 혜현은 번잡함을 피해 강남 달라산으로 옮겨가게 된 것이다.

사료 1-②에 따르면 혜현이 머문 달라산은 '산이 매우 험준하여 사람들의 내왕이 어려운 곳'이다. 이는 마치 속세와의 단절을 위해 이와 같은 조건의 장소를 일부러 선택한 것처럼 보인다. 달라산으로 근거지를 옮긴 후 혜현은 산속에 조용히 앉아 예전처럼 업에 전념하였고, 마침내 그곳에서 죽었다.[35] 다시말해서 혜현은 달라산에서도 수덕사에서 업으로 삼았던 『법화경』의 수지독송受持讀誦에 몰두하였고, 그가 달라산으로 이동한 것은 새로운 불교 활동을 시도하고자 한 것이 아니라 말년에 이르러 대외활동을 정리하고 선정과 독송에 몰두하고자 한 것으로 볼 수 있다.

달라산의 위치에 대해 많은 학자들이 전남 영암의 월출산으로 추정하였다.[36] 달라산을 어원적 측면에서 분석하면, 달라산은 우리말의 '달[月]

---

35 顯靜坐其中 專業如故 遂終于彼(『續高僧傳』卷第28 伯濟國達拏山寺釋慧顯傳)

36 진경찬, 「한국법화신앙의 역사적 전개에 관한 연구」, 위덕대 박사논문, 2012, 81쪽; 최연식, 「월출산의 관음신앙에 대한 고찰」, 『天台學硏究』 10, 2007, 223~224쪽; 이장웅, 「百

이 나오는[出] 산'에서 월출산이 되었다고 보는 것이다.[37] 전남 강진 월남사지 발굴조사에서는 백제시대 막새류가 출토됨에 따라 월남사가 혜현이 머물렀던 사찰일 가능성이 제기되었다.[38]

전남 영암의 월출산이나 강진의 달라산은 모두 혜현이 주석해 있었던 수덕사에 매우 먼 곳이다. 혜현이 이처럼 멀고 험한 곳으로 이동하게 된 원인은 무엇일까. 이에 대한 견해는 다음 세 가지로 정리할 수 있다.

첫째, 혜현의 피은避隱은 당시 불교교단 내에서 미륵신앙을 대표하는 지명과의 주도권 경쟁에서 밀려난 결과로 이로 인해 이 시기 혜현으로 대표되는 법화신앙의 영향력도 감소했다고 보는 것이다. 지명은 신앙적으로는 미륵신앙을 추구하였고, 무왕이 미륵사를 창건할 때 이를 주도하였다. 또한 정치 외교적인 역할을 통해 무왕의 혼사 및 즉위 과정에 직접적인 도움을 주었고, 무왕이 즉위한 이후에도 자문 역할을 담당하면서 왕실과 밀접한 관계를 유지하고 있었다. 당시 혜현은 수덕사에 주석해 있었고, 많은 사람들이 그의 강설을 듣고자 전국에서 모여들었다. 이는 불교계에서 차지하는 혜현의 비중과 영향력을 보여주는 것으로, 결국 지명과 혜현 사이에는 불교계의 주도권을 둘러싸고 대립과 갈등이 발생하게 되었으며, 그 결

濟 西岳 旦那山과 慧顯의 修德寺·達拏山寺」,『韓國古代史研究』84, 2016, 330쪽; 이도학, 「사비시대 백제의 4방계산과 호국사찰의 성립」,『백제연구』20, 1989, 123쪽.

37 최연식,「월출산의 관음신앙에 대한 고찰」,『天台學研究』10, 2007, 223~224쪽.
다만 월출산의 명칭이 達拏山 → 月奈岳 → 月出山으로 변해 온 것을 고려한다면, 달라산의 어원이 포탈라카(Potalaka)산일 가능성도 함께 제시하였다. 또한 포탈라카산은 관음보살의 상주처로 한자로는 보타낙가산(普陀洛伽山)으로 음역되고 보타산(普陀山) 혹은 洛(迦)山으로 약칭된다. 발음상으로는 탈라산으로 불리었다고 한다면, 달라산의 어원일 가능성도 있다고 보았다.

38 김진희,「월남사지 발굴조사의 현황과 조성시기에 대한 재검토」,『한국중세사연구』44, 2016, 117쪽.

과 혜현은 지명과의 대립에서 밀려나게 되었다고 보는 견해이다.[39]

이와 유사한 견해로 주류 신앙의 변화로 이해하기도 한다. 혜현이 달라산으로 이동한 것은 지명이 미륵사와 같은 대규모 사찰 창건을 주도하면서 혜현의 세력이 약화, 교체되고 법화 신앙의 영향력도 약화되었기 때문으로 보는 것이다.[40]

둘째, 혜현 개인의 자의적 판단으로 보는 견해로, 앞서 첫 번째 견해의 미륵신앙과 법화신앙의 대립적 구도의 결과로 보는 것에 반대하며, 혜현이 수덕사 주석 당시에도 왕권과 일정한 관계를 유지하고 있었을 것으로 보는 것이다.[41] 또한 신앙적으로도 백제의 미륵신앙과 법화신앙은 백제의 계율주의적 불교의 영향을 받았으며,[42] 미륵신앙의 상징적인 사찰로 여겨지는 미륵사 또한 미륵사상과 법화사상의 사상적 조화를 이루려고 한 측면을 강조하기도 한다.[43] 앞서 첫 번째 견해의 신앙적, 정치적 대립을 비판하며, 오히려 신앙적인 면에서는 상호 유사성을 지적하고 있다.[44]

---

39 노중국, 「백제 무왕과 지명법사」, 『한국사연구』 107, 1999, 25~29쪽.

40 김수태, 「백제 법왕대의 불교」, 『선사와 고대』 15, 2000, 17·18쪽.

41 길기태, 「백제 사비시기 법화신앙」, 『대구사학』 80, 2005, 22쪽.

42 미륵신앙은 지계위본의 사상이며, 법화신앙 또한 실천적 신앙의 성격을 띠는 동시에 지계(持戒)를 강조한다(홍윤식, 「益山彌勒寺創建背景을 通해본 百濟文化의 性格」, 『마한백제문화』 6, 1983, 37쪽).

43 조경철은 미륵사가 미륵신앙과 법화신앙이 조화를 이룬 사찰이었으며, 무왕은 미륵사 창건을 통해 자신을 전륜성왕과 미륵을 자처했고, 대표적인 귀족가문인 사택씨의 법화신앙을 받아들여 사상의 조화를 이루어 정치적 통합을 이루려고 한 것으로 보았다(「백제 익산 彌勒寺 창건의 신앙적 배경」, 『한국사상사학』 32, 2009, 32쪽).

44 길기태는 혜현의 달라산으로의 피은 행위를 자기 수행과 관련된 것으로, 아직 불교가 전해지지 않은 사람의 왕래가 어려운 곳, 세속과 유리된 지관(止觀)수행의 과정으로 설명했다. 즉 혜현이 행한 선정과 독송은 곧 지관이며, 이와 같은 지관수행은 『법화경』 안락행품과 보현보살권발품에 연결되어 사상적으로 혜사, 현광, 그리고 혜현으로 이어지는 것으로 보았다(「백제의 법화사상과 혜현구정」, 『신라문화제학술발표논문집』 31, 2010, 167~169쪽).

셋째, 관음신앙과 관련하여 이해하는 것이다. 즉 혜현이 『법화경』 수행에 전념하기 위해 기존의 백제 불교 중심지를 떠나 남쪽으로 이동하게되었고, 자신의 관음신앙을 보다 적극적으로 실천하고자 월출산으로 옮겼다고 보는 견해이다.[45] 달라산은 6세기 후반까지도 변경지역이었고 혜현이 이곳으로 오기전까지는 아직 관음보살의 상주처로 인식되지는 않았다. 오히려 혜현의 수행 이후 이곳이 관음보살의 상주처로 사람들에게 인식되었을 가능성이 높으며, 혜현의 신앙활동에서 비롯된 것으로, 결과적으로 혜현의 달라산에서의 신앙활동 결과 불교문화가 지역으로 확대된 것으로 보는 것이다.

그 외에 첫 번째 견해의 미륵신앙과 법화신앙 간의 대립적 구도에 반대하며, 두 신앙은 백제 불교의 중요한 두 축이었다는 점에서 무왕대 이두 불교가 중앙과 지방에서 조화롭게 함께 중시된 것으로 보기도 한다.[46] 즉 혜현은 중앙의 법화신앙을 지방에 전파한 인물로, 지명과 함께 무왕의 불교를 통한 왕권강화 이데올로기를 지방에까지 전파하기 위해 노력한 인물로 평가하는 것이다.

지금까지 혜현이 달라산으로 옮겨간 원인에 대한 다양한 견해들을 살펴 보았다. 정리하면, 혜현의 피은에 대해 두 번째와 세 번째 견해는 혜현의 피은 행위를 각각 법화신앙 및 관음신앙의 지역적 확산으로 평가한 것이다. 그런데 사료를 통해 혜현의 수덕사와 달라산 시기를 비교해 보면, 수덕사에서는 수지독송, 삼론연구 및 강설 등 혜현의 주요 활동이 대부분 이루어졌던 것에 반해, 달라산에서는 일체의 대외 활동을 배제하고

---

45   최연식, 「月出山의 관음신앙에 대한 고찰」, 『천태학연구』 10, 2007, 227쪽.
46   이장웅, 「百濟 西岳 旦那山과 慧顯의 修德寺·達拏山寺」, 『韓國古代史硏究』 84, 2016, 327·338쪽.

수지독송을 통한 개인적 수행에만 전념하고 있다.

또한 활동기간에 있어서도 혜현이 주석했던 수덕사는 위덕왕대554~598에 창건되었고,[47] 창건과 동시에 그가 주석하였으며 무왕600~641 전기 이후 달라산으로 옮겨갔다고 한다면,[48] 혜현은 620년 이후 생애 말년에 달라산으로 이동한 셈이 된다.[49] 따라서 달라산 활동기보다 수덕사 활동기가 훨씬 더 길었던 것으로 볼 수 있다.

이와 같이 혜현이 달라산에서 외부와의 접촉을 차단하며 개인적 수행에 집중하였다는 점을 고려한다면, 달라산에서의 활동을 왕권 강화 이데올로기로서 법화신앙의 지역적 확산이나, 관음신앙의 지역적 확대로 해석하는 것은 혜현 말년의 피은 행위를 지나치게 확대 해석하는 것이 아닐까 생각한다. 오히려 혜현의 수덕사 주석 시 많은 사람들이 그의 강설을 듣고자 전국에서 모여들었다는 사실을 통해 법화 신앙의 계층적 확대가 이루어진 것으로 보아야 할 것이다.

3. 미륵 신앙의 발전

백제의 미륵신앙은 불교 수용 초기부터 백제 불교의 중요 사상 중 하나로, 구법승 겸익의 기록이 「미륵불광사사적」에 전한다는 점에서 성왕 초기 이미 백제에 미륵 신앙이 수용된 것으로 추정된다.[50] 미륵 사상은

---

47   김영태, 「백제 고찰 수덕사의 사적 고찰」, 『한국불교학』 22, 1997.
48   김수태, 「백제 법왕대의 불교」, 『선사와 고대』 15, 2000, 17쪽.
49   앞서 혜현의 생몰년은 570~627년 입적한 것으로 추정하였다.
50   길기태, 『백제 사비시대의 불교신앙 연구』, 서경, 2006, 125쪽.

6세기 후반 불교계의 주요 사상으로 대두되기 시작하였으며, 진지왕대 576~579 신라승 진자眞慈는 미륵선화彌勒仙花를 만나기 위해 백제 웅천 수원사를 찾았을 정도로 당시 웅진지역에서는 미륵 신앙이 크게 유행했다.[51] 또한 위덕왕은 584년 일본에 미륵석상을 전해주었고,[52] 백제는 신라 및 일본 불교에 많은 영향을 끼쳤다.

이와 같이 백제에서는 『법화경』과 관련된 법화 신앙, 관음 신앙과 함께 미륵신앙 또한 성행하였으며, 성왕대부터 위덕왕대에 이르기까지 꾸준히 신앙되어졌고, 위덕왕대에 이미 미륵 신앙이 그 절정에 있었던 것으로 볼 수 있다.[53] 본문에서는 국내승 지명, 도침, 경흥의 활동을 통해 미륵신앙을 살펴보도록 하겠다.

1) 지명知命

사료에서 지명이라는 이름의 승명은 『삼국유사』 권제2 기이제2 무왕조의 知命, 『삼국유사』 권제4 신라본기 제4 진평왕 7년조와 『해동고승전』 권제2 유통1지2 석지명전의 智明이 있다. 이와 관련하여 두 인물을 동일인이라고 보는 견해와 동명이인으로 보는 견해가 있다.

동일인으로 보는 경우, 우선 사료 속 지명의 이름이 '知命'『삼국유사』과 '智明'『삼국사기』·『해동고승전』으로 한자만 다를 뿐 같은 진평왕대 활동했고, 진평

---

51 김두진, 『삼국시대 불교신앙사 연구』, 일조각, 2016, 240쪽. 최연식은 570년대 중국에서 귀국한 현광을 통해 혜사의 미륵신앙이 백제에 수용되었고, 귀국 후 현광이 수행한 공주 지역이 미륵신앙의 중심지가 되었으며, 신라승 진자를 통하여 신라 불교계에 까지 영향을 끼쳤다고 보았다(「백제 후기 미륵사상의 전개과정과 특성」, 『한국사상사학』 37, 2011, 23쪽).

52 秋九月 從百濟來鹿深臣【闕名字】有彌勒石像一軀 佐伯連【闕名字】有佛像一軀(『日本書紀』卷第20 敏達 13年)

53 길기태, 「백제 사비시대의 미륵신앙」, 『백제연구』 43, 2006, 174쪽.

왕과 관계를 맺고 있었다는 점에서 동일인으로 보는 것이다.[54] 즉 智明이 중국에 10년 정도 머무르고 귀국하여 백제지역에 있었던 것으로 추정함으로써 개로왕대 고구려승 도림으로 인해 국가적 위기를 맞이했던 것처럼 무왕대 신라 승려 智明은 미륵사 창건을 주도하여 자원고갈 및 민심이반이라는 결과를 가져와 백제 내부에서 멸망의 요인이 마련되었다고 보는 것이다.

반면 동명이인으로 보는 경우는 다음 사료 2-①『삼국사기』과 3-①『해동고승전』에서 신라승 智明이 585년진평왕 7 진으로 구법활동을 떠났고, 602년진평왕 24 귀국했다는 사실과 완전히 일치하고 있다는 점에서 17년간 진나라에 머물러 있다가 귀국한 것이 분명하므로, 진나라에서 10년 만에 귀국해 백제에서 7년 동안 머물며 첩보활동을 했다고 보는 전자의 견해를 반박했다.[55]

또한 백제승 知命은 599년법왕 1 덕숭산의 수덕사 및 정혜사를 창건하였다는 설[56]도 있어 지명이 600년 이전 이 지역과 관련하여 활동하였을 가능성도 있다. 본문에서는 신라승 지명과 백제승 지명이 각기 다른 사람이라는 전제하에 지명의 활동을 미륵사 창건 활동과 불교 사상을 통해 살펴보도록 하겠다.

1-① 제30대 무왕의 이름은 장璋이다. 그 어머니가 과부가 되어 서울 남쪽 못 가에 집을 짓고 살고 있었는데 못의 용과 관계하여 (장을) 낳고 어릴 때 이름을 서동薯童이라고 하였다…… 서동이 말하기를, "나는 어릴 때

---

54 김복순, 「三國의 諜報戰과 僧侶」, 『韓國佛敎文化思想史』(上), 1992, 145~160쪽.
55 노중국, 「百濟 武王과 知命法師」, 『한국사연구』107, 1999, 22~23쪽.
56 불교성보문화연구소, 『덕숭산수덕사』, 불교성보문화연구소, 1998, 48쪽.

부터 마를 캐던 곳에 황금을 흙처럼 많이 쌓아 두었소"라고 하였다. 공주는 이 말을 듣고 크게 놀라면서 말했다. "이것은 천하의 지극한 보물입니다. 그대가 지금 그 금이 있는 곳을 아시면 그 보물을 부모님이 계신 궁전으로 보내는 것이 어떻겠습니까?" 서동은 "좋다"고 말하였다. 이에 금을 모아 언덕과 같이 쌓아 놓고, 용화산 사자사의 지명법사에게 가서 금을 실어 보낼 방법을 물으니 법사가 말하기를 "내가 신통한 힘으로 보낼 터이니 금을 가져 오시오"라고 하였다. 공주는 편지를 써서 금과 함께 사자사 앞에 가져다 놓았다. 법사는 신통한 힘으로 하룻밤 사이에 신라 궁중으로 보내어 두었다. 진평왕은 그 신비스러운 변화를 이상히 여겨 더욱 서동을 존경해서 항상 편지를 보내어 안부를 물었다. 서동은 이로부터 인심을 얻어서 왕위에 올랐다.

1-② 어느 날 무왕이 부인과 함께 사자사에 가려고 용화산 밑의 큰 못가에 이르니 미륵삼존이 못 가운데서 나타나므로 수레를 멈추고 절을 올렸다. 부인이 왕에게 말하기를 "모름지기 이곳에 큰 절을 지어 주십시오. 그것이 제 소원입니다"라고 하자 왕은 이를 허락했다. 지명법사에게 가서 못을 메울 일을 물으니 신비스러운 힘으로 하룻밤 사이에 산을 무너뜨려 못을 메우고 평지로 만들었다. 마침내 미륵삼회를 법상法像으로 하여 전殿과 탑塔과 낭무廊廡를 각각 세 곳에 세우고, 절 이름을 미륵사[『국사』에서는 왕흥사라고 되어 있다]라고 하였다. 진평왕이 여러 工人들을 보내서 이를 도왔는데 그 절이 지금도 남아 있다.[『삼국사』에는 이를 법왕法王의 아들이라고 했는데, 여기에서는 과부의 아들이라고 했으니 자세히 알 수 없다]⁵⁷

57　1-① 第三十武王名璋 母寡居築室扵京師南池邊 池龍交通而生小名薯童…薯童曰 吾自小
掘薯之地委積如泥土 主聞大驚曰 此是天下至寶 君今知金之所在則此寶輸送父母宮殿何

2-① 7월 고승 智明이 불법을 배우러 진나라에 들어 갔다.

9월에 고승 智明이 입조사入朝使인 상군上軍을 따라서 돌아왔다. 왕이 지명의 계행을 존경하여 대덕大德으로 삼았다.[58]

3-① 승려 智明은 신라 사람이다. 그는 신묘한 이해력이 있었고 깨달음이 뛰어났으며, 가고 머무름이 법도에 맞았다…… 법사는 세상에 뛰어난 재질로서 진평왕 7년585 가을 7월에 나루터를 물어 빠른 길을 찾아 진나라에 들어가 법을 구하였다…… 표연히 한 번 떠난 것이 어느새 십년이 되었고, 학문은 이미 진수를 얻었으므로 마음은 전등傳燈에 간절하였다. 진평왕 24년602 9월에 입조사를 따라 귀국하였다. 왕은 그의 풍격風格을 우러러 사모하고, 그 계율을 추앙하고 귀중히 여겨 대덕으로 포상하고 가까이 오기를 권하였다……[59]

(1) 미륵사 창건과 지명

사료에서 지명의 정확한 생몰년은 알 수 없으나 주요 활동 시기는 위덕왕

如 薯童曰可 於是聚金積如丘陵 詣龍華山師子寺知命法師所問輸金之計 師曰 吾以神力可輸 將金來矣 主作書幷金置扵師子前 師以神力一夜輸置新羅宮中 眞平王異其神變 尊敬尤甚 常馳書問安否 薯童由此得人心即王位

1-② 一日王與夫人 欲幸師子寺 至龍華山下大池邊 彌勒三尊 出現池中 留駕致敬 夫人謂王曰 須創大伽藍於此地 固所願也 王許之 詣知命所問塡池事 以神力一夜頹山塡池爲爲平地 乃法像彌勒三會 殿塔廊廡各三所創之 額曰彌勒寺【国史云王興寺】眞平王遣百工助之 至今存其寺【三国史云是法王之子 而此傳之獨女之子 未詳】(『三國遺事』卷第2 紀異 第2 武王)

58 2-① 七月 高僧智明入陳求法(『三國史記』卷第4 新羅本紀 第4 眞平王 7年)
     九月 高僧智明隨入朝使上軍還 王尊敬明公戒行爲大德(『三國史記』卷第4 新羅本紀 第4 眞平王 24年)

59 3-① 釋智明新羅人 神解超悟 行止合度…師以命世之才 當眞平王之七年秋七月問津利往入陳求法…飄然一去忽爾十霜 學旣得髓心切傳燈 以眞平王二十四年九月隨入朝使還國 王欽風景仰 推重戒律襃爲大德 以勸方來…(『海東高僧傳』卷第2 流通1之2 釋智明)

대부터 무왕대로 추정된다. 사료 1-①에서 지명은 무왕 즉위 전부터 용화산 사자사에 주석하여 활동하고 있었으며, 백제 무왕과 신라 진평왕의 딸 선화공주와 국가 간 결혼이 성사되는 데 중요한 가교역할을 담당하였다.

무왕과 선화공주의 결혼은 양국의 필요에 의해서 이루어진 것으로 볼 수 있다.[60] 당시 고구려가 백제와 신라에 강한 압박을 가해 오는 상황이었고, 고구려의 남침을 효과적으로 제어하는 방법으로 양국 간의 긴장 관계 해소가 필요했다. 이를 위한 효과적인 방법으로 왕실 간 결혼 및 사찰 창건을 통해 우호적 분위기를 조성하고자 하였다.[61]

이와 같이 양국의 필요에 의한 왕실 간 혼사에서 지명은 승려로서 정치 외교 사절의 역할을 수행하였고, 왕실 중대사에 직접적으로 관여할 만큼 당시 백제 불교계에서 영향력 있는 승려였다.

또한 신라에도 그의 이름이 알려져 있었던 것으로 보이는데, 사료 1-①에서 선화공주와 서동은 금을 신라 왕실로 보내고자 할 때 그 방법을 사자사에 주석해 있는 지명과 상의하였다. 이는 곧 서동이 왕위에 오르기 이전부터 선화공주와 서동은 지명이라는 승려를 알고 있었다는 것을 전제로 하며, 신라 진평왕과의 외교적인 역할을 수행하는 데 있어 적임자로 지명을 기용한 것으로 볼 수 있다.

60　노중국은 서동과 선화공주와의 결혼에 대한 연구성과를 다음 세가지로 정리하였다. 첫째 이 설화를 동성왕과 신라 왕녀와의 결혼으로 보는 견해, 둘째 보이는 대로 서동 시절에 서동요를 불러 결혼했다고 보는 견해, 셋째 마를 캐던 평범한 서동들의 이상과 꿈을 설화적 형태로 표현했다고 보는 견해이다(「삼국유사 무왕조의 재검토」, 『한국전통문화연구』2, 1986, 12쪽).
　　길기태는 이에 대해 국문학계와 역사학계의 입장으로 나누어 국문학계의 경우 설화적인 요소에 집중하여 연구하는 데 반하여 역사학계는 이를 역사적인 사실로 받아들여 연구하고 있는 것으로 보았다(「미륵사 창건의 신앙적 성격」, 『한국사상사학』30, 2008, 3쪽).
61　노중국, 「삼국유사 무왕조의 재검토」, 『한국전통문화연구』2, 1986, 13~16쪽.

진평왕은 사료 1-①에서 지명이 보여준 신비한 능력을 체험하고 나
서 서동을 존경하고 믿게 되었다고 한다. 즉 서동이 진평왕의 신뢰를 얻
는데, 지명이 외교적 가교 역할을 담당한 것으로 볼 수 있다. 결국 서동은
지명을 통해 진평왕의 신임과 지원을 받아 민심을 확보하여 왕위에 오를
수 있었던 것이다.[62]

사료 1-②에서 인용하고 있는『삼국사』에는 법왕의 아들로 기록되어
있고, 1-① 본문에서는 과부의 아들로 기록되어 있어 왕위 승계에 있어
불안 요소가 있었던 것으로 추측된다. 왕위승계가 불안정한 상태에서 무
왕은 자신의 승계를 공고히 하기 위한 정치적 세력이 필요했고, 내부적으
로는 사씨세력과 외부적으로는 신라와 연합하고자 했던 것으로 보인다.
이를 위해 가장 확실한 방법은 결혼이었고, 불교계에서 신망받는 승려인
지명을 전면에 내세워 신라와의 연합을 성사시킬 수 있었다. 즉 무왕은
신라 왕실의 공주와 결혼함으로써 외부의 지원세력을 확보하는 동시에
자신의 신분적 고귀함을 얻을 수 있게 된 것이다.

지명은 백제와 신라 왕실 간 결혼에서 외교적 역할을 수행했고, 즉위
이후에도 무왕이 왕비와 함께 지명이 주석하고 있는 사자사에 왕래하고
있는 것으로 보아 지명은 지속적으로 왕실과 밀접한 관계를 유지하고 있
었던 것으로 추측된다.

사료 1-②는 미륵사 창건 과정에서 지명의 할동에 대해 언급하고 있다.
무왕과 왕후는 사자사에 가던 중 용화산 아래 큰 연못에서 미륵삼존을 발
견하였고, 왕후는 왕에게 대사찰 창건을 요청, 무왕이 이를 허락했다. 지

---

62 노중국은 양자 간의 결혼이 서동이 왕위에 오른 후 이루어진 것으로 보았고, 지명이 사
    절의 임무를 맡아 진평왕의 지명에 대한 신뢰를 바탕으로 양 왕실 간의 결혼이 성사될
    수 있었다고 보았다(「백제 무왕과 지명법사」,『한국사연구』107, 1999, 17~21쪽).

명은 그 과정에서 산을 무너뜨리고 못을 메우는 등 자신의 신이한 능력을 보여 주었다. 특히 못을 메우는 작업은 많은 인부들이 동원되어야 하는 어려운 작업으로 지명은 참여한 인력들을 잘 통솔하여 성공적으로 완수함으로써 사찰 조영의 기반을 마련했다. 이와 같이 사찰 조영 과정에서 왕과 왕비가 상당 부분 지명에게 의존하며, 지명이 사찰 조영을 주도하고 있다는 점에서 그가 왕실의 자문 역할을 담당하고 있는 것으로 볼 수 있다.

사료 1-②『삼국유사』에 의하면 미륵사는 왕비가 된 선화공주의 발원으로 조영, 629년^{무왕 30} 완공되었고,[63] 선화공주와 지명의 주도하에 창건된 것으로 볼 수 있다. 그런데 2009년 1월 미륵사지 서쪽 석탑 보수과정에서 「금제사리봉안기」^{이하 「사리봉안기」}가 발견되면서 『삼국유사』 무왕조와 다른 사실들이 알려지게 되었다.

> 4-① …우리 백제 왕후는 좌평 사택적덕의 딸로서 오랜 세월 동안 선인^{善因}을 심어 현생에 뛰어난 과보를 받으셨다. (왕후께서는) 만민을 어루만져 기르시고 삼보의 동량이 되셨다. 때문에 삼가 깨끗한 재물을 희사하여 가람을 세우고 기해년⁶³⁹ 정월 29일에 사리를 봉안하였다…….[64]

위의 사료 4-① 「사리봉안기」를 통해 미륵사의 발원자는 사택적덕의 딸^{이하 사택왕후}이며, 미륵사는 639년^{무왕 40}에 조영되었다는 사실이 밝혀졌

---

63 노중국은 정해명(丁亥銘), 기축명(己丑銘) 인각와를 통해 미륵사의 완공시기를 629년 (무왕 30)으로 추정하였고, 왕비의 발원에 의해 창건이 시작되었다고 보았다(「백제 무왕과 지명법사」,『한국사연구』107, 1999, 8·10쪽).

64 4-① 我百濟王后 佐平沙宅積德女 種善因於曠劫 受勝報於今生 撫育萬民 棟梁三寶 故能 謹捨淨財 造立伽藍 以己亥年正月卄九日 奉迎舍利(「益山 彌勒寺址 西塔 出土 金製舍利 奉安記」) 번역문은 김상현 논문(「백제 무왕대 불교계의 동향과 미륵사」,『한국사학보』 37, 2009, 18쪽) 참조.

다. 사리봉안기의 발견 이후 많은 연구성과들이 쏟아져 나왔고, 사리봉안기의 내용을 절대적으로 신뢰하고 나아가『삼국유사』속 선화공주의 존재를 부정하며 다른 인물로 재해석하거나,[65] 혹은「사리봉안기」의 내용을 부분적으로 인정하여 사택왕후의 창건을 미륵사의 부분 창건,[66] 또는 중창으로 보는 연구성과들이 나왔다.[67]

문헌의 기록과「사리봉안기」의 기록을 둘러싸고 다양한 논의가 진행되는 가운데, 기존의 문헌 사료의 내용을 전면적으로 부정하고 단정적으로 보기 보다는 두 자료가 당시 미륵사 창건의 전체 과정 중 부분을 보여주는 것으로 생각해야 된다는 절충적 입장이 제시되었다.[68] 부연하면 미

---

65 선화공주를 익산지역의 재지세력으로 보는 견해(김수태,「백제 무왕대의 대신라관계」,『백제문화』42, 2010; 강종원,「백제 무왕대의 정국변화와 미륵사 조영」,『백제문화』54, 2016, 305쪽)와 여기에서 더 나아가 사택적덕의 딸이 선화부인에 부회되면서 신라 진평왕의 셋째 딸로 재설정된 것으로 보는 견해도 있다(이장웅,「신라 진평왕 시기 백제 관계와 서동설화」,『신라사학보』44, 2018, 248쪽).

66 조경철은 3원중 중원은 미륵신앙자인 선화공주가 건립하였고, 동원과 서원은 법화신앙자인 사택왕후가 건립하였다고 보았다(「백제 익산 미륵사 창건의 신앙적 배경」,『한국사상사학』32, 2009, 1~2쪽). 이에 대해 김상현은 사택왕후가 미륵사 전체를 창건했다고 보아 사택왕후의 부분 창건설을 반박했다(「백제 무왕대 불교계의 동향과 미륵사」,『한국사학보』37, 2009, 26쪽).

67 강종원,「백제 무왕대의 정국변화와 미륵사 조영」,『백제문화』54, 2016.

68 주보돈은 봉안기의 발견 이후 이에 대한 보다 철저한 검토가 이루어지지 못했으며, 봉안기에 다른 내용이 실려 있더라도 무왕조는 많은 내용을 함축하고 있으며, 무게감이 느껴지는 중요한 사료라는 점에서는 변함이 없다고 보았다. 특히 사리봉안기의 발원자로 사탁왕후만 언급되어 있지만, 당시 복수의 왕비가 존재했을 가능성이 있다는 점에서 무왕조의 기사와 봉안기를 쉽게 연결시키는 데는 좀 더 신중해야 한다고 보았다(「미륵사지 출토 사리봉안기와 백제의 왕비」,『백제학보』7, 2012, 48~52쪽).
    또한 강종원은 미륵사의 조영시기가 무왕대라는 사실이 사리봉안기의 내용에서 확인되는 점, 3원식 가람의 구조가 실제와 부합하는 점, 가람이 세워진 곳이 원래 연못이었다는 것이 발굴을 통해 확인되었다는 점에서『삼국유사』무왕조의 내용이 설화에 한정되지 않고 내용 면에 있어서 시간적·공간적으로 일정한 역사상이 반영되어 있다고 보았다(「백제 무왕대의 정국변화와 미륵사 조영」,『백제문화』54, 2016, 304쪽).

륵사가 무왕 초기 초창, 무왕 후반기 중창되었으며, 초창을 주도한 세력은 선화공주왕비로 상징되는 익산지역 재지세력으로 그 지역 불교세력의 적극적인 협력이 있었던 것으로 보는 것이다.[69]

먼저 미륵사가 사찰 조영 과정에서 중단되었다가 다시 조영되는 경우는 드문 경우가 아니다.[70] 그러나 선화공주를 익산지역의 재지세력으로 보는 것은 당시 다수의 왕비가 존재했을 가능성이 있다는 점에서 선화공주의 존재를 허구로만 볼 수 없으며, 사택왕후가 선화공주 다음 두 번째 왕비일 가능성도 배제할 수 없다. 즉 미륵사의 초창은 무왕과 선화공주가 주도하였고, 사택왕후는 무왕 재위 말 미륵사의 서원과 동원 창건에 큰 역할을 했다고 보는 것이다.[71]

미륵사 서탑 「사리봉안기」의 발견으로 미륵사의 발원자가 사택왕후이며, 639년에 완공되었다는 점을 알 수 있게 되었다. 그러나 이 사실이 곧 『삼국유사』의 무왕과 선화공주 결혼의 허구성을 의미한다고 볼 수 없으며, 또한 미륵사 초창 과정에서 지명이 선화공주당시 왕비와 함께 주도적인 역할을 했다는 점 또한 역사적 사실을 바탕으로 한 것으로 보아야 할 것이다. 정리하면 지명은 백제와 신라 왕실혼 과정에서 외교적 역할을 담당했고, 무왕 즉위 이후에도 왕실의 자문 역할을 담당하면서 미륵사 창건을 주도한 것으로 정리할 수 있다.

69　창건시기에 대해 강종원은 고고학적 자료와 『삼국유사』 무왕조의 내용을 고려해 무왕 즉위 직후부터 시작되었을 것으로 추정했다(「백제 무왕대의 정국변화와 미륵사 조영」, 『백제문화』 54, 2016, 305쪽).

70　왕흥사의 경우 600년(법왕 2)에 창건되었으나 634년(무왕 35)에 완성된 것으로 보아 초창 이후 중창된 것으로 추정된다.
　　二年 春正月 創王興寺 度僧三十人(『三國史記』 卷第27 百濟本紀 第5 法王 2年)
　　三十五年 春二月 王興寺成(『三國史記』 卷第27 百濟本紀 第5 武王 35年)

71　한예찬, 「서동설화의 주체연구」, 『온지논총』 28, 2011, 97~107쪽.

(2) 지명의 불교 사상

앞서 살펴 보았듯이 지명은 미륵사 창건 과정에서 주도적인 역할을 담당하고 있다. 미륵사는 지명이 주석해 있던 사자사와 함께 밀접한 관련이 있는 사찰로, 본문에서는 사료 1-①, 1-②의 용화산 사자사와 미륵사를 통해 지명의 불교 사상을 살펴보고자 한다.

사자사는 지명이 주석하고 있었던 곳이며, 미륵사와 함께 지명이 초창에 깊이 관여한 절이다. 두 절은 사명 및 고고학적 발굴을 통해 미륵 사상과 깊은 관련이 있는 사찰로 추정되며, 지명과 미륵 신앙과의 관련성을 유추해 볼 수 있다.

지명이 주석했었던 사자사[72]의 경우, 미륵사와 함께 경전의 내용을 반영하는 것으로 보기도 한다.[73] 즉 용화산은 용화수를 상징하고 미륵존상의 출현은 미륵의 용화수 아래에서의 성불을 뜻하는 것으로 볼 수 있으며, 1-②의 '乃法像彌勒三會 殿·塔·廊廡各三所創之'는 미륵불의 삼회설법三會說法을 상기시킨다. 미륵사보다 높은 곳에 자리 잡고 있는 사자사는 도솔천 칠보대 내 마니보전상摩尼寶殿上의 사자상좌師子床座를 연상하게 한

---

[72] 발굴조사 과정에서 백제, 통일신라 시대의 유물과 寺名을 확인되었으며, 그 결과 현 사자암터가 옛 백제 사자사터로 확인되었다. 寺名이 문헌에서 처음 등장한 것은 『삼국유사』이며, 이후에는 '사자암'으로 표기되어 조선시대 이후에야 등장하고 있어 그 사세가 크게 위축된 것으로 짐작된다(『사자암발굴조사보고서』, 부여문화재연구소, 1994, 16·226~227쪽).

[73] 미륵신앙은 미륵삼부경을 토대로 발생한 신앙이다. 미륵삼부경은 미륵에 대해 설한 세 가지 근본 경전으로 『미륵상생경』·『미륵하생경』·『미륵대성불경』을 말한다(곽철환, 『시공 불교사전』, 시공사, 193쪽). 이에 따르면, 미륵은 석가불 재세 시 제자였으나 사후에 도솔천에 상생하여 현재 일생보처보살이 되어 칠보대(七寶臺) 내 마니보전상(摩尼寶殿上) 사자상좌(師子床座) 연화위에 앉아서 천중(天衆)을 위해 설법교화하고 있으며, 56억만 년 뒤의 양거라고 하는 전륜성왕 치세에 하생하여 용화수 아래서 성불하고 삼회(三會)의 설화를 통하여 모든 중생을 교화 제도한다고 한다(김영태, 「백제의 미륵사상」, 『마한백제문화』 4·5, 1982, 241쪽).

다. 또한 사료 1-①에서 미륵이 연못에서 출현하기 전 사자사를 등장시
킨 점은 미륵보살이 하생하기 전 도솔천에서 앉아 있던 사자상좌를 뜻하
는 것으로, 사자사는 미륵불 출현의 계기라고 할 수 있다.[74]

이와 같이 사자사와 미륵사가 미륵상생신앙과 미륵하생신앙을 상징한
다고 볼 수 있는데, 그 선후관계에 주목하여 미륵사 창건 이전 백제 익산
에 도솔천 상생신앙의 장소였던 사자사가 존재하고 있었고, 무왕대에 하
생신앙의 사찰인 미륵사가 사자사가 있던 용화산 아래에 창건되어 미륵
상생신앙과 하생신앙이 결합한 것으로 해석하기도 한다.[75]

지명의 불교 사상적 요소는 그와 관련된 사찰 뿐만 아니라 주변 인물
들과의 관계 속에서도 찾아볼 수 있다. 먼저 지명과 함께 미륵사 창건을
주도했던 선화공주는 그 이름에서 미륵선화彌勒仙花와 연결되어 있으며,
지명의 신이한 능력은 그가 토착신앙과 연결되어 있는 것으로 볼 수 있
다.[76] 즉 당시 익산은 불교보다는 토착신앙과 가까운 신앙체계를 가졌고,
지명의 신통력이 토착신앙과 연결되어 곧 익산지역 귀족세력과의 신앙
적 유대를 강화하는 모습으로 이해하는 것이다.[77]

한편 미륵사의 초창 및 중창과 관련하여 『삼국유사』와 「사리봉안기」에
서 무왕보다는 왕후인 선화공주와 사택왕후의 역할이 강조된 것도 주목
할 필요가 있다. 즉 초창 당시에는 미륵사상을 기반으로 한 지명과 선화
공주의 역할이 함께 강조되어 있다. 반면 639년 「사리봉안기」에서는 지

---

74   김영태, 「백제의 미륵사상」, 위의 책, 241~242쪽.

75   田村圓澄, 「百濟の彌勒信仰」, 『마한백제문화』 4·5, 1982, 27쪽.

76   김주성은 선화(仙花)는 신선이라고 불리웠다는 점에서 지명과 선화는 둘 다 토착적인
    무격신앙과 미륵신앙의 양면을 지니고 있다고 보았다(「백제 사비시대 정치사 연구」,
    전남대 박사논문, 1990, 86~87쪽).

77   길기태, 「미륵사 창건의 신앙적 성격」, 『한국사상사학』 30, 2008, 6·28쪽.

명과 관련하여 언급이 전혀 없다. 물론 지명이 입적하여 언급이 안 되었을 수도 있다. 다만 이를 사상적 차이로 추측해 보면, 초창 당시에는 선화공주와 미륵사상으로 결을 같이 하였지만 중창 시에는 사택왕후와의 사상적 차이로 인해 전혀 언급이 되지 않았던 것은 아닐까 생각된다. 사실상 미륵사가 초창 당시에는 미륵사상을 담고 창건한 사찰임에도 불구하고 사택왕후의 발원문에서는 미륵사상적 요소를 찾기 어렵다는 점에서 지명과 사택왕후 사이의 불교 사상적 차이를 생각할 수 있다.

지명은 사자사 주석 및 미륵사 창건을 통해 미륵신앙을 구현하고자 한 것으로 추정된다. 한편 앞서 법화 승려인 혜현의 수덕사 활동을 중심으로 그의 법화 사상에서 친왕적 성격을 추정해 보았듯이, 지명의 활동에서도 친왕권적 성격을 찾아볼 수 있다.

지명과 혜현은 둘 다 순수하게 국내에서 활동한 인물로 각각 지역 및 교단 내에서 확고한 지지 기반을 확보하고 있었던 것으로 생각되며, 두 지역은 당시 왕권과 관련이 있는 주요 지역으로 혜현과 지명은 그 지역에서 이름 난 승려였다. 또한 교단 내에서도 확고한 지지 기반을 확보하고 있었던 것으로 볼 수 있는데, 특히 무왕과 선화의 자문 역할을 담당하면서 대규모 불사 창건 등을 주도하는 모습은 지명의 친왕권적 성격 및 불교 교단 내에서의 그의 확고한 기반을 보여주는 것이다.

2) 도침道琛

도침은 660년 사비성 함락 이후 무왕의 조카로 알려진 복신과 함께 백제부흥운동을 주도했다. 도침에 관련 내용은 중국측 문헌 『구당서』·『신당서』·『자치통감』·『전당문』·『옥해』와 국내 문헌 『삼국사기』·『대동선교고』·『동사략』에 기록되어 있다. 그 외 개암사 관련 「변산개암사연혁기」·

「법당중창기문별기」에도 도침에 관한 기록이 남아 있다.

그런데 위 사료들 중에서 『구당서』·『자치통감』·「당유인원기공비」와 『신당서』·『삼국사기』는 부흥운동에 대한 서술 방식에 있어 다른 점이 있다. 전자는 도침을 부흥운동의 중심인물로 서술하고 있고, 후자는 복신을 중심인물로 서술하고 있다. 한 예로 부흥운동의 중요 전투라 할 수 있는 웅진강구 전투에서 '웅진강 어귀에 두 개의 목책을 세워 방어'한 주체가 『구당서』에서는 도침으로 서술되나 『삼국사기』와 『신당서』에서는 복신으로 기록되어 있다. 이와 같이 서술방식이 엇갈리는 것은 초기 부흥운동의 중심인물로 도침과 복신이 호각지세를 이루었음을 보여주는 것이며, 백제 부흥군에 대한 당과 신라의 시각 차이로 이해할 수 있다.[78]

> 1-① 무왕의 조카 복신은 군사를 거느리던 장수로, 마침내 승려 도침과 함께 주류성周留城을 거점으로 반란을 일으켜서, 전 임금의 아들로서 왜국에 인질로 있던 부여풍扶餘風을 맞아서 왕으로 추대하였다. 서북부에서 모두 이에 호응하니, 군사를 이끌고 도성에 있는 유인원을 포위했다. 당나라에서는 조서를 내려 유인궤를 검교檢校 대방주자사帶方州刺史로 임명하여, 왕문도의 군사를 거느리고 지름길로 신라 군사를 보내 유인원을 구원하게 하였다… 유인궤가 군사를 엄하게 통솔하고 이동하면서 싸우고 전진하니, 복신 등이 웅진강 어귀에 두 개의 목책을 세워 그들을 방어하였다. 유인궤가 신라 군사들과 합세하여 공격하니, 우리 군사들이 퇴각하여 목책 안으로 들어와 강을 저지선으로 삼으니, 다리가 좁아서 물에

빠지거나 전사한 자가 1만여 명이었다. 복신 등이 이에 도성의 포위를 풀고 물러와서 임존성을 확보하자 신라 군사들이 군량이 떨어져서 군사를 이끌고 돌아갔다. 이때가 당나라 용삭 원년 3월이었다.

이때 도침은 영군장군으로 자칭하고 복신은 상잠장군으로 자칭하며, 여러 무리들을 불러 모으니 그 세력이 더욱 확장되었다. 그들은 사람을 보내 유인궤에게 말했다. "듣건대, 당나라가 신라와 약속하기를 백제 사람은 노소를 막론하고 모두 죽이고, 우리나라를 신라에 넘겨주기로 하였다고 하니, 죽음을 기다리기보다는 차라리 싸우다가 죽는 편이 낫다고 생각하여, 이렇게 모여 진지를 고수하고 있을 뿐이다." 유인궤는 편지로 화복에 대하여 자세히 설명하고, 사람을 보내 타일렀다. 도침 등은 군사가 많은 것을 믿고 교만해져서 유인궤의 사자를 바깥 숙소에 재우고 비웃으며 그에게 말했다. "사자使者의 벼슬은 낮고, 나는 일국의 대장大將이므로 함께 말할 수 없다." 그는 답장을 주지 않고 그냥 돌려보냈다. 유인궤는 군사가 적었으므로, 인원의 군사와 합쳐서 군사들을 휴식시키면서 표문을 올려 신라와 협력하여 공격하기를 요청하였다… 얼마 후에 복신이 도침을 죽이고 그의 군사를 합쳤는데, 풍은 이를 제어하지 못하고 제사만 주관하였다.[79]

---

79 1-① 武王從子福信嘗將兵 乃與浮屠道琛 據周留城叛 迎古王子扶餘豊 嘗質於倭國者 立之爲王 西北部皆應 引兵圍仁願於都城 詔起劉仁軌撿校帶方州刺史 將王文度之衆 便道發新羅兵 以救仁願…仁軌御軍嚴整 轉鬪而前 福信等立兩柵於熊津江口 以拒之 仁軌與新羅兵合擊之 我軍退走入柵阻水 橋狹墮溺及戰死者萬餘人 福信等乃釋都城之圍 退保任存城 新羅人以糧盡引還 時龍朔元年三月也
於是 道琛自稱領軍將軍 福信自稱霜岑將軍 招集徒衆 其勢益張 使告仁軌曰 聞大唐與新羅約誓 百濟無問老少 一切殺之 然後以國付新羅 與其受死 豈若戰亡 所以聚結自固守耳 仁軌作書 具陳禍福 遣使諭之 道琛等恃衆驕倨 置仁軌之使於外館 嫚報曰 使人官小 我是一國大將 不合參 不答書 徒遣之 仁軌以衆小 與仁願合軍 休息士卒 上表請合新羅圖之…尋而福信殺道琛幷其衆 豊不能制 但主祭而已(『三國史記』卷第28 百濟本紀 第6 義慈王 20年)

1-② 백제의 옛 장수인 복신과 승려 도침이 옛 왕자인 부여풍을 맞아 세우
고, 웅진성에서 머무르고 있었던 낭장郎將 유인원劉仁願을 포위하였다.
당나라 황제가 유인궤에게 검교檢校 대방주자사帶方州刺使로 삼은 조칙을
내려 이전의 도독을 맡았던 왕문도王文度의 무리와 우리 군사를 이끌고
백제의 군영으로 향하게 하였다. 싸울 때마다 진영을 허물어 향하는 곳
마다 앞을 가로막음이 없었다. 복신 등이 유인원의 포위를 풀고 물러나
임존성을 지켰다. 이윽고 복신이 도침을 죽이고 그 무리를 아울렀으며,
배반하고 도망한 자들도 불러들여 세력이 자못 늘어났다…….[80]

2-① 백제의 승 도침과 구장 복신이 무리를 거느리고 주류성을 거점으로 하
여 반란을 일으켰다. 그리고 왜국에 사신을 보내어 옛 왕자 부여풍을
맞아다 왕으로 세웠다. 서부와 북부가 모두 성을 뒤집고 여기에 호응
하였다. 이때에 낭장 유인원 백제의 부성에 머물러 있었는데, 도침 등
이 군사를 이끌고 포위하였다. 대방주자사 유인궤가 왕문도를 대신하
여 무리를 거느리고, 지름길로 신라병을 출동시켜 합세하여 유인원을
구원하고 계속하여 싸워 나가니, 이르는 곳마다 모두 항복하였다.
도침 등이 웅진주 어귀에 두 개의 책柵을 세워 관군에게 저항하자, 유
인궤는 신라병과 함께 사방에서 협공하였다. 적들은 후퇴하여 책柵 안
으로 달아났지만, 물에 막히고 다리는 좁아 물에 빠지거나 전사한 사
람이 1만여 명이나 되었다. 도침 등은 마침내 유인원의 포위를 풀고 임

---

80 1-② 百濟故将福信及浮圖道琛 迎故王子扶餘豊立之 圍留鎮郎将劉仁願扵熊津城 唐皇帝
詔仁軌檢校帶方州刺使 統前都督王文度之衆與我兵 向百濟營 轉闘陷陳 所向無前 信等釋
仁願圍 退保任存城 既而福信殺道琛 幷其衆 招還叛亡 勢甚張…(『三國史記』卷第6 新羅
本紀 第6 文武王 3年)

존성으로 물러나 보전하였다. 신라병은 군량이 다하여 군사를 이끌고 돌아갔다. 이때는 용삭 원년신라 문무왕 1 3월이었다.

이에 도침은 스스로 영군장군이라 일컫고, 복신은 스스로 상잠장군이라 일컬으며, 배반하고 도망간 무리들을 유인하여 모으니, 그 세력이 더욱 커졌다. 유인궤에게 사자를 보내어, "대당大唐이 신라와 서약하여 백제 사람은 노소를 가리지 않고 모조리 죽인 다음에 나라를 신라에 넘겨 준다고 들었소. 죽음을 당할 바에야 어찌 싸우다 죽으려 하지 않겠소? [이것이] 무리를 모아 스스로 고수하는 이유이오"라고 고했다. 유인궤는 편지를 작성하여 화복을 상세히 설명하고, 사자를 보내어 설득하였다. 그러나 도침 등은 무리들이 많은 것만 믿고 교만이 생겨서, 유인궤의 사자를 외관에 머무르게 하고, 말을 전하게 하여 "사자는 관직이 낮다. 나는 곧 일국의 대장인데, 직접 간여하는 것은 합당하지 않다"라고 하며, 답장을 써 주지 않고 사인使人을 돌려 보냈다. 얼마 안되어 복신이 도침을 죽이고 그의 군사들을 합병하니, 부여풍은 다만 제사나 주관할 뿐이었다.[81]

(1) 백제부흥운동과 도침

660년 7월 백제는 나당연합군에 패하면서 사비성이 함락당했고, 의

---

81 2-① 百濟僧道琛 舊將福信率衆據周留城以叛 遣使往倭國 迎故王子扶餘豐立爲王 其西部北部並翻城應之 時郎將劉仁願留鎭於百濟府城 道琛等引兵圍之 帶方州刺史劉仁軌代文度統衆 便道發新羅兵合契以救仁願 轉鬪而前 所向皆下 道琛等於熊津江口立兩柵以拒官軍 仁軌與新羅兵四面夾擊之 賊衆退走入柵 阻水橋狹 墮水及戰死萬餘人 道琛等乃釋仁願之圍 退保任存城 新羅兵士以糧盡引還 時龍朔元年三月也

於是道琛自稱領軍將軍 福信自稱霜岑將軍 招誘叛亡 其勢益張 使告仁軌曰聞大唐與新羅約誓 百濟無問老少 一切殺之 然後以國付新羅 與其受死 豈若戰亡 所以聚結自固守耳 仁軌作書 其陳禍福 遣使諭之 道琛等恃衆驕倨 置仁軌之使於外館 傳語謂曰使人官職小 我是一國大將 不合自參 不答書遣之 尋而福信殺道琛 併其兵衆 扶餘豐但主祭而已(『舊唐書』(1) 東夷列傳 百濟)

자왕은 포로가 되었다. 그러나 각지에서 백제부흥군이 조직되었고, 흑치상지는 임존성을 근거지로 저항했으며, 200여 성을 회복하기에 이르렀다.[82] 도침은 스승 묘련왕사를 비롯한 다수의 승려들과 함께 승군을 조직하여 부흥운동에 참여했다.

부흥군은 주류성을 거점으로 저항운동을 전개했고, 사비성의 유진당군留鎭唐軍에 대한 공세로 이어졌다. 661년에 들어와서 부흥운동군의 공세는 더욱 치열해졌고, 그 해 2월 부흥운동군은 다시 사비성을 포위하고 공세를 취하였다. 이에 사비성을 방어하던 유인원은 구원병을 요청하였고, 661년 2월 대방주자사 유인궤, 신라 남천대감 무훌, 욱천이 이끄는 나당연합군과 부흥군 간 웅진강구에서 전투가 벌어졌다. 한편 신라군은 661년 3월 부흥운동의 주요 거점인 두량윤성을 공격했다. 백제부흥군은 웅진강구 전투에서는 패했지만, 두량윤성 전투에서는 신라군를 격파하였다. 두 전투 결과 웅진강구에서 나당군에 맞섰던 도침 등은 임존성으로 물러났지만, 두량윤성 전투 승리 후 백제고지 남방의 제성諸城들이 부흥운동군에 합류하게 되면서 부흥운동은 최전성기를 맞이하게 되었다.[83]

부흥군은 662년 5월 왜국에 있던 왕자 부여풍을 맞아 왕으로 추대하면서 국가체제를 갖추었다. 그러나 내부의 문제와 나당연합군의 대대적인 공세가 이어지면서 점차 전세가 역전되었다. 663년 8월 두솔성이 함락되었고 주류성이 포위되었으며, 백강구 전투에서 부흥군과 왜군의 연합군이 나당연합군에게 크게 패하였다. 그 결과 풍왕은 고구려로 도주했고, 9월 주류성이 함락되었다. 이후 잔존 세력이 임존성에서 항거했지만, 결국 함

---

82 『三國史記』 卷第44 列傳 第4 黑齒常之
83 김영관, 「백제부흥운동의 성세와 당군의 대응」, 『한국고대사연구』 35, 2004, 163~169쪽.

락되면서 웅진도독부가 설치되었고, 백제부흥운동은 종결되었다.[84]

도침은 승려로서 부흥군을 이끌었다. 삼국시대 승려들의 국가와 관련하여 나타나는 활동 양상 중 하나가 군사軍師로서의 역할이다.[85] 사료 1-①, 2-①에 따르면 도침은 영군장군領軍將軍으로 왕실 관련 인물인 복신과 함께 부흥군을 이끈 주요 인물이었다. 복신이 도침을 살해한 후 그의 군병을 병합하였다는 점에서 당시 도침은 독립적으로 지휘할 수 있는 병력과 병권을 가졌던 것으로 추정된다. 뿐만 아니라 도침은 유인궤와 외교문서를 주고받는 것으로 보아 외교적인 권한도 가지고 있었던 것으로 보인다. 즉 도침은 복신에게 살해당하기 전까지 병권과 외교권을 모두 가진 부흥군의 최고 지도자 중 한명이었다.

도침이 이와 같이 백제부흥군 내에서 주도적인 역할을 할 수 있었던 것은 당시 그가 백제 불교 교단 내에서 중요한 위치를 차지하고 있었고, 앞서 살펴 본 지명처럼 왕실 관련 승려였기 때문일 것이다.

도침은 정치적 활동과 관련하여 국정 전반에 대한 이해력이 높았으며, 660년 9월 1차 백제부성 포위공격과 661년 2월 2차 백제부성 포위공격

---

84 이와 같은 백제 부흥운동의 시기구분에 대한 여러 논의가 있었고, 이재준은 시기구분에 대한 연구자들의 논의를 정리한 후, 부흥군의 거병과 초기공세(660년 7월~660년 12월), 부흥군의 2차 공세(661년 1월~662년 8월), 나당연합군의 공세(662년 8월~663년 11월)의 3기로 나누었다(「백제의 멸망과 부흥전쟁에 대한 군사학적 연구」, 영남대 박사논문, 2017, 140~144쪽). 도침은 1기와 2기에 주로 활약한 것으로 볼 수 있다.

85 김복순은 활동 양상을 다음 세 가지로 구분하였다. 첫 번째 사신(使臣)으로 외국의 문물을 전달하는 역할, 두 번째 자문역을 담당하여 왕의 순행에 따른 수가사문(隨駕沙門)으로서의 역할 또는 왕의 군사(軍師)로서의 역할, 세 번째 삼국시대 승려들은 지식인으로서 상하의 존경을 받고 있었던 것을 이용하여 상대국에 들어가 첩보원 역할을 하는 것이다. 백제의 도침(道琛)은 두 번째의 경우에 해당되며, 고구려의 신성(信誠), 신라의 임윤법사(琳潤法師)가 직접 군사일을 맡거나 장군을 칭하였다(「삼국의 첩보전과 승려」,『한국불교문화사상사』, 가산이지관스님화갑기념논총간행위원회, 1992, 146쪽).

등에서 왕족인 복신보다도 상위 직책을 맡아 임무를 수행했다. 그의 능력에 대해 긍정적 평가를 하기도 하지만,[86] 한편으로는 군사로서 역량의 한계를 지적하기도 한다. 즉 웅진강 전투 패배 및 당군과의 외교적 교섭에 있어 신중하지 못한 행동은 병법 운용의 한계를 노출시켜 내분의 요인이 되었으며, 그 결과 부흥운동 초기 주도권을 가지고 있었던 도침은 정국 운영에 있어 총체적 결함을 드러냈고, 결국 복신에 의해 제거됨으로써 부흥운동의 주도권이 복신에게 넘어갔다는 것이다.[87]

부흥운동 후반 외교적 대처 및 전투 과정에서 드러난 미숙한 점들로 인해 그의 정치적 한계를 지적하기도 하지만, 부흥운동 초기 도침과 묘련 등 많은 승려들이 빠르게 승군을 조직하여 외세의 침략에 적극적으로 대처한 점은 높이 평가할 만하다. 당시 백제승려들은 국가의 위기 상황 속에서 이를 외면하거나 피하지 않고 부흥운동에 참여하는 모습에서 백제 승려들의 국난 극복의 의지 및 국가에 대한 강한 소속감과 국가의식을 엿볼 수 있다.

(2) 도침의 불교사상

도침 관련 사료의 대부분은 백제부흥운동과 관련된 내용으로, 그의 사상적인 배경을 찾기는 쉽지 않다. 다만 기존 연구에서는 법화사상과 미륵사상에서 그 배경을 찾고 있다. 전자의 경우는 단순히 부흥 활동 참여

---

86 이재준, 「백제의 멸망과 부흥전쟁에 대한 군사학적 연구」, 영남대 박사논문, 2017, 156쪽. 성주탁 또한 도침의 용병술과 전략이 비범했다고 평가하였다(「백제승 도침의 사상적 배경과 부흥활동」, 『역사와 담론』 19·20, 1992, 30쪽).

87 이재준, 「백제의 멸망과 부흥전쟁에 대한 군사학적 연구」, 영남대 박사논문, 2017, 156쪽; 김병남, 「백제 풍왕 시기의 정치적 상황과 부흥운동의 전개」, 『정신문화연구』 36-1, 2013, 57~59쪽.

는 인명살생을 수반하는 군사적 활동임을 감안해 대승적 성격을 띠고 있는 법화사상을 그의 사상적 배경으로 보는 것이다.[88] 한편 후자의 경우는 660년 11월 신라군이 왕흥사잠성을 공격했다는 점에서 일단 이곳을 부흥군의 거점 중 하나로 전제하고, 도침이 이곳의 승려들을 이끌었을 것으로 추정한다. 그리고 왕흥사가 미륵사로도 불리웠다는 점에서 미륵사상과 도침과의 연관성을 유추하는 것이다.[89] 최근 연구에서는 도침과 같은 시대에 활동했던 인물들과의 관계를 통해 그의 불교사상을 유추하기도 하는데, 당시 대련사大蓮寺, 현 충남 예산 소재를 공동 창건했다고 전해지는 전법승 의각과의 관계를 전제로 도침의 불교 사상으로 호국·호법 사상을 강조 하기도 한다.[90]

위에서 언급한 대련사는 도침과 의각이 공동 창건한 것으로 전해지나 사료를 통해서는 확인되지 않는다.[91] 다만 1975년 법당인 원통보전을 해체, 복원하는 과정에서 대들보 속에서 도광 29년1849에 쓴 「대련사법당중수상량문」[92]이 발견되었는데, '本寺■■建始于新羅百濟之時본사■■건시우신

88　성주탁, 「백제승 도침의 사상적 배경과 부흥활동」, 『역사와 담론』 19·20, 1992, 23쪽.

89　이재준, 「백제의 멸망과 부흥전쟁에 대한 군사학적 연구」, 영남대 박사논문, 2017, 152~153쪽.

90　한지연, 「도침의 불교사상과 백제부흥운동」, 『한국불교학』 89, 2019, 224~230쪽.

91　대련사는 656년(의자왕 16) 도침과 의각이 공동 창건하였고, 845년(문성왕 7) 무염(無染)이 중창한 것으로 전해진다(http://encykorea.aks.ac.kr/Contents/Item/E0014305). 한지연은 본인 논문(「도침의 불교사상과 백제부흥운동」, 『한국불교학』 89, 2019, 225쪽)에서 근거 자료로 『역주 가람고』(류명환 역, 역사문화, 2016, 72쪽)를 인용하고 있는데, 해당 책에서 그 내용은 확인되지 않는다. 황철균은 도침이 의각과 함께 대련사를 창건하였다는 내용이 구전된 것으로 보았다(「7세기 백제 승려들의 활동」, 인하대 석사논문, 2014, 35쪽).

92　정확한 명칭은 「道光二十九年己酉三月十六日大蓮寺法堂重修上樑時記文」이다. 2020년 당시 예산군청 이강열 학예관으로부터 자료를 제공받아 원문을 확인하였다. 상량문에는 寺名의 유래, 조선시대에 수 차례 중수 사실 등이 언급되어 있었으나 두 사람의 공

라백제지시'라고 하여 백제 시대에 창
건된 것으로 기록되어 있다.[93] 따
라서 도침과 의각 두 승려 간의 사
상적 공통점을 언급하기에는 둘의
연관성을 뒷받침할 수 있는 사료
적 뒷받침이 좀 더 필요해 보인다.

3-① 옛 절의 사적기를 살펴보면
「원효방상량문」에 이르길
묘련의 제자 도침이 무왕의
조카 복신과 함께 무리를

도광 29년기 유3월 16일 「대련사법당중수상량시기문」
(예산군청)

모아 군대를 이끌고 이 산의 주류성에 머물며 반란을 일으켰다. 왕자
부여풍을 맞이하여 왕으로 삼고, 왜에 군대를 요청하여 수많은 병사와
배 4백여 척이 와 머물렀으니 그 기세가 대단하였다. 왜병은 백강 오른
쪽 언덕 산을 등지고 있는 대진촌에 진을 쳤는데, 이때 신라 문무왕이
김유신 등 28명의 장수를 이끌고 당군과 함께 수륙 양쪽에서 진격하
였다. 문무왕과 당군은 육로로 진군하였고 유인궤와 (별수)두상, 부여
융은 수군과 군량 실은 배를 거느리고, 웅진강에서 남하하였고, 뱃머
리를 우회하여 동쪽으로 향하여 백강으로 들어가 육군과 합세하여 함
께 주류성으로 진격하였다. 수군은 백강 어귀 기벌포에서 왜군을 만나

동 창건 사실은 확인할 수 없었다.

93 백제 때 창건된 사찰이라고는 하나 중앙에 배치되어 있는 탑은 고려 말기의 것으로 추
정된다(『충남지역의 문화유적 ─ 예산군편』 9, 백제문화개발연구원, 1996, 100~101쪽;
충청남도, 『문화유적분포지도 ─ 예산군』, 2001, 187쪽).

네 번 싸워서 모두 이기고, 그들의 배 4백 척을 불사르니, 연기와 불꽃이 하늘로 오르고 바닷물은 모두 붉은 빛이었으며, 적들은 후에 모두 궤멸되었다. 풍왕은 탈출하여 고구려로 도주하였고 좌평 여자신, 달솔(목소귀자), 억예복류, 곡나진수 등이 패하여 달아나 남하하였고 남은 무리들은 일본으로 도주하였다.

정벌한 지 13년 후인 병자년[676, 문무왕 16]에 나원효와 의상대사가 한뜻으로 이곳에 와서 절을 지었다. 백제의 흩어진 민심의 같고 다름이 화합한 것이니, 정업을 닦아 아미타불의 대원해大願海에 들어가게 한다 라고 하였다. 이는 여여노사의 기문에 누락되어 보완하여 밀영이 기록하였다.[94]

1979년 12월 개암사 불상 속에서 1640년 월파자 최경이 쓴 「법당중창기문」이 발견되었고, 3-① 「법당중수기문 별기」는 개암사 승려 밀영密英이 '원효방상량문'의 내용을 보완하여 기록한 것이다.[95] 별기에서 인용한 원효방상량문에 따르면 도침과 그의 스승인 묘련이 복신과 함께 이 지역

---

94 3-① 按古寺蹟記元莞房上樑文云 妙蓮之嗣道探與武王從子福信 聚衆率兵 據此山之周留城反 迎吉王子扶餘豊立爲王 乞師於倭 兵數量及船四百餘艘來據其勢大 據倭兵留陳於白江之右■背山之大陳村 於時王領金庾信等二十八將與唐兵水陸並進 王與請將陸路而進 劉仁軌杜爽及扶餘隆將水軍及糧船 自熊津出而南下 船首右回東向入白江 以會陸軍 同趨周留城 水師遇倭兵於白江之口伎伐浦 四戰皆捷 焚其舟四百 煙焰天 海水皆赤賊後盡潰 豊脫身而走竄高句麗 佐平余自信達率憶禮福留谷那晉首等潰走南向 餘其衆逃竄於倭 征討後十有三年 丙子余與湘師同途而來建精舍於此 百濟散民之心 同異和和而同同 修淨業爲入彌陀之大願海云 此卽如如老師 記文漏落而故補記密英識(「法堂重創記文別記」)
원문은 노도양 논문(「百濟 周留城考」, 『명대논문집』 12, 1979, 23쪽) 및 『사찰지』(전라북도, 1990, 472쪽) 참조.
95 노도양은 별기를 사료로 삼는데 지질, 필체, 동기 등 여러 가지 검토할 점이 적지 않음을 지적하면서, 다만 작성자 밀영이 활동한 17세기에 위와 같은 내용을 적은 문헌이 잔존하였을 것으로 추측하였다(「百濟 周留城考」, 『명대논문집』 12, 1979, 24쪽).

에서 부흥운동을 펼쳤고, 개암사가 그 운동의 중심이었다.[96] 도침과 묘련의 활동은 4-①, 4-②「부안군개암사연혁기」이하「연혁기」에 좀 더 자세하게 언급되어 있다.[97]

4-① 초창 묘련왕사

백제 무왕 35년 갑오년【지금으로부터 1265년 전이다】에 묘련왕사가 태자 풍장과 더불어 일본에서 돌아와 변산산성에 주석하여 이어 변한 전각을 사찰로 삼고 절은 (동쪽을) 묘암, (서쪽을) 개암이라 칭하니 고대 변한 도성이 삼보의 도량이 되었다. 백제 의자왕 20년[660]에 신라가 당과 연합하여 와서 백제를 공격하니 백제가 마침내 멸망하였다.【부여가 수도일 때이다】 3년 뒤인 계해년[663]에 백제 유민이 의기를 떨쳐 서해 연안에 진을 치고 일본에 원병을 청하며 의군과 주류장군으로 하여금 변산산성을 지키게 하고 풍장을 왕으로 세워 광복을 도모하고자 할 때 백제 의군이 일본 원병 수만 명과 함께 보안현을 거점으로 삼아 신라 세력에 저항하였다.

4-② ······백제병사와 일본 군대는 중과부적으로 패하고 뿔뿔이 흩어지니 이후 백제왕 풍장은 고구려로 도망갔고 주류장군과 묘련왕사와 승장 도림과 도침이 모두 신라군에게 해를 끼치니 사람들이 모두 탄식을 금치 못하였다. 이후로 신라는 묘련왕사를 적승이라 하여 세속에서 잘못 전해져

---

96 『개암사 대웅보전 수리실측조사 보고서』, 부안군, 2007, 73쪽.

97 「부안군개암사연혁기」는 1941년 당시 주지였던 주봉(舟峰)이 개암사의 연혁을 정리하여 기록한 필사본이다. 1책 13매로 이루어졌으며, 각 장마다 8행씩 「부안군변산개암사개산기」와 「변산개암사연혁기」, 「개암사괘불정조성연대급장광기」 세 편을 기록하고 있다. 이중 「변산개암사연혁기」에는 묘련왕사의 창건부터 원효의 중창, 화은선사의 7창까지의 연혁이 기록되어 있다(『개암사 영산회 괘불탱』, 문화재청, 2017, 158쪽).

시비가 바르지 않으니 천고토록 유감이 있게 되었다. 백제 유민이 전의 역사를 잊지 않고 성을 주류성이라 칭하고 절을 묘련사라 일컬었다. 절 주변에 묘련왕사를 위하여 탑을 세워 묘련왕지 4자를 새기니【王址는 곧 왕사가 머물렀던 곳을 의미한다】지금은 옮겨 현재 절의 응진당 앞에 있으니 희미해지고 떨어져 나갔지만 고적은 상고할 만하다…….[98]

4-①「연혁기」에 따르면 도침의 스승인 묘련은 왕사王師로 634년무왕 35 태자 풍장과 함께 일본에서 돌아와 부안 변산산성에 주석해 이를 사찰로 삼고 개암사를 창건하였다. 이후 663년 부흥운동군에 가담하여 풍장을 왕으로 세우고 나당연합군에 맞서 싸웠으나 수적으로 중과부적이었으며, 부흥운동 실패 후 풍장은 고구려로 도망쳤다. 4-②에 따르면 부흥운동에는 다수의 승려들이 승군으로 전투에 참여하였는데, 묘련은 왕사로서 도침은 승장僧將으로서 주류장군, 승장 도림과 함께 신라군에게 큰 피해를 입혔다. 이후 신라에 의해 묘련은 역승賊僧으로 불리었지만, 백제 유민들이 이를 잊지 못하여 성을 주류성이라 하고 절을 묘련사라 하였으며,

---

98　4-① 初創妙蓮王師
百濟武王三十五年甲午【距今千二百六十五年前】에 王師與太子豊璋으로 自日本歸來하야 住錫卞山山城하고 因卞韓殿閣하야 爲寺하고 寺稱妙巖開巖이라 하니 古代 卞韓都城이 幻作 三寶 道場矢로다 百濟 義慈王二十年에 新羅與唐으로 聯兵하야 來攻百濟하니 百濟遂은 하다【都扶餘時】後三年癸亥【新羅文武王三年日本天智天皇二年】에 百濟 遺民이 奮義하야 屯聚西海沿岸하야 請援兵於日本하고 使義軍將周留로 堅守卞山山城하고 立豊璋爲王하야 欲圖光復할새 百濟義軍이 與日本援兵數萬으로 據保安縣하야 抗拒 新羅勢力하다
4-② …濟兵及日兵이 寡不敵衆하야 遂至敗散하니 後百濟王豊璋은 逃竄高句麗하고 周留將軍과 妙蓮王師와 僧將道琳과 道琛이 盡爲羅將被害하니 令人不勝■嘆이로다 自後로 新羅稱妙蓮爲賊僧하니 世俗의 訛傳하야 是非不定이라 遺憾千古로다 百濟遺民이 不忘前史하야 城稱周留하고 寺稱妙蓮하고 寺邊에 爲王師立塔하야 刻妙蓮王址四字하니【王址云즉王師所居址之意也】今移在當寺應眞堂前하니 僑迷剝落이나 古蹟可考로다…
(「卞山開巖寺沿革記」)

절 주변에 왕사를 위해 탑을 세워 '妙蓮王址·묘련왕지' 4자를 새겼다고 한다. 그만큼 묘련은 백제 유민들에게 정신적인 지도자였으며, 영향력을 가지고 있었던 승려였다.

묘련은 개암사 뿐만 아니라 부안의 용화사를 창건한 것으로 전한다. 용화사는 사찰 명칭에서 미륵신앙과 관련이 있는 것으로 추측되며, 스승 묘련과 함께 부흥운동을 주도했던 만큼 도침 자신 또한 미륵신앙적 기반을 가지고 있었을 것으로 생각된다. 국난의 시기 도침은 스승 묘련과 미륵신앙을 통해 흩어진 민심을 수습하고 부흥군을 집결시키며 초기 부흥운동을 이끌어 나갔다.

3) 경흥憬興

경흥과 의영은 백제 멸망이후 신라 중앙 불교계에서 활동한 백제승이다. 경흥은 신라 불교계에서 국노國老의 위치에까지 올랐으며, 방대한 저술목록이 일본측 사료에 전한다. 국내 문헌은 『삼국유사』·『법화영험전』이 있고, 『삼국유사』 권제5 감통제7 경흥우성조 말미에 석 현본이 저술한 삼랑사비에 경흥의 전기가 있다는 기록이 있으나 전하지 않는다.[99] 『법화영험전』의 경우 『해동고승전』 권5를 인용하고 있지만, 현재 『해동고승전』은 2권만 전하고 있어 그 이상의 내용은 알기 어렵다. 경흥은 원효, 태현과 함께 통일신라시대 3대 저술가로, 각종 불교경론의 주석서를 저술했다.[100] 그러나 대부분 남아 있지 않고, 현존하는 저술은 『무량수경

---

99 『삼국사기』에는 박거물이 지었고 요극일이 쓴 것으로 기록되어 있다. 두 개의 비가 동일한 것인지는 알 수 없다.
朴居勿撰姚克一書三郎寺碑文(『三國史記』 卷第28 百濟本紀 第6 論曰)

100 김양순은 『東域傳燈目錄』(永超 撰)·『新編諸宗敎藏總錄』(義天 撰)·『注進法相宗章疏』(權律師 撰)·『法相宗章疏』(平祚 著)에 실린 경흥의 40여 종의 저서를 정리했다. 이 가

연의술문찬』·『삼미륵경소』·『금광명경최승왕경약찬』뿐이며, 방대한 저술목록이『신편제종교장총록』·『동역전등목록』·『주진법상종장소』·『법상종장소』에 전하고 있다.

의영의 전기나 활동은 알려져 있지 않다. 다만 일본 측 사료『동역전등목록』에 백제 승려 의영이『약사본원경소』 1권,『유가사지론의림』 5권을 저술하였다는 기록이 남아 있다.[101] 본문에서는 국내외에 비교적 기록이 상세한 경흥을 통해 백제 멸망 이후 신라 지역 활동한 백제승의 활동을 살펴보도록 하겠다.

1-① 신문왕대의 대덕 경흥은 성이 수씨水氏이고 웅천주 사람이다. 나이 18세에 출가하여 삼장에 통달하여 명망이 한 시대에 높았다. 개요 원년에 문무왕이 장차 승하하려고 하여 신문왕에게 유언을 남기기를 "경흥법사는 국사가 될 만하니 짐의 명을 잊지 말아라"라고 하였다. 신문왕이 즉위하자 국로로 책봉하고 삼랑사三郞寺에 살게 하였다.

1-② 갑자기 병이 나서 한 달이 넘었는데 한 비구니가 와서 그를 문안하고 『화엄경』 중 착한 친구가 병을 고친 이야기를 가지고 말하였다. "지금 법사의 병은 근심이 이른 바이니 즐겁게 웃으면 나을 것이다"라고 하고 곧 열한 가지의 모습을 만들고 각각 광대와 같은 춤을 추니 뾰족하기도 하고 깎은 듯 하기도 하여 변하는 모습이 이루 말할 수 없을 정도였다. 모두 너무 우스워 턱이 빠질 것 같았다. 법사의 병이 자기도 모르

운데 유식관련 저술이 17편, 정토 관련 저술이 12편,『열반경』 관련 저술이 4편으로 가장 많은 저술을 남긴 분야는 유식사상과 정토사상 분야이다(「憬興의 無量壽經連義述文贊研究」, 한국학중앙연구원 박사논문, 2009, 12~14쪽).

101 同經疏一卷百濟義榮師述(『東域傳燈目錄』弘經錄 衆經部)
　　 同義林五卷 東云六卷 沙門義榮撰 云抄六卷(『東域傳燈目錄』講論錄三)

게 나왔다. 비구니는 드디어 문을 나가서 곧 남항사【삼랑사 남쪽에 있다】로 들어가 숨어버렸는데 가지고 있던 지팡이는 십일면원통상十一面圓通像 탱화 앞에 있었다.

1-③ 어느 날 왕궁에 들어가기 위해 시종이 먼저 동문 밖에서 채비하였다. 안장과 말이 매우 화려하고 신과 갓이 다 갖추어져서 행인들이 그것을 피하였다. 한 거사【혹은 사문이라고도 한다】가 행색이 남루하고 손에 지팡이를 짚고 등에 광주리를 이고 와서 하마대下馬臺 위에서 쉬고 있었는데 광주리 안을 보니 마른 생선이 있었다. 시종이 그를 꾸짖어 "너는 중의 옷을 입고 있으면서 어찌 더러운 물건을 지고 있는 것이냐"라고 하였다. 중이 말하기를 "그 살아 있는 고기를 양 넓적다리 사이에 끼고 있는 것과 삼시三市의 마른 생선을 등에 지는 것이 무엇이 나쁘단 말이냐"라고 하고, 말을 마치고는 일어나 가버렸다. 경흥이 바야흐로 문을 나오다가 그 말을 듣고 사람을 시켜 그를 쫓아가게 하였는데 남산 문수사의 문밖에 이르자 광주리를 버리고 사라졌다. 지팡이는 문수상 앞에 있었고 마른 생선은 곧 소나무 껍질이었다. 사자가 와서 고하니, 경흥은 그것을 듣고 한탄하여 "대상大聖이 와서 내가 짐승을 타는 것을 경계하였구나"라고 하고 죽을 때까지 다시 말을 타지 않았다.

1-④ 경흥의 덕이 풍긴 맛은 승 현본玄本이 찬술한 「삼랑사비」에 갖추어 실려 있다. 일찍이 『보현장경』을 보니 미륵보살이 말하기를 "내가 내세에 당하여 염부제에 태어나서 먼저 석가의 말법 제자를 구제할 것인데 오직 말을 탄 비구는 제외하여 부처를 볼 수 없게 할 것이다"라고 하였으니 어찌 경계하지 않겠는가.

찬하여 말한다. 옛 어진 이가 모범을 드리운 것은 뜻한 바 많았는데 어찌하여 자손들은 덕을 닦지 않는가. 마른 고기 등에 진 건 오히려 옳은

일이나 다음날 용화龍華를 저버릴 일 어찌 견디겠는가.[102]

2-① 신라 경흥국사가 경주 삼랑사에 있을 때, 병이 나 오랫동안 낫지 않았다. 하루는 한 비구니가 찾아와 국사 뵙기를 청하였다. 제자가 그를 국사께 인도하여 뵙게 하였더니 비구니가 국사에게 말했다. "국사께서는 대법大法을 깨달으셨지만, 사대四大가 합하여 몸이 되었으므로 어찌 병이 없으실 수 있겠습니까? 병에는 네 가지가 있는데, 다 사대에서 생겨납니다…… 지금 국사의 병환은 약으로 다스려 치료될 것이 아닙니다. 우스꽝스러운 놀이를 구경하시면 병이 나으실 것입니다."

이에 여러 사람이 스물한 가지의 탈을 만들어 쓰고 춤을 추었다. 국사는 그 야릇하고 괴상한 모습을 보고 기뻐서 웃다가 부지중에 병이 다 나았다. 비구니가 떠나자 국사는 사람을 시켜 그 뒤를 따라가 보게 하였다. 비구니는 남화사 불전으로 들어가 사라졌는데, 그가 가지고 있던 대나무 지팡이가 십일면관세음보살상 앞에 놓여 있었다.[103]

102 1-① 神文王代大德憬興姓水氏 熊川州人也 年十八出家遊及三藏望重一時 開耀元年文武王將昇遐顧命於神文曰 憬興法師可爲國師 不忘朕命 神文即位 曲爲國老 住三郎寺
1-② 忽寢疾彌月 有一尼来謁候之 以華嚴経中善友原病之說爲言曰 今師之疾憂勞所致喜笑可治 乃作十一樣面貌各作俳諧之舞 巉巖成削變態不可勝言 皆可脫頤 師之病不覺洒然 尼遂出門乃入南巷寺 寺在三郎寺南 而隱 所將杖子在幀畫十一面圓通像前
1-③ 一日将入王宮從者先備於東門之外 鞍騎甚都靴笠斯陳行路爲之辟易 一居士 一云沙門 形儀疎舉手杖皆筐来憩於下馬臺上 視筐中乹魚也 從者呵之曰 爾着緇奚負觸物耶 僧曰 與其挾生肉於兩服間皆真三市之枯魚有何所嫌 言訖起去 興方出門聞其言使人追之 至南山文殊寺之門外抛筐而隱 杖在文殊像前 枯魚乃松皮也 使来告 興聞之嘆曰 大聖来戒我騎畜爾 終身不復騎
1-④ 興之德馨遺味俻載釋玄本所撰三郎寺碑 嘗見普賢章經彌勒菩薩言 我當来世生閻浮提先度釋迦末法弟子 唯除騎馬比丘不得見佛 可不警哉
讚曰 昔賢垂範意弥多 胡乃児孫莫切瑳 背底枯魚猶可事 那堪他日負龍華(『三國遺事』卷第5 感通 第7 憬興遇聖)

(1) 경흥의 등용

사료 1-①을 통해 경흥의 생애를 간략하게나마 알 수 있다. 경흥의 성은 수씨水氏이고 웅천주 출신이다. 18세에 출가했으며, 명망이 한 시대에 높았다고 한 점으로 보아 백제 멸망 이전에도 이름이 알려진 승려였던 것으로 보인다. 신문왕은 부왕인 문무왕의 유언을 받들어 즉위하자마자 그를 국노로 등용했고 이후 삼랑사에 주석하게 했다.

경흥의 집안에 대해 수씨가 백제의 대성팔족[104]에 속하지 않고, 웅천주 출신으로 왕경인이 아니라는 점에서 그를 백제의 지배 귀족이 아닌 중소 귀족 가문으로 보기도 한다.[105] 한편, 경흥의 생몰년을 추정해 보면, 사료에서는 정확히 언급되어 있지 않다. 다만, 신라 말 무염, 수철, 행적, 심희 등이 국사가 되었을 때 연령이 50세 후반에서 60세 이상이라는 점에서 경흥이 국노로 임명받았을 때의 나이를 50대 후반에서 60세 전후로 가

---

103 2-① 新羅憬興國師 住京師三郞寺 病久不瘳 有一尼請看 門人引視之 尼曰師雖悟大法 合四大爲身 豈能無病 病有四種 從四大生…今師之病 非藥石所療 若觀戲謔事則理矣 於是作十一樣面而舞之 師視詭譎之態 頗歡悅 不知病之去也 尼出師使跡之 入南花寺佛殿而隱 其所持竹杖 在十一面觀音像前(出海東高僧傳第5)(『法華靈驗傳』卷下 第14段 觀世音菩薩普門品 顯比丘尼身)

104 백제의 대성 8족에 대해 기록한 중국역사서『수서』·『북사』·『신당서』등에 기록되어 있는데, 8개 성씨에 대한 내용이 저마다 조금씩 다르다.『수서』와『신당서』에는 사씨(沙氏)·연씨(燕氏)·협씨(劦氏)·해씨(解氏)·정씨(貞氏)·국씨(國氏)·목씨(木氏)·백씨(苩氏)로 기록되어 있다.
國中大姓有八族 沙氏·燕氏·劦氏·解氏·貞氏·國氏·木氏·苩氏(『隋書』卷81 列傳 第46 東夷)
大姓有八 : 沙氏·燕氏·劦氏·劦氏·解氏·貞氏·國氏·木氏·苩氏(『新唐書』卷220 列傳 第145 東夷)

105 김수태,「백제 의자왕대의 불교-경흥을 중심으로」,『백제문화』41, 2009, 111쪽. 그러나 水氏를 木氏로 보아 대성팔족의 하나로 보는 견해도 있다(김복순,「수당의 교체정국과 신라불교계의 추이」,『한국고대사연구』43, 2006, 180쪽; 박찬흥,「삼국유사 감통편 '경흥우성'조를 통해 본 경흥의 생애」,『신라문화제학술발표논문집』32, 2011, 67쪽).

정하여 생몰연대를 620~700년 경으로 추정할 수 있다.[106]

위의 생몰년 추정을 따른다면, 경흥은 18세가 되던 638년무왕 39 경 출가한 것으로 볼 수 있으며, 백제가 멸망한 660년에는 40세 전후로 한창 활동할 시기이다. 따라서 경율론 삼장에 통달한 경흥의 이름이 당시 신라에까지 알려졌을 가능성이 높으며,[107] 통일 이후 어느 정도 정치적 상황이 안정된 후 신라 왕실에서 경흥을 등용한 것으로 볼 수 있다.

신문왕은 즉위 직후 부왕의 유지를 따라 경흥을 국노國老에 임명했고, 삼랑사에 그를 주석하게 했다. 사료 1-①에서 애초에 문무왕은 그를 국사國師에 등용하고자 하였으나 그 뜻을 이루지 못했고, 신문왕이 즉위해서야 그를 국노에 임명할 수 있었다.[108] '국사'와 '국노' 두 직책에 대해 같은 급으로 보는 견해[109]와 차등적인 직책으로 보는 견해로 나뉘는데, 후자의 경우

---

106 한태식, 「경흥의 생애에 관한 재고찰」, 『불교학보』, 1991, 190~192쪽; 김수태, 「백제 의자왕대의 불교―경흥을 중심으로」, 『백제문화』 41, 2009, 110~113쪽. 渡辺顕正은 620~700년경으로 추정했고(「憬興師の無量寿経第十八願観」, 『印度學佛教學研究』 34-1, 1985, 128쪽), 박찬흥은 620~630년경에 태어나 710년경 입적한 것으로 추정했다. 김양순 역시 620~700년경으로 보았는데, 특히 입적연대를 추정하는 데 있어 경흥이 말년에 저술한 『무량수경연의술문찬』에서 인용된 저서들이 모두 695년을 전후로 저작되었다는 점에서 그의 입적연대를 좀 더 확고하게 하였다(「憬興의 無量壽經連義述文贊 研究」, 한국학중앙연구원 박사논문, 2009, 8~9쪽). 박광연은 경흥이 『金光明最勝王經』의 주석서를 남기고 있는 것으로 보아 8세기 초반까지 활동한 것으로 보고 있는데, 『金光明最勝王經』은 의정이 703년 번역하였고, 704년 4월 김사양이 신라에 들여왔기 때문이다(「신라 법화사상사 연구」, 이화여대 박사논문, 2009, 80쪽).

107 경흥은 통일신라 정부의 백제유민의 민심수습 차원에서의 등용된 것이 아닌 뛰어난 불교학적 능력으로 등용된 것으로 볼 수 있다(박찬흥, 「삼국유사 감통편 '경흥우성'조를 통해 본 경흥의 생애」, 『신라문화제학술발표논문집』 32, 2011, 13쪽).

108 국사와 국노는 고려시대의 경우 서로 통용되었다(박찬흥, 「三國遺事 감통편 '경흥우성' 조를 통해 본 경흥의 생애」, 『신라문화제학술발표논문집』 32, 2011, 71쪽). '국노'라는 명칭은 『삼국유사』와 『삼국사기』를 통틀어 『三國遺事』 卷第5 感通第7 憬興遇聖에서만 보이고 있고, '국사'라는 명칭은 『삼국유사』에서 다수 보인다.

109 박찬흥, 「삼국유사 감통편 '경흥우성'조를 통해 본 경흥의 생애」, 『신라문화제학술발표

는 신문왕이 부왕인 문무왕의 유언에 따라 경흥을 국사로 모시려 했으나 신라계의 대신이나 불교계로부터 강한 반발을 받았고, 그 대안으로 국사가 아닌 국노에 임명한 것으로 추정하는 것이다. 그리고 신라불교계의 반발 원인으로 경흥이 백제유민이라는 점을 지적하였다.[110] 경흥은 동시대에 활동한 도침과 달리 부흥운동에 가담하지 않고 있다는 점에서 최소한 신라에 적대적인 성향은 없었던 것으로 추정할 수는 있으나, 백제 시대 활동에 관한 내용이 없고, 신라에서 활동 당시에도 백제에 관한 언급이 전혀 없다는 점에서 의자왕대 정권에 비판적인 부류로 보는 것은 어려울 것 같다.[111] 오히려 경흥은 백제 의자왕대나 신라 신문왕대에 등용된 이후에도 정치적으로 중립적 입장을 고수했던 것으로 생각한다.

그럼에도 불구하고 경흥은 백제인이라는 이유로 문무왕대에 '국사'로 등용되지 못하였고, 신문왕대에 와서야 '국노'로 등용될 수 밖에 없었다. 또한 국노에 등용된 이후에 교단의 수장으로서 그 역할을 수행하는 데 많은 어려움을 겪었다.

사료 1-②, 1-③의 일화에서 경흥에 대한 경주인들의 부정적인 인식을 볼 수 있다. 특히 두 번째 일화 속에서 고승인 경흥이 무명의 승려에게 질책을 듣는 것은 자리에 어울리지 않는 모습이며, 신라 승려들의 조소적인 일면으로 해석되기도 한다.

경흥은 신라 왕권의 의해 높은 직책에 등용되었지만 경주 지역 및 신

논문집』 32, 2011, 72쪽. 박윤진 역시 여러 사료에서 국사가 국로로 불리고 있었다는 점에서 어감의 차이는 있지만 유사한 의미로 사용되었다고 보았다(박윤진, 「고려시대 왕사국사 연구」, 고려대 박사논문, 2005, 13쪽).

110 한태식, 「경흥의 생애에 관한 재고찰」, 『불교학보』 28, 1991, 190~192·197~201쪽.

111 김수태는 백제 유민으로 통일신라시대에 들어와서 활동한 인물들을 성향에 따라 의자왕대의 정치에 비판적인 부류와 백제 멸망에 기여한 인물로 나누었고, 경흥을 전자의 인물로 구분하였다(「백제 의자왕대의 불교」, 『백제문화』 41, 2009, 112쪽).

라 중앙 교단 내에서 지지 세력이 미약했고, 그 결과 신라의 중앙 교단 및 경주인들에게 크게 환영받지는 못한 것으로 보인다. 이로 인해 백제 승려인 경흥이 적극적으로 대외활동을 하기는 어려웠을 것이며, 연구 및 저술 활동에 매진하게 된 것으로 생각된다.

(2) 경흥의 불교사상

경흥은 통일신라시대 3대 저술가로 불릴 만큼 왕성한 저술 활동을 하였다. 유식 관련 저술이 가장 많아 유식 승려로 분류되며, 『미륵경』에도 관심이 있었다. 인도, 당의 유식 승려들이 미륵신앙자였으므로 신라의 유식 승려들도 미륵신앙자로 볼 수 있다.[112]

한편 신라 중대 승려, 지식인층에게 도솔정토신앙이 중심이 되었고, 기층민과 망자를 위한 신앙으로는 아미타신앙이 행해졌다.[113] 경흥은 하생신앙보다 상생신앙이 우월하다고 보았는데, 삼국통일 이후 왕권을 중심으로 변화되어 가는 중대왕실에서 경흥의 미륵불 신앙은 더 이상 주목받을 수 없었다.[114] 이에 대한 반론으로 경흥의 『삼미륵경소』의 도솔천 왕생 분석을 통해 경흥이 신분에 상관없이 모든 인간은 품에 따라 적절한 방법을 통해 도솔천 왕생을 할 수 있으며, 그 방법에 있어서도 삼매수행 등

---

112 신라 중대 많은 미륵 경전의 주석서가 편찬되었다. 경흥의 『삼미륵경소』와 『무량수경연의술문찬』, 원효의 『미륵상생경종요』에 나타난 사상의 차이를 비교해 보면, 원효가 아미타불이 머무는 극락이 미륵이 머무는 도솔천보다 왕생하기 쉽고 더 우월하다고 하여 미타신앙을 강조한데 반해 경흥은 그 잘못을 논파하고 미륵신앙도 그에 못지 않음을 강조하였다고 보았다. 이에 따르면 경흥의 신앙은 미륵신앙이 중심이며 그 가운데에서도 도솔천상생신앙으로 볼 수 있다(박광연, 「경흥 삼미륵소의 도솔천 왕생관」, 『한국사연구』 171, 2015, 1~2쪽).

113 김남윤, 「신라미륵신앙의 전개와 성격」, 『역사연구』 2, 1993, 22~23쪽·25쪽.

114 김수태는 경흥이 신분적으로 중소귀족 출신이기에 미륵상생신앙을 우월한 것으로 파악하였다고 보았다(「백제 의자왕대의 불교」, 『백제문화』 41, 2009, 116~119쪽).

의 어려운 방법보다는 미륵보살의 이름을 듣고 형상을 만들고, 탑을 청소하고 향, 꽃 등을 공향하고 발원하는 등의 쉬운 방법을 제시함으로써 미륵신앙을 교화의 방편으로 활용했음을 지적하기도 한다.[115] 그러나 이와 같은 방법들을 통해 경흥이 실제 대중교화 활동으로 이어지기는 어려웠을 것이다. 사료 1-②, 1-③에서 경주인들은 경흥에 대해 존경보다는 조롱에 가까운 부정적 인식을 가지고 있었고, 경주 지역 및 교단 내에 지지 기반이 약한 경흥이 자신에게 반감을 가지고 있는 이 지역에서 적극적으로 대중교화 활동을 하기에는 많은 제약이 있었을 것으로 생각된다.

경흥은 백제 멸망 이후 신라 중앙 불교계에 국노로 등용되어 교단 내에서 높은 지위에 올랐으며, 왕권의 비호를 받으며 신라에서의 활동을 이어 갔다. 그러나 신라 경주인과 불교계는 백제 출신 승려 경흥을 받아들일 만큼 유연하지 못하였고, 경흥은 국노의 자리에 올랐지만 존경받지 못했다. 또한 미륵 사상적 측면에서 신앙적으로 누구나 쉽게 실천할 수 있는 방편들을 제시했지만, 현실적으로 그의 사상은 신라 사회에 널리 받아들여지기 어려웠다.[116] 경흥의 교학은 신라 불교계에서 주류가 되지는 못하였지만, 그가 남긴 많은 저술들을 통해 백제의 불교 사상이 신라 불교 사상에 영향을 끼친 것은 분명한 사실이다.

---

115 박광연, 「경흥 삼미륵소의 도솔천 왕생관」, 『한국사연구』 171, 2015, 15쪽.

116 김영미는 경흥에 대한 부정적인 인식의 결과 그의 사상이 신라사회에서 널리 받아들여지지 못한 것으로 보았다(「신라 중대 초기 승려들의 인간관과 사회인식」, 『역사와 현실』 12, 1994, 128쪽).

4. 국내승 활동의 특징과 성격

백제는 승려들의 해외 파견을 통해 다양한 불교 사상 및 교학을 빠르게 도입함으로써 다양하고 균형잡힌 불교발전을 이룰 수 있었다. 그리고 구법승들에 의해 본격적으로 도입된 불교 사상과 교학은 국내승들의 연구에 힘입어 심화, 발전되었다. 특히 입축 구법승 겸익이 인도에서 도입한 계율 불교와 입화 구법승 발정, 현광에 의해 도입된 법화 불교는 국내승 담욱과 혜인의 주석서 편찬 및 혜현에 의한 종합적 연구를 통해 백제의 대표적인 불교 사상으로 확립되었다.

담욱과 혜인은 백제에서 번역된 율장 '율부'에 대해 주석서 '율소'를 저술함으로써 중국의 영향에서 벗어난 독자적인 백제 계율 불교를 성립시켰다. 또한 541년 양에 『열반경』의 주석서인 경의를 요청하는 것으로 보아 백제에서는 원전에 대한 연구가 지속적으로 이루어진 것으로 보이며, 이후 백제 계율은 이후 일본으로 건너 간 다수의 백제 전법승들에 의해 일본 내 계율불교 발전에도 영향을 끼쳤다.

혜현은 구법승 발정, 현광이 가져 온 관음신앙과 법화삼매 수행을 연구, 종합함으로써 법화 불교를 완성하였다. 또한 담혜가 도입한 삼론학을 연구하고 이를 강학함으로써 삼론에 대한 관심을 대중들에게까지 확산시켰다. 혜현의 사상과 교학은 그가 국내 지역에서만 활동했음에도 불구하고 중국에까지 알려질 만큼 수준 높은 것이었다. 이와 같이 국내승들이 해외 구법활동 없이 순수 국내에서의 연구를 통해 수준 높은 백제 불교를 완성할 수 있었던 것은 앞서 해외에 파견된 구법승들의 노력이 더해져 이뤄낸 결과라고 할 수 있다.

한편 백제에서는 계율 및 법화 불교와 더불어 미륵신앙이 성행하였다.

지명의 미륵사 창건을 통해 본격적으로 성행한 것으로 볼 수 있으며, 백제 멸망 이후 부흥운동에 가담한 도침과 신라 불교계에서 활동한 경흥의 사상에서도 미륵신앙의 흔적을 찾을 수 있다.[117]

백제의 불교가 삼국 중 가장 융성하게 발전하는 데 있어 국내승과 구법승은 어느 하나 없어서는 안되는 동량이었다. 〈표 7〉은 구법승의 귀국 후 활동과 국내승 활동의 상반된 특징을 비교 정리한 것이다.

〈표 7〉 구법승·국내승 활동 비교

	구법승	국내승
활동 지역	지방	중앙 및 주요 거점 지역
국내활동의 성격	제자 양성 및 대중교화를 통한 불교의 지역적 확산에 기여	친왕적, 정치 외교에 적극적 참여

앞서 제1장에서 구법승들이 귀국 후 대중교화를 중시, 중앙보다는 지방에서의 활동을 통해 불교의 지역적 확산 및 대중화에 기여하였음을 살펴본 바 있다. 이와 달리 국내승은 중앙 및 주요 거점에서 지역 및 교단적 기반을 바탕으로, 왕권과 친밀한 관계를 유지하며 활동하였다. 이와 같은 특징은 혜현과 지명의 경우에서 확인할 수 있다. 먼저 혜현의 경우, 기존의 불교사상사적 연구에서는 현광과 함께 불친근처의 은둔적 법화 승려로 규정하고 있다. 그러나 혜현이 달라산으로 은둔하기 전 오랜 기간 주석해 활동한 수덕사는 국방상 중요한 위치이자, 교통의 요지에 위치한 주요 사찰이라는 점, 그리고 활동 당시 그의 강학을 듣고자 많은 사람들이 이곳으로 모여들었다는 점에서 수덕사 활동기의 혜현은 은둔적 법화 승

---

117 도침의 경우 그의 불교 사상을 알 수 있는 자료가 거의 없지만, 스승 묘련과의 관계를 통해 찾아보고자 하였으며, 묘련은 용화사를 창건했다는 점에서 미륵신앙과의 관련성을 생각해 볼 수 있을 것 같다.

려라기보다는 오히려 교단 내 확고한 지지 기반을 확보하고 있는 친왕적 법화 승려로 볼 수 있다.

지명은 백제와 신라 왕실 간 혼사에서 외교적 역할을 담당하였고, 무왕 즉위 이후에도 왕실의 자문 역할을 담당하며, 왕권과의 밀접한 관계하에 활동하였다. 또한 익산 지역 및 교단 내 확고한 기반을 바탕으로 미륵사와 같은 대규모 사찰 창건을 주도하였다.

정리하면 당시 국내승 혜현과 지명의 활동 지역은 왕권과 관련 높은 주요 지역이었고, 두 사람은 그 지역에서 명성 높은 승려였다. 또한 교단 내에서도 확고한 지지 기반을 확보하고 있었던 것으로 볼 수 있다. 특히 무왕과 선화왕후의 자문 역할을 담당하며 대규모 불사 창건 등을 주도하는 지명의 활동은 친왕권적인 정치적 성향을 보여주는 것이다.

백제는 인도·중국 국외에서의 구법승 활동과 백제 내에서 국내승 활동을 통해 다양한 사상과 교학, 신앙이 유행하였고, 균형 잡힌 불교 발전을 이룰 수 있었다. 또한 국내외에서의 불교적 발전을 통해 문화적 자존감을 높일 수 있었다. 나아가 당시 불교의 불모지인 일본에 많은 전법승들을 파견하여 백제의 선진적인 불교 문화와 사상을 전달함으로써 고대 일본의 불교 수용 및 발전에까지 직접적인 영향을 끼치게 된다.

제3장

백제 불교의 확산과 전법승傳法僧의 활동

불교는 4세기 무렵 마라난타, 묵호자, 아도, 등 천축승들에 의해 우리나라에 전해졌다. 삼국은 고대 동아시아 지역에서 종교, 사상, 문화를 전달하는 중간 매개자 역할을 수행하였는데, 그중 백제의 영향력은 6세기 중반에서 7세기 말까지 적어도 1세기 동안 일본의 문화 생산을 지배했으며 불교가 일본에 전파되는 주요 흐름을 형성했다.[1]

또한 일본의 고대 불교 발전에 있어서 백제 전법승들의 활동은 삼국 중 가장 활발하였지만, 관련 승려들에 대한 기록이 국내에는 거의 남아 있지 않아 대부분 일본 측 사료에 의지할 수 밖에 없다.

일본 측 사료에는 백제 관련 승명이 삼국 중 가장 많이 언급되고 있을 만큼 많은 백제승들이 전법을 목적으로 일본으로 건너갔다. 전체 백제 전법승의 활동은 전법 활동의 특징에 따라 3기로 나누어 살펴볼 수 있다. 1기550~600는 일본에 불교가 공인된 시기이다. 『일본서기』에 따르면 552년 백제 성왕에 의해 일본에 불교가 공식적으로 전해졌으며, 불·법·승 삼보가 전해졌다. 이후 율사, 선사, 비구니, 주금사 등의 전문인력과 조불공造佛工, 조사공造寺工 등 불사 창건과 관련된 백제의 대규모 인력이 일본으로 파견되어 백제의 불교적 영향력이 매우 강했던 시기이다.[2] 담혜, 도심, 풍

---

1 로버트 버스웰(Robert E. Buswell)은 백제가 불교 문화를 일본 열도에 전파하는 데 수행한 역할은 일본의 전체 역사에 끼친 두 가지 가장 중요한 영향 가운데 하나로, 19세기에 일본이 서양 문화와 만난 사건만이 이에 필적하는 것으로 보았다(「동아시아의 맥락에서 본 한국의 불교사상」,『불교학보』60, 2011, 223쪽).

2 1기는 백제 사비시기(538~660)에 해당하며, 『일본서기』 백제 관련 기사를 분석해 보면 한성시대 35건, 웅진시대 29건, 사비시대 141건, 백제 멸망이후 74건으로 사비시대의 기사건수가 가장 많다. 그중 외교기사(101건) 다음으로 문화기사(22건)가 많으며, 이는 『일본서기』 전체 문화기사 31건 중 70%에 해당하는 것으로 이 시기 양국 간 문화

국, 혜총 등이 이 시기에 도일하였으며, 특히 588년의 경우 두 차례에 걸쳐 사찰 조영과 관련하여 대규모 기술자 집단과 함께 많은 백제 전법승들이 도일하였다.

2기600~660는 앞서 삼보 전래 및 사찰 창건 이후 불교 교단의 정비가 이루어지는 시기이다. 관륵은 일본 최초로 승정제를 도입함으로써 교단을 정립하였고 초대 승정에 임명되었다.

이 시기 전법승 관륵과 함께 일본 불교 교단에서 두드러진 활동을 보인 것은 이곳에 정착하여 토착화된 백제 도래인 출신 승려인 '도래승'들이다. 이들은 대부분 중국 구법활동을 다녀 온 후 십사十師, 사주寺主, 국박사 등의 요직에 임명되면서 일본 불교 교단을 이끌어 나갔다. 이처럼 초기 일본 불교 교단의 확립은 도일 전법승 및 도래승 등의 백제계 승려들이 주도하였다.[3] 그 외에 이 시기 활동한 전법승으로 독송을 통해 병을 낫게 한 인물로 법기산사에 머물며 대승경의 신주神呪를 지송한 다상, 유마힐경을 독송한 비구니 법명 등이 있다.

3기660년 이후는 백제 멸망 이후 사비성 함락 또는 백제부흥운동 종료 시점에 유민들과 함께 일본으로 건너 온 경우이다. 앞서 1, 2기에 도일한 백제 전법승들이 국가적 차원에서 환대를 받고 일본 불교계에서 주도적인 역할을 담당했다면, 3기의 전법승들은 기존의 중앙에서의 지배층 중심의 전법 활동과 함께 전법대상 및 지역을 확장시켜 불교 대중화와 지역적 확산에 기여하였다. 즉 도장, 도녕은 기우제를 통해 왕실과의 긴밀한 관

교류가 가장 활발하였음을 알 수 있다(심경순·이재운, 「일본서기 백제 관련 기사의 역사적 가치에 대한 검토」, 『전북사학』46, 2015, 59·65쪽).

3 10師의 10명 중 혜묘, 승민, 상안, 혜린, 혜지 5명이 백제승이었고, 이중 승민, 혜묘는 백제사 사주에 임명되었다. 또한 중국 유학을 다녀 온 승민, 청안의 경우 대화개신에 참여해 정치적으로 고문 역할을 담당하기도 하였다.

계속에서 중앙에서 활동하였고, 의각은『반야심경』의 독송을 통해 이적을 보임으로써 대중을 교화하였다.

<표 8> 백제 전법승

구분	승명	도일시기	활동내용
1기 (550~600)	담혜, 도심	554	-담혜, 양(梁)에서 구법활동 후 백제 귀국. 이후 도심과 함께 전법을 위해 도일(554) -성실, 삼론 정통
	풍국(법사)	-	-궁에서 설법(587) -성덕태자, 중산사 창건 후 풍국법사를 초청하여 공양도사(供養導師)로 삼고 이후 주지(住持)를 맡김
	혜총, 영근, 혜식	588(1차)	-불사리 전달. 소아마자에게 계법 전수
	영조율사, 영위, 혜중, 혜숙, 도엄, 영개, 혜훈	588(2차)	-조를 진상하고 불사리, 사공(寺工), 노반박사 등 대규모 기술자단 파견
	혜총	595	-성덕태자의 스승(595) -혜자와 법흥사 공동 주석(596)
	혜균[4]	-	-558~600년 사이 법랑을 만나 삼론학 사사 -승정 역임 -『대승사론현의기』 저술
2기 (600~660)	관륵	602	-원흥사 주석 및 후학양성 -성덕태자 스승 -천문역법 전달 -일본 초대승정 임명(624) -제자 지봉에게 입당(703) 권유
	도흔, 혜미	609	-풍랑으로 일본에 도착 -원흥사 주석
	다상(다라상)	642~645	-태황후년간(642~645) 도일
	법명	-	-고시군(高市郡)의 법기산사에 머물며 대승경의 신주(神呪)를 지송 -유마힐경 독송(656)을 통해 겸자련(鎌子連)의 병을 낫게 함
	각종	660	-외교사절로서 도일

---

4   혜균은 한동안 중국 승려로 추정되어 왔으나 연구성과를 통해 백제 승려로 간주되고 있다. 혜균의 생몰년대는 625년경 입적한 것으로 추정된다(장석영, 「백제 혜균이 중국 불교에 미친 영향」,『한국불교사연구』11, 2017, 243쪽).

구분	승명	도일시기	활동내용
3기 (660~700)	의각	663	-구법활동(652) -향천사 창건(656) -백제사 주석 -반야심경 수지독송
	도장	673~686	-백봉연간(673~686) 도일 -기우제 2회 실시(684, 688) -향천사 중건(703) -성실론소(16권) 저술
	도녕	-	-기우제 실시(684)
	상휘	-	-봉호 30호를 하사받음(686) -금강반야경 강의
	법장	-	-백출을 다려 바치고 상을 받았으며, 같은 해 왕을 위해 초혼제를 지냄(686) -은을 하사받음(692) -화엄승법계도(1권) 편찬
	방제(홍제)	-	-삼곡군주(三谷郡主)의 사찰 조성을 도움
	원세, 원각	690	-사승관계. 고관사 주석

백제 전법승을 시기별로 정리하면 〈표 8〉과 같다. 가장 많은 전법승이 도일한 시기는 1기로 14명이며,[5] 2기 6명, 3기 9명 총 29명의 전법승이 도일하였다. 그중 사료상 도일 사실이 분명하고, 전법 활동을 통해 일본 불교 발전에 큰 영향을 끼친 전법승 1기 담혜·도심, 혜총, 2기 관륵, 3기 의각, 도장을 중심으로 살펴보도록 하겠다.

전법승과 함께 일본 내 불교 전파에 일익을 담당한 것은 도래승들이다. 일본내에서 활동한 백제승들은 도일한 전법승과 일본에 정착해 토착화 된 도래인 후예 승려인 도래승으로 구분할 수 있다.[6]

---

5   588년 도일한 혜총과 595년 도일한 혜총은 동명이인으로 간주함.

6   '도래계' 용어와 관련 한래계(청목간), 도왜계(박재용) 등의 용어가 혼용되어 쓰이고 있다. 박해현은 '도래인'과 '유민'을 전자는 대화(大化) 이전 마한, 백제에서 일본으로 건너가 고유 직능을 바탕으로 기반을 잡은 씨족, 후자는 660년 백제 멸망 후 일본으로 건

도래인은 백제, 고구려, 신라 등 여러 나라에서 이주해 온 사람을 일컫는 단어이지만, 대부분 '백제'인으로 일본에 건너온 사람을 지칭한다.[7] 그리고 몇몇 도래씨족은 일본 내 다양한 분야에서 활약하며 유력한 가문으로 자리잡았고, 일본 고대 불교 발전에 많은 기여를 하였다. 위의 〈표 8〉에서 정리한 전법승과 별도로 토착화된 도래인의 후예 승려, 즉 '백제계 도래승'을 정리하면 〈표 9〉와 같다.

〈표 9〉 백제계 도래승

승명	중국 구법시기	활동내용
승민 [일문, 민법사]	608~632	-중국 구법활동(608~632) -귀국 후 10사에 임명(645), 대화(大化) 초 국박사 임명 -아담사에서 입적(653)
혜은	608~639	-혜은법사. 중국 구법활동(608~639) -무량수경강설(640, 652)
청안[청안]	608~640	-중국 구법활동(608~640) -귀국 후 학당 개설, 유학 강설
청안[청안]	608~640	-대화개신 관여
광제	608~?	-중국 구법활동(608)
혜묘	추고말~644?	-중국 구법활동(추고말, 628년경) -길장 문하에서 수학 -귀국 후 10사 임명(645). 백제사 사주 임명 -681년 입적

너간 백제 유민과 그 후손들로 구분, 정의하였다. 또한 행기를 '토착화된 도래인 후예'로 분류하였다(「백제계 도래인 정체성에 대한 일고찰」, 『선사와고대』 70, 한국고대학회, 2022, 7쪽). 본문에서 살펴볼 도래승 도소는 행기와 같은 '토착화된 도래인 후예'로 볼 수 있으며, 본서에서는 토착화된 도래인 후예 승려를 기존의 백제 전법승과 구별하여 편의상 '백제 도래인 승려(이하 도래승)'로 칭하기로 한다(심경순, 「7세기 백제 도래인 승려 도소의 생애와 활동」, 『한국연구』 17, 2024, 87쪽, 각주 1 참조).

7 　박해현, 앞의 글, 2022, 15쪽. 또한 백제계 도래인의 이주 시기에 대해 '야요이 전기인 BC 2세기 무렵, 광개토왕의 남진으로 한성이 압박을 받던 4세기 말~5세기 초, 장수왕의 공격으로 한성이 함락된 5세기 말, 백제멸망 후 백촌강 전투 패배로 부흥 운동이 실패한 7세기 말의 4단계로 구분하였다.

승명	중국 구법시기	활동내용
상안, 혜린, 혜지	–	-10사 임명(645)
도소[도조]	653~661	-생몰년 629~700 -하내국 출신, 속성은 선련(船連), 왕진이 후손 -입당 후 현장에게 선법 사사(653~661) -귀국 후 원흥사에 선원 건립 및 선법 강의 -다양한 사회구제활동 진행. 행기의 스승 -최초 대승도 임명
행기	–	-생몰년 668~749 -하내(河內) 출신. 속성은 고지씨(高志氏)로 왕인 후손 -스승 혜기, 의연, 덕광법사, 도소 등에게 수학 -다양한 사회구제활동 진행 -최초 대승정 임명(745)
의연	643~728	-속성은 이치키씨(市往氏) -스승 지봉, 지란으로부터 법상종 전수(傳受). 법상종 승려. -7명의 상수제자(현방,행기,양변,선교,양민,행달,융준) -승정 임명(703)
자훈	8세기 전후	-생몰년 ?~777 -속성 선씨(船氏). 하내 출신. 왕진이 후손 -양민, 현방에게 법상종 사사함 -입당 후 법장에게 화엄종 사사함 -귀국 후 양변과 현수종(화엄종)을 일으킴 -승도(僧都) 임명(752), 흥복사 주무(主務) 최초 임명(757)
양변	–	-생몰년 689~773 -속성은 백제씨(百済氏), 백제계 후손 -의연에게 법상종, 자훈과 심상에게 화엄종 사사 -금종사(동대사 전신) 건립(734), 승정 임명(760)
경준[경준]	–	-생몰년 미상 -하내 출신, 속성은 갈정씨(葛井氏). 왕진이 후예씨족 -도자에게 삼론, 법상, 화엄을 사사

위의 〈표 9〉에서 정리한 14명의 백제 도래승은 〈표 8〉의 시기구분에 따르면 2기 및 3기에 주로 활동한 것을 볼 수 있다. 활동 내용에 있어 전법승과 구별되는 특징은 14명 8명이 중국 구법활동을 다녀왔다는 점이

다. 전법승의 경우 사료를 통해서 중국 구법활동을 했을 것으로 추정되는 것은 담혜, 의각 2명뿐이다. 반면 도래승들은 중국 구법활동을 통해 선진 불교를 습득하고, 귀국 후 10사, 국박사, 사주 등의 주요 직책을 맡아 고대 일본 불교 발전에 핵심적인 역할을 수행했다.

도래승 활동의 또 다른 특징은 660년 이후 유력 씨족 출신 승려들의 활동이 두드러진다는 점이다. 도소, 자훈, 경준은 왕진이의 후손이며, 행기, 의연은 백제왕의 후손이다. 그중 행기는 전국을 돌아다니며 구제활동과 민간전도로 많은 승도들이 그를 따랐다. 그리고 그의 구제활동에 큰 영향을 준 것은 스승 도소였다.

도소는 〈표 8〉의 시기 구분에 따르면 2기와 3기에 걸쳐 활동한 도래승이다. 중국 구법 후, 일본에 선법을 전파하고 전국적인 사회구제활동을 함으로써 불교 대중화의 시초격이라 할 수 있다. 본 장에서 대표적 도래승으로 전법승과 함께 살펴보도록 하겠다.

1. 백제 불교의 전파

이 시기 백제에 의해 일본 불교의 공전이 이루어졌고, 불상과 불경 등이 전해졌다.[8] 「상궁성덕법왕제설」에 의하면 무오년 백제 성왕이 불상과 불경과 아울러 승려를 함께 보냈다는 기록이 있어 552년 성왕이 불교를 일본에 전할 때에 불승이 노리사치계와 동반하였을 것으로 추정하기도

---

8   일본의 불교 공전 시기에 대해서는 크게 『일본서기』의 552년설과 「元興寺伽藍緣起
     幷流記資財帳」(이하 원흥사연기)의 538년설로 나뉜다. 『일본서기』의 기록에 따르면,
     554년 불상과 불경이 전해졌다.

하나[9] 그 승명은 언급되어 있지 않다.

554년 도일한 담혜와 도심은 사료상 승명을 알 수 있는 백제 최초의 전법승으로, 일본에서 최초의 사문이 되었다. 당시 일본은 불교 공전을 전후한 시기로, 불교가 잘 알려진 상태로 보기는 어렵다. 공전 후인 580년대 풍국법사가 활동할 당시에도 봉불파와 배불파의 대립으로 전법승들의 전법활동은 쉽지 않은 상황이었다.

그러던 중 587년[용명 2] 병중에 있던 용명은 신하들에게 삼보에 귀의하겠다는 뜻을 밝혔고, 황제의 동생인 혈수부황자가 풍국 법사를 궁으로 초청, 풍국은 궁안에서 설법을 하였다. 용명 사망 이후 봉불파와 배불파는 치열하게 대립하였고, 소아마자가 주축이 된 봉불파가 배불파인 물부대련을 완전히 제압하면서 일본의 백제불교 유입은 급물살을 타게 되었다. 그 결과 백제는 588년 대규모의 전법승을 일본에 파견하게 되었다.

1) 담혜曇慧 · 도심道深

담혜는 도심과 함께 554년[위덕왕 1] 전법을 위해 도일하였고, 일본 사문의 시초가 되었다. 『일본서기』[681~720] · 『원형석서』[1322] · 『본조고승전』[1702] · 『선광사연기』에 관련 기록이 남아 있다. 이들 사료에서 담혜는 554년 2월 도일한 것으로 기록되어 있으며, 『본조고승전』의 내용이 가장 상세하다.

> 1-① 2월 백제가… 구원병을 청했다… 승 담혜 등 9인이 승 도심 등 7인을
> 교대하였다. 따로 칙령을 받들어 역박사 시덕 왕도량, 역박사 고덕 왕
> 보손, 의박사 나솔 왕유릉타, 채약사 시덕 반량풍, 고덕 정유타, 악인 시

---

9 박재용, 「5~6세기 백제와 왜 ─ 6세기 고대 일본 백제계 도왜인과 불교」, 『백제문화』 50, 2014, 58쪽.

덕 삼근, 계덕 기마차, 계덕 진노, 대덕 진타를 바쳤는데, 모두 청에 따라 교대하였다.[10]

2-① 승 담혜는 백제 사람이다. 일찍이 당나라에 들어가 당시 종장들의 자리에 배석하여 대승과 소승을 종합하고 유화에 뜻을 두었다. 저 나라에서 이 나라가 불법을 숭상한다는 소문을 듣고 흠명 15년[554] 봄 2월에 담혜와 도심이 계리와 함께 조공하러 왔다. 칙명으로 정사를 건립하고, 맞이하여 머물게 하였다. 이것이 일본에서 사문이 있게 된 시초이다. 다만 사민들이 아직 삼보에 귀의하는 방법을 알지 못했고, 시기도 고르기 어려웠으므로, 종승을 기술하지 않았다. 『국사』에도 역시 마친 바를 기록하지 않았다.

2-② 다음과 같이 찬한다. 담혜와 도심 두 대사는 외공外貢을 선택했으나 교화 인도는 하지 않았으므로 어떤 宗인지 알지 못하겠다. 나는 (그들이) 발마와 제바의 종지를 벗어나지 않는다고 생각한다. 구마라집이 관중에 들어와서 삼론과 성실론을 크게 제창하였으니, 당 이전의 승려들은 두 논을 익히고 숭상하였다. 그래서 그 법이 일찍이 삼한에 전해졌던 것이다. 연력 15년[796] 관부에서 성실론을 삼론에 부가하게 했으니, 두 대사가 공종인 것이 분명하도다. 또한 이 나라의 가섭마등과 축법란이 되었으므로 책의 앞머리에 둔 것이다.[11]

---

10 1-① 二月 百濟遣下部杆率將軍三貴·上部奈率物部烏等 乞救兵…僧曇慧等九人 代僧道深等七人 別奉勅 貢易博士施德王道良·曆博士固德王保孫·醫博士奈率王有悽陀·採藥師施德潘量豊·固德丁有陀·樂人施德三斤·季德己麻次·季德進奴·對德進陀 皆依請代之(『日本書紀』卷第19 欽明 15年)

11 2-① 釋曇慧 百濟國人 蚤入大唐 陪時匠席 綜大小乘 遊化爲志 彼國聞此方崇佛法 欽明十五年春二月 慧及道深 偕計貢來 勅建精舍 延以居之 是本朝有沙門之始也 但以士民未知所以歸嚮三寶 時機難調 不述宗乘 國史亦不記所終
2-② 贊曰 慧深二師 選擇外貢 化導不著 不知何宗 余想不出跋摩提婆之宗 羅什入關 大唱

먼저 두 승려의 도일 정황을 살펴보면, 사료 1-①『일본서기』의 경우, 554년 2월 담혜 등 9인의 승려가 이전에 파견된 도심 등 7인의 승려와 교대한 것으로 기록되어 있다. 그러나 2-①『본조고승전』을 비롯한『원형석서』, 「선광사연기」에는 554년 2월 담혜와 도심이 함께 도일한 것으로 기록하고 있다.[12]『일본서기』의 편찬 시기가 가장 앞서나 두 승려의 활동을 상세히 다룬 것은 후대에 편찬된『본조고승전』의 기록이다. 다만 내용상 일치하지 않는 부분이 있어 두 승려의 동행 여부는 분명하지 않다.[13] 대부분의 사료에서 두 승려는 함께 기록되어 있고, 대부분 담혜를 중심으로 서술하고 있다. 내용이 가장 상세한『본조고승전』의 기록을 중심으로 두 사람의 활동을 살펴보면 다음과 같다.

사료 2-①, 2-②『본조고승전』에 따르면, 담혜는 중국에서 구법활동을 하고 돌아온 구법승으로 앞서 제1장 구법승의 활동에서 살펴보았다. 그는 512년 또는 521년 백제의 조공 사절단과 함께 양나라로 들어가 삼론과 성실론 관련 구법활동을 한 후, 귀국 후 국내에서 활동하던 중 554년위덕왕 1 도심과 함께 전법을 위해 도일하였다. 당시 '유화遊化'를 목적으로 구법활

　　三論成實 自唐以前諸師 習尙二論 是以其法早傳於三韓耳 延曆十五年 官符稱 成實論附三論 二師爲空宗也明矣 且爲此方之騰蘭 故系冠于篇首焉(『本朝高僧傳』卷第1 法本1之1 百濟沙門曇慧傳)

12　曇慧道深 偕計來儀 此時佛法草昧誘導惟微(『元亨釋書』卷第1 傳智1之1)
　　釋曇慧 百濟國人 欽明十五年二月 共道深本國貢來(『元亨釋書』卷第16 力遊9)
　　十有五年春二月 百濟國貢沙門 曇慧道深 十五年二月 慧深二比丘應百濟貢來(『元亨釋書』卷第20 資治表1)
　　翌年亦從百濟 曇慧道深二比丘來 說可信佛法(「善光寺緣起」卷第3)

13　『일본서기』의 담혜와 도심의 교체설을 따른다면, 도심은 7인의 다른 승려들과 함께 불교가 공전된 552년 도일한 것으로 볼 수 있다. 다만 도심이 백제로 귀국하지 않고 계속 일본에 남아서 담혜와 활동을 같이했기 때문에, 후대에 담혜와 도심이 동행하여 도일한 것으로 기록된 것이 아닐까 한다.

동을 다녀 온 담혜에게 불교의 불모지인 일본은 대중 교화의 최적지였다.

일본에 도착한 두 사람은 칙명에 따라 건립한 사찰에 주석하였고, 일본 최초 사문으로 추앙받았다. 외국에서 온 전법승을 칙명으로 주석하게 하는 모습은 불교 전래 초창기의 전형적인 모습이다. 사료에서 두 사람의 불교 사상이나 활동에 대한 구체적인 언급은 보이지 않는다. 또한 2-①에 따르면 당시 일본 내에서는 불교가 이제 막 전해지는 시기로, 사민士民들이 불교를 잘 알지 못한 만큼 전법활동에는 어려움이 뒤따랐고, 그들의 종승宗乘은 어디에도 기록되지 못하였다.

다만 2-②에서 찬자는 종승에 관해 두 사람이 발마와 제바의 종지를 벗어나지 않았다고 보았다.[14] 중국 남조에서는 구마라집 이후 삼론과 성실론이 크게 번성하였으며, 당 이전의 승려들은 두 논을 숭상하였다. 그리고 그 법이 삼국에 전해졌으므로 담혜와 도심 역시 공종空宗[15]이 분명하며, 삼론과 성실론 관련 승려였을 것으로 추측하였다.[16]

담혜는 한·중·일 3국에서 구법활동-국내활동-전법활동을 연계시켜 활동한 구법승이자 전법승이었다.[17] 불교의 선진국인 중국으로 가서 불법을 배웠고, 대승과 소승을 두루 익혔으며, 당시 남조에서 성행하던 삼론과 성실론을 익히고 이를 도입하였다. 귀국 후 담혜는 국내 교화 활동

---

14   발마는 성실종의 소의 전적인 『성실론』을 지었고, 제바는 삼론종의 소의 전적인 『백론』을 지었다(김영태 편, 『동아시아 한국불교사료-일본문헌편』, 동국대 출판부, 2015, 90쪽).

15   공종은 교화하기 위하여 온갖 것이 모두 공하다는 교리를 宗旨로 한다. 삼론종과 성실종이 있다(『불교사전』, 동국역경원, 2000, 55쪽).

16   이 점에서 손영익은 도장에 앞서 담혜와 도심을 일본 성실종의 종조로 보기도 한다(「初期の奈良仏教における韓来僧たちの位置-特に南都六宗を中心に」, 『新羅仏教研究』, 山喜房仏書林, 1973).

17   구법과 전법을 함께 한 승려로 고구려 혜관이 있다. 혜관은 길장의 문하에서 삼론을 배우고 625년 일본으로 건너가 관륵에 이어 2대 승정에 올랐다.

에만 머물지 않았다. 중국에서 구법활동을 할 당시 유화遊化에 뜻을 두었던 점을 상기하며, 중생을 교화하고자 불교의 불모지인 일본에서의 전법활동을 결심하고 도심과 함께 도일하였다. 담혜는 국가의 국외 승려 파견 정책에 따라 중국 구법활동을 통해 선진 불교 사상을 들여와 국내 불교 발전에 기여했으며, 일본 전법활동을 통해서는 선진적 백제 불교를 전파하고자 했다. 그러나 당시 일본의 사민은 불교에 귀의할 줄 몰랐고, 이와 같은 상황은 587년경 풍국법사가 활동할 당시까지도 이어졌다. 또한 봉불파와 배불파의 대립으로 대중교화 활동은 더욱 어려워졌으며, 여전히 민간에서는 불교가 널리 알려져 있지 않은 상태였다.

2) 혜총慧聰

혜총은 관련 사료가 일본측에 비교적 많이 남아 있는 편이며, 이 시기 대외교류에서 중추적인 역할을 담당한 것으로 평가된다.[18] 관련 사료로는 사전류인 『일본서기』·『부상약기』·『제왕편년기』, 승전류인 『삼국불법전통연기』·『원형석서』·『본조고승전』·『불법전래차제』, 사전류寺傳類인 「원흥사연기」 등에 전하고 있다.

(1) 도일 시기

혜총은 많은 사료속에서 수회 도일한 것으로 기록되어 있고, 도일 시기에 따라 588, 590, 595년으로 정리할 수 있다. 이를 시기별로 정리하면 〈표 10〉과 같다.

---

18 혜총에 대한 연구성과는 백미선, 「사비시대 백제의 대왜 불교 교류와 혜총」, 『한국사상사학』 34, 2010, 4쪽 참고.

〈표 10〉 혜총 관련 사료

도일 시기	관련 사료	사료 내용	관련 사료 번호
588	「元興寺伽藍緣起幷流記資財帳」 戊申年 기사	-6명의 승려 영조율사, 혜총, 영위법사, 혜훈, 도엄법사, 영계 파견	1-①
	「元興寺伽藍緣起幷流記資財帳」 塔露盤銘 기사	-승려 영조율사, 혜총법사와 노반사 등 파견	-
	『日本書紀』 卷第21 崇峻 元年	-3월 혜총(惠恖), 영근, 혜식 파견 및 불사리 전달(1차) -승려 영조율사, 영위, 혜중, 혜숙, 도엄, 영개 등 파견(2차) -은솔 수신 등을 보내 조(調)를 바치고 불사리, 사공(寺工), 노반박사, 화공 등의 사찰조영 전문가 파견	2-①
	『元亨釋書』 卷第20 資治表1 崇峻	-3월 혜총, 불사리 전달	3-①
	『元亨釋書』 卷第16 力遊9 百濟 慧聰	-3월 도일. 계학에 정통 -소마자와 계법에 관한 문답	3-②
590	『本朝高僧傳』 卷第67 遠遊8 和州 石川寺沙門慧便傳	-3월 국공(國貢)과 함께 옴 -계율학 정통. 소마자에게 계법 전수	4-①
595	『元亨釋書』 卷第16 力遊9 高麗 慧慈	-5월 고구려승 혜자 도일(595) -법흥사 완공 후 혜총(慧聰)과 함께 주석(596)	-
	『日本書紀』 卷第22 推古 3年	-5월 혜자 도일. 그해 혜총(慧聰)이 도일함	5-①
	『元亨釋書』 卷第20 資治表1 推古 3年	-5월 혜자 도일, 겨울 혜총(慧聰) 도일	6-①
	『元亨釋書』 卷第20 資治表1 推古 4年	-11월 법흥사 완성. 혜자·혜총 주석	6-②
	『本朝高僧傳』 卷第69 願雜10之1 應化1 聖德太子傳	-5월 혜자, 혜총(慧聰)이 옴. 內敎 통달	7-①
	『帝王編年記』 卷第7 推古 3년	-5월 혜자, 혜총 귀화	8-①
595	『佛法傳來次第』 推古 3년	-5월 혜자, 혜총 내조. 법흥사 주석	9-①
	『扶桑略記』 제3 推古 3년		10-①

도일 시기와 관련하여 588년 도일한 혜총과 595년 도일한 혜총을 동일인물로 보는 견해와 동명이인의 별개의 인물로 보는 견해가 있다. 전자의 견해는 위덕왕이 혜총을 588년 법흥사 착공 시 파견했다가 백제로 불러들인 후 법흥사 준공 1년 전인 595년 다시 파견하여 주석시킨 후 대화

왜 불교를 지도하게 한 것으로 보는 것이다.[19]

　후자의 견해는 1-①「원흥사연기」무신년 기사의 6승영조율사·혜총·영위법사·혜훈·도엄법사·영계과 2-①『일본서기』숭준 원년588 기사 뒷부분에 나오는 6승영조율사·영위·혜중·혜숙·도엄·영개을 동일인으로 보고, 2-①의 영근, 혜식과 함께 불사리를 전달한 惠總혜총과 5-①『일본서기』추고 3년595 기사의 惠總혜총을 별개의 인물로 보는 것이다.

　그리고 그 근거로『일본서기』588년 기사의 혜총은 惠總으로, 595년 기사의 혜총은 慧聰으로 각각 구별하여 표기하고 있고, 전법활동 내용에 있어서도 구별되는 점이 있다. 사료 3-②『원형석서』에서 588년 도일한 혜총의 경우 다수의 승려들과 불사리를 가지고 도일했으며, 소마자에게 계법을 전수한 반면, 595년 고구려 혜자와 같은 해 도일한 혜총은 내교에 통달한 인물로 성덕태자의 스승이 되었으며, 법흥사에 주석한 인물이다.[20]

　물론 고대 인명에서 같음 음의 한자를 혼용해서 사용하는 경우가 흔하긴 하나 595년 도일설의 경우 대부분의 관련 사료에서 승명 '慧聰'으로 기록하고 있으며, 도일 연월에 있어서도 588년설은 3월로, 595년설은 5월로 어느 정도 일관성을 가지고 구별하여 기록하고 있다.[21] 또한 전법 내용에 있어서도 분명하게 구별되어 한 사람의 활동으로 보기 어려운 점이 있다.[22] 이에 본문에서는 588년 도일한 인물과 595년 도일한 인물을

19　최재석,「6세기 百濟 威德王의 對 大和倭 불교정책과 法興寺(飛鳥寺)조영」,『정신문화연구』19(4), 1996, 125쪽.

20　김영태,「일본사료를 통해 본 백제 불교」,『불교학보』21, 1984, 50~52쪽.
　　백미선,「사비시대 백제의 대왜 불교교류와 慧聰」,『한국사상사학』34, 2010, 10쪽.

21　595년 고구려승 혜자와 같은 해 도일했다는 점은 거의 모든 기록이 일치한다. 다만 몇 월에 도일했는지에 대해 사료 7-①, 8-①, 9-①, 10-①은 5월로, 6-①은 겨울에 온 것으로 기록하고 있다.

22　사료 4-①의 경우 3월에 도일한 점, 소마자에게 계법을 전수하고 있는 점에서 588년

동명이인, 별개의 인물이라는 전제하에, 595년 도일한 혜총의 전법활동을 중심으로 살펴 보도록 하겠다.

> 1-① 무신년 승려 6명을 보냈다. 영조율사, 제자 혜총, 영위법사, 제자 혜훈, 도엄법사 제자 영계이다.[23]

> 2-① 이해 백제국이 사신과 승려 혜총, 영근, 혜식 등을 보내어 불사리를 바쳤다. 백제국이 은솔 수신, 덕솔 개문, 나솔 복부미신 등을 보내어 조를 바치고 아울러 불사리와 승려 영조율사, 영위, 혜중, 혜숙, 도엄, 영개 등과 사공 태량미태와 문고고자, 노반박사 장덕 백매순, 와박사 마나문노와 양귀문, 능귀문, 석마제미, 화공 백가를 바쳤다. 소아마자숙례는 백제의 승려들을 청하여 수계의 법에 대해 물었다.[24]

사료 1-①, 2-①에서 함께 도일한 일행을 살펴보면, 588년 도일한 惠總혜총은 불사리와 함께 대규모 일행과 동행한 것으로 기록하고 있으며, 595년 도일한 惠總혜총의 경우 일행에 대한 언급이 없고, 고구려 혜자와 같은 해 도일, 이듬해인 596년 법흥사에 두 사람이 함께 주석했다는 사실만 기록하고 있다. 7-①『본조고승전』 성덕태자전의 5월에 고구려 혜자와 함께 온 惠總혜총과도 동일인으로 볼 수 있다.[25]

도일한 혜총과 동일인으로 볼 수 있을 것 같다.

23 1-① 下時戊申年 送六口僧名聆照律師弟子惠念 令威法師弟子惠勳 道嚴法師弟子令契…
（「元興寺伽藍緣起幷流記資財帳」戊申年）

24 2-① (元年)是歲 百濟國遣使幷僧惠總 令斤 惠寔等 獻佛舍利
百濟國遣恩率首信 德率蓋文 那率福富味身等 進調幷獻佛舍利 僧聆照律師 令威 惠衆 惠宿
道嚴 令開 等 寺工太良未太 文賈古子 鑪盤博士將德 白昧淳 瓦博士麻奈文奴 陽貴文 㥭貴文
昔麻帝彌 畫工白加 蘇我馬子宿禰 請百濟僧等 問受戒之法(『日本書紀』卷第21 崇峻 元年)

3-① 원년588 백제국은 은솔 수신을 보내고 불사리와 사문 혜총을 바쳤다.

3-② 승려 혜총은 백제인이다. 숭준 원년588 3월 조공하러 왔다. 혜총은 계학이 뛰어났다. 소아마자가 (그에게) 계법을 묻고 배웠다.[26]

4-① 승려 혜총은 백제인이다. 숭준 3년 봄 3월 국공과 함께 왔다. 계율학에 정통하여 소마자가 그에게 계법을 배웠다.[27]

(2) 전법 활동

혜총은 595년위덕왕 42 일본으로 건너가 전법활동을 시작했다. 도일 후 성덕태자의 스승이 되었고, 596년 혜자와 함께 법흥사에 주석했다. 관련 사료는 다음과 같다.

5-① 5월 무오 초하루 정묘 고려 승려 혜자慧慈가 귀화하자, 황태자의 스승으로 삼았다. 이 해 백제의 승려 혜총이 왔다. 이 두 승려는 불교를 널리 펴서 모두 삼보의 동량이 되었다.[28]

6-① 3년… 5월 고구려 사문 혜자가 왔다. 겨울에 백제 사문 혜총이 왔

---

25 김영태,「일본사료를 통해 본 백제 불교」,『불교학보』21, 1984, 50쪽.

26 3-① 元年春三月 百濟國使恩率首信 貢佛舍利及沙門慧聰(『元亨釋書』卷第20 資治表1 崇峻)

3-② 釋慧聰 百濟人 崇峻元年三月貢來 聰有戒學 蘇馬子受問戒法(『元亨釋書』卷第16 力遊9 百濟 慧聰)

27 4-① 釋慧聰 百濟人 崇峻三年春三月 偕國貢來 精於律學 蘇馬子受戒法(『本朝高僧傳』卷第67 遠遊8 和州石川寺沙門慧便傳)

28 5-① 五月戊午朔丁卯 高麗僧慧慈歸化 則皇太子師之 是歲 百濟僧慧聰來之 此兩僧 弘演佛教 並爲三寶之棟梁(『日本書紀』卷第22 推古 3年)

다… 5월 혜자가 오자 태자가 그를 스승으로 삼았다.

6-② 4년 11월 법흥사가 완성되었다… 칙령으로 혜자와 혜총을 주석하게
했다. 선덕신을 사찰 관리로 임명했다.[29]

7-① 3년 5월에 고구려의 혜자와 백제의 혜총이 왔는데, 내교內敎에 깊이 통
달하여 태자가 스승으로 삼았다.[30]

5-①『일본서기』와 6-①『원형석서』 추고 3년 기사에 따르면 혜총, 혜
자 두 사람은 595년에 도일, 같은 해 성덕태자의 스승이 되었다. 그리고
6-②『원형석서』 추고 4년 기사에서 두 사람은 법흥사 완공 후 공동 주석
했다. 앞서 담혜와 도심이 일본 내에서 짝을 이루어 활동했듯이, 혜총과
혜자는 국적이 다른데도 불구하고 주요한 활동을 함께 하고 있다.

8-① 을묘 5월 고구려의 혜자, 백제의 혜총이 귀화했다. 성덕태자가 스승으
로 삼았다. 널리 불교를 홍포하여 모두 삼보의 동량이 되었다.[31]

9-① 추고 3년 을묘 5월 고구려 승려 혜자와 백제의 승려 혜총이 내조하였다…그
들을 법흥사에 머물게 하였다. 태자가 혜자를 스승으로 삼아 도를 물었다.[32]

29　6-① 三年五月 高麗沙門慧慈來 冬百濟沙門慧聰來…五月 慧慈來 太子師之(『元亨釋書』
　　卷第20 資治表1 推古 3年)
　　6-② 四年十一月 法興寺成…勅慈聰二師居寺 以善德臣爲寺司(『元亨釋書』卷第20 資治
　　表1 推古 4年)

30　7-① 三年五月 高麗慧慈 百濟慧聰來 深達內敎 太子師之(『本朝高僧傳』卷第69 願雜10
　　之1 應化1 聖德太子傳)

31　8-① 三年 乙卯 五月 高麗慧慈 百濟慧聰來化 太子師之 弘演佛敎 並爲三宝棟梁(『帝王編
　　年記』卷第7 推古 3年)

10-① 5월 고구려 승려 혜자와 백제 승려 혜총 등이 와서 알현하였다. 이 두 승려는 불교를 홍포하여 함께 삼보의 동량이 되었다. 법흥사에 머물도록 하였고, 이로써 혜자를 짝하여 태자가 혜자를 스승으로 삼아 도를 물었다.[33]

많은 사료에서 혜총의 전법활동 기록이 남아 있다. 사료 5-①부터 10-①은 백제 혜총과 고구려 혜자의 도일 및 전법활동에 관한 것으로, 595년 5월 혜총과 혜자는 도일 후 성덕태자의 스승이 되었다.[34] 이후 596년추고4 11월 법흥사가 완성되자 혜총은 혜자와 함께 이곳에 주석하였다.[35]

혜총 전법활동의 중심지인 법흥사는 소아마자의 발원으로 조성되었다. 숭불파인 소아마자는 배불파인 물부수옥대련과 대립하고 있던 상황에서 588년숭준 원년 백제 승려들의 도움을 받아 본격적으로 조성한 것으로 보인다.[36]

---

32 9-① 推古天皇三年乙卯五月 高麗僧慧慈 百濟僧慧聰來朝 兩僧弘演佛敎 並爲三宝棟梁 令住法興寺 太子以慧慈爲師問道(『佛法傳來次第』 推古 3年)

33 10-① 五月 高麗僧慧慈 百濟僧慧聰等來朝 此兩僧弘演佛敎 並爲三寶棟梁 令住法興寺 是以件慧慈太子以慧慈爲師問道(『扶桑略記』 제3 推古 3年)

34 사료 6-①『원형석서』의 경우는 5월 혜자가 오고, 겨울에 혜총이 온 것으로 기록하고 있다. 일본 내에서 대부분의 전법활동을 함께 하고 있다는 점에서 595년 5월 함께 도일했을 가능성도 있다.

35 단 사료 9-①과 10-①의 경우 법흥사 주석 후 태자의 스승이 된 것으로 기록상 착오로 추측된다.

36 백미선, 「사비시대 백제의 대왜 불교교류와 慧聰」, 『한국사상사학』 34, 2010, 14쪽. 그러나 최재석은 법흥사는 소아씨가 세운 사찰이 아니며 백제 위덕왕의 對대화왜 불교정책의 하나로 조성된 것으로, 사찰조영전문인력을 통해 조영한 것으로 보았다(「6세기 百濟 威德王의 對 大和倭 불교정책과 法興寺(飛鳥寺)조영」, 『정신문화연구』 19(4), 1996, 133쪽). 그러나 백제가 주도적으로 조영한 사찰에 고구려승 혜자가 주석해 주도적으로 활동한 점은 이해하기 어려운 점이라고 생각된다.

11-① 고구려 혜자, 혜관과 백제 혜총, 관륵은 모두 삼론종의 법륜을 펼친 학장이다. 이들이 삼론종의 최초 출발이 된 이후, 나중에 점차 가르침을 전했다. 이들 여러 스님들은 모두 성실론에도 통하였다. 성덕태자는 혜자, 혜총, 관륵을 스승으로 삼아 불법을 익혔는데, 바로 삼론종과 성실종의 뜻이었다. 옛날 백제의 도장법사가 『성실론소』 16권을 지었는데 상고시대 때 전해 내려와 지금 남아있다.[37]

사료 11-①에서 혜총은 관륵과 함께 삼론과 성실론에 능통했고, 이를 전교하였다고 한다. 앞서 전법승 담혜와 도심의 경우 또한 삼론과 성실론에 능통했지만 당시 일본의 사민들은 불교를 잘 알지 못하였고, 두 사람은 제대로 전법활동을 할 수 없었다. 백제는 이와 같은 상황 속에서도 지속적으로 일본에 전법승을 파견함으로써 자국의 선진 불교 문화를 전파, 일본 고대 불교 발전 중 삼론 및 성실종에 깊은 영향을 주었다.[38]

2. 교단敎團의 확립과 관륵觀勒

백제는 1기[550~600] 불·법·승 삼보를 전해줌으로써 불교를 공인시켰고, 많은 전법승들을 파견하여 백제의 불교 사상과 교학을 전해 주었다. 이어 2

---

[37]　11-① 高麗慧慈慧灌百濟慧聰觀勒 並三論宗法輪之匠 此爲初起 後漸傳敎 此等諸師 皆通成實 太子以慧慈慧聰觀勒爲師習學佛法 即是三論成實宗義而已 昔百濟道藏法師造成論疏有十六卷 上古傳來了今有之(『三國佛法傳通緣記』卷中 成實宗)

[38]　당시 백제 내에서는 담혜를 포함한 구법승들의 구법활동 결과 다양한 불교 사상과 교학이 유행하였다. 특히 불교 교학의 경우 삼론과 성실론 등이 유행하였으며, 대부분의 도일 전법승들은 삼론과 성실론에 능통하였다고 한다.

기[600~660]에 도일한 전법승 관륵은 백제의 불교 사상 및 교학 뿐만 아니라 천문과 역법, 둔갑 방술 등 다방면에 걸쳐 전법 활동을 진행하였다. 앞서 1기에 도일한 전법승 혜총이 내교內敎, 즉 불교에 뛰어난 인물이었다면, 관륵은 내교 뿐만 아니라 외학, 즉 불교 이외의 학문에도 정통한 인물이었다.

관륵은 602년[무왕 3] 도일 후 원흥사에 주석하였고, 624년 비구의 조부 살해 사건을 계기로 승관제 도입을 주도하였으며, 제1대 승정에 임명되었다. 본문에서는 관륵의 원흥사에서의 전법 활동과 승관제 도입에 관해 살펴보도록 하겠다.

1) 元興寺 주석과 전법 활동

관륵은 도일 이후부터 승정 임명 전까지의 원흥사를 중심으로 전법활동을 했다. 관련 사료로는 『일본서기』·『원형석서』·『부상약기』·『제왕편년기』·『본조고승전』 등이 있다.

1-① 겨울 10월 백제 승려 관륵이 왔다. 이어 역본曆本과 천문지리서天文地理書 및 둔갑방술서遁甲方術書를 바쳤다. 이 때 서생 3, 4명을 선발하여 관륵에게 배우도록 하였다. 양호사陽胡史의 선조인 옥진玉陳은 역법을 익혔고, 대우촌주大友村主 고총高聰은 천문과 둔갑을 배웠으며, 산배신山背臣 일립日立은 방술을 배워, 모두 학업에 성취가 있었다.[39]

2-① 관륵 스님은 백제 사람이다. 추고 10년 10월에 조공하러 왔다. 학술에

39　1-① 冬十月 百濟僧觀勒來之 仍貢曆本及天文地理書 幷遁甲方術之書也 是時 選書生
　　三四人 以俾學習於觀勒矣 陽胡史祖玉陳習曆法 大友村主高聰學天文遁甲 山背臣日立學
　　方術 皆學以成業(『日本書紀』卷第22 推古 10年)

뛰어났고 역본과 천문, 지리서, 방술서를 바쳤다. 태자 이총耳聰이 말하길, "내가 형산에 있을 때, 관륵은 나의 제자였다… 이곳까지 와서 여전히 별자리와 역법을 말하는구나."[40]

3-① 승 관륵은 백제인이다. 삼론을 연구했고 외학에도 정통했다. 추고 10년 겨울 10월에 선택을 받아 일본에 왔다. 칙명으로 원흥사에 머물게 하고 준수한 자들을 뽑아 관륵에게 가서 글을 배우게 하였다. 태자 풍총豐聰이 말하였다. "내가 형산에 있을 때 관륵이 제자였는데, 천문과 지리의 학문을 좋아하였다. 나는 그가 예술을 섭렵하여 진승眞乘에 섞는 것을 꾸짖었는데, 옛 인연이 다하지 않아 다시 자취를 쫓아와 여전히 별자리와 역법을 말하는구나."[41]

4-① 10년 임술년 10월 1일 백제승 관륵이 와서 책력, 천문, 지리서를 바쳤다. 성덕태자가 말하길, "형산에 있었을 때 관륵이 나의 제자였다"[42]

5-① …그 전년에 관륵법사가 백제에서 일본으로 왔다. 그도 삼론종의 종장이었으나 역시 삼론종의 교리를 강론하지는 않았다. 제37대 효덕천황이 재위기에 이르러 원흥사에 주석하고 있던 혜관법사에게 청하여 삼론을 강론하게 했다… 이는 일본의 두 번째 승정이었다.【제1 승정은

---

40 2-① 釋觀勒 百濟人 推古十年十月貢來 有學術獻曆本及天文地理方術之書 太子耳聰曰 吾在衡山勒爲弟子…夙因不竭追我而來 猶言星曆(『元亨釋書』卷第16 力遊9 觀勒)

41 3-① 釋觀勒 百濟國人 研究三論 旁通外學 推古十年冬十月 受選來朝 勒居元興寺 擇俊秀者 就勒學書 太子豐聰曰 吾在衡山 勒爲弟子 嗜天文地理學 吾阿其涉藝術 雜於眞乘 夙因不竭 又追蹤來 猶言星曆(『本朝高僧傳』卷第1 法本1之1)

42 4-① 十年壬戌 十月一日 百濟僧觀勒來貢曆本天文地理書 太子曰 在衡山勒爲弟子(『帝王編年記』卷第8 推古10年)

같은 절 원흥사 관륵이었다】

5-② 고구려 혜자, 혜관과 백제 혜총, 관륵은 모두 삼론종의 법륜을 펼친 학
장이다. 이들이 삼론종의 최초 출발이 된 이후 점차 가르침을 전했다.
이들 여러 스님들은 모두 성실론에도 통하였다. 성덕태자는 혜자, 혜
총, 관륵을 스승으로 삼아 불법을 익혔는데, 삼론종과 성실종의 뜻이
었다. 옛날 백제의 도장법사가 『성실론소』 16권을 지었는데 상고시대
때 전해 내려와 지금 남아 있다.[43]

6-① (효덕천황이) 원흥사의 승려인 고구려의 혜관법사를 청하여 삼론을 강설
하게 했다. 강학하는 날에 천황이 그에게 승정을 맡겼으니, 이것이 본조
의 두 번째 승정이다. 같은 절 삼론종의 관륵 승정이 그 첫 번째이다.[44]

사료 1-①, 2-①, 3-①, 4-①에 따르면, 관륵은 602년추고 10 10월 역서
曆書, 천문지리 서적, 둔갑 방술서를 가지고 도일했고, 원흥사에 주석해 나
라에서 선발한 서생들을 가르쳤다. 특히 2-①, 3-①, 4-①에서 성덕태자
가 '형산에 있을 때 관륵이 나의 제자였는데, 여전히 성력천문과 역법을 말한
다'라고 할 만큼 천문과 역법에 뛰어났던 것으로 추측된다.

앞서 혜총이 내교에 뛰어난 인물이었다면,[45] 관륵은 3-①, 5-①, 5-②

---

43 5-① 從此前年觀勒法師自百濟國來 此亦三論宗之法匠 亦未講通法教 至第三十七代孝德
天皇御宇 乃請元興寺僧 高麗慧灌法師講三論…此乃日本僧正第二【第一僧正同時觀勒】
(『三國佛法傳通緣記』卷中 三論宗)
5-② 高麗慧慈慧灌百濟慧聰觀勒 並三論宗法輪之匠 此爲初起 後漸傳教 此等諸師 皆通
成實 太子以慧慈慧聰觀勒爲師習學佛法 即是三論成實宗義而已 昔百濟道藏法師造成論
疏有十六卷 上古傳來了今有之(『三國佛法傳通緣記』卷中 成實宗)
44 6-① 時請元興寺僧高麗慧灌法師令講三論 其講學日 天皇拜任僧正 時則本朝第二僧正
同寺三論宗觀勒僧正其一也(『三論祖師傳』)

에서 언급했듯이 삼론과 성실론에 정통했을 뿐만 아니라 외학外學, 즉 불교 이외의 학문에도 정통했다고 한다. 따라서 관륵은 국가의 인재들에게 불법 뿐만 아니라, 다방면의 선진 문물을 전달해 주는 문화 전달자로서, 일본 고대 문화 전반에 영향을 끼쳤다고 볼 수 있다.

1-①과 3-①을 통해 원흥사에서의 교육내용을 살펴보면, 서생 옥진에게는 역법을, 고총에게는 천문과 둔갑을, 일립에게는 방술을 가르쳤다고 한다. 또한 2-①과 4-①에서 관륵은 성덕태자에게 천문역법을 전하고 있다. 이와 같이 전법의 주 대상은 지배 계층으로 전법활동에 있어 역법 전달이 큰 비중을 차지하고 있었던 것으로 보인다. 관륵은 602년 원흥사에 주석해 다방면에 걸쳐 전법 활동을 진행하던 중, 624년추고 32 비구의 조부 살해 사건을 계기로 제1대 승정에 임명되었다.

2) 승관제 도입과 관륵

624년추고 32 4월 비구가 도끼로 조부를 해치는 사건이 발생했다. 이에 천황은 대신을 소집하고 여러 사찰에 조詔를 내려 모든 승니들을 조사하고 제재하고자 했다. 이때 관륵이 표를 올려 일본에 불법이 전한 지 얼마 안 되었다는 점을 들어 죄를 범한 자 이외의 승니에 대한 사면을 요구했다. 관련 사료는 다음과 같다.

7-① 32년 여름 4월 병오삭 무신戊申 한 승려가 도끼를 가지고 조부를 쳤다. 당시 천황이 그 말을 듣고 대신을 불러 놓고 조를 내려, "대저 출가한 자는 머리 숙여 삼보에 귀의하고 갖추어 계율을 지녀야 한다. 어찌 뉘

---

45 『本朝高僧傳』卷第69 願雜10之1 應化1 聖德太子傳

우치고 꺼리는 바 없이 경솔하게 악역을 저지르는가. 이제 짐이 들으니 어떤 승려가 조부를 쳤다고 한다. 그러므로 모든 절의 승려들을 모두 모아서 심문하고 만약 사실이라면 중벌을 내리도록 하라.”고 하였다. 이에 모든 승려들을 모아 심문하여 악역을 행한 승려 및 여러 승려들을 모두 벌하려 하였다.

그때 백제의 승려 관륵이 표를 올려, “대저 불법은 서역인도으로부터 한漢에 이르기까지 3백 년이 지났는데 백제국에 전해져 이른지는 겨우 백 년이 되었습니다. 우리 왕은 일본 천황이 지혜가 깊고 사리에 밝다는 것을 듣고 불상과 경전을 공물로 바친지 아직 백 년이 못되었습니다. 그러므로 이러한 때에 승려가 아직 법과 계율을 잘 익히지 못하여 문득 악역의 죄를 범하였습니다. 이 때문에 모든 승려들은 당황하고 두려워하며 어찌할 바를 모르고 있습니다. 바라건대 악역을 범한 자를 제외한 나머지 승려들은 다 용서하고 벌하지 말아 주십시오. 이것이 큰 공덕일 것입니다”라고 말하자 천황이 마침내 그 말을 따랐다… 임술 승려 관륵觀勒을 승정僧正으로 삼고 안부 덕적鞍部 德積을 승도僧都로 삼았다. 이 날에 아담련阿曇連【이름은 빠졌다】을 법두法頭로 삼았다.[46]

8-① 승 관륵은 백제 사람이다. 삼론을 연구했고 외학에 두루 정통했다. 추고

---

[46] 7-① 卅二年夏四月丙午朔戊申 有一僧 執斧毆祖父 時天皇聞之召大臣 詔之曰 夫出家者 頓歸三寶 具懷戒法 何無慚忌 輒犯惡逆 今朕聞 有僧以毆祖父 故悉聚諸寺僧尼 以推問之 若事實者 重罪之 於是 集諸僧尼而推之 則惡逆僧及諸僧尼 竝將罪
於是 百濟觀勒僧 表上以言 夫佛法 自西國至于漢 經三百歲 內傳之至於百濟國 而僅一百年矣 然我王聞日本天皇之賢哲 而貢上佛像及內典 未滿百歲 故當今時 以僧尼未習法律 輒犯惡逆 是以 諸僧尼惶懼 以不知所如 仰願 其除惡逆者以外僧尼 悉赦而勿罪 是大功德也 天皇乃聽之…壬戌 以觀勒僧爲僧正 以鞍部德積爲僧都 即日 以阿曇連【闕名】爲法頭 (『日本書紀』卷第22 推古 32年)

10년 겨울 10월 선택을 받아 일본에 왔다. 관륵은 원흥사에 머물렀고, 준수한 자들을 뽑아 관륵에게 가서 글을 배우게 하였다. 태자 풍총이 말하길 "내가 형산에 있을 때 관륵이 제자였는데, 천문학과 지리를 좋아하였다. 나는 그가 예술을 섭렵하여 진승에 섞는 것을 꾸짖었는데, 옛 인연이 다하지 않아 다시 쫓아 와서 여전히 별자리와 역법을 말하는구나." 갑신년624. 추고 32에 어떤 비구가 조부를 살해하였다. 천황이 군신을 소집하여 "…… 승니로서 죄를 범한 자들을 모두 붙잡아서 형벌을 내려라." 라고 하였다. 이에 여러 절에 조칙을 내려 악행을 저지른 비구들을 찾게 하자 일시에 승니들이 대부분 의심을 받게 되었다.

관륵이 表를 올려 말하였다. "불법이 동한에 이른 지 300년이 지났고, 그것이 백제에 전해진 지 이미 100년이 지났습니다. 백제의 선대 왕이 일본 천황께서 지덕이 높고 사리에 밝으며 명민하다는 소문을 듣고 불상과 경론을 보내오신 지 아직 100년이 되지 못했습니다. 그래서 승니들이 법과 계율을 익히지 못한 것입니다. 대죄를 짓게 된 이유는 오직 이로 말미암은 것입니다. 지금 천황의 조칙을 들으니 황송하여 어찌해야 할 바를 모르겠습니다. 엎드려 바라건대, 대역죄를 범한 이를 제외한 나머지는 모두 사면하여 죄를 묻지말아 주십시오. 이것은 헌장憲章을 바르게 하는 것이고 인정을 베푸는 것입니다."

천황이 거듭 조칙을 내려 "도인道人이 법을 어긴다면 어떻게 세속을 가르치겠는가. 지금부터 마땅히 승정과 승도를 두어 승니를 점검토록 하라." 고 하였다. 그리고 관륵을 승정으로 임명하고 고구려의 덕적을 승도로 삼았다. 이것이 본조에서 승려의 기강을 세운 시초이다.[47]

47　8-① 釋觀勒 百濟國人 研究三論 旁通外學 推古十年冬十月 受選來朝 勒居元興寺 擇俊秀 者 就勒學書 太子豐聰曰 吾在衡山 勒爲弟子 嗜天文地理學 吾呵其涉藝術 雜於眞乘 夙因

사료 7-①『일본서기』와 8-①『본조고승전』을 통해 사건 발생부터 승
정제 도입까지의 과정을 정리하면 다음과 같다.

624년추고 32 4월 3일 사건 발생 후, 천황은 조를 내려 모든 사찰 및 승
니에 대한 대대적인 제재를 가하고자 하였다. 이에 관륵은 표를 올려 사
건의 원인으로 '是以僧尼不習法律시이승니불습법율', 즉 승니들이 법율을 익히
지 못하였음을 지적하였다. 그러자 천황은 13일 조를 내려 관륵을 승정
으로, 덕적을 승도로 삼았으며, 아담련을 법두로 삼았다.

관륵은 사건 발생 후 거의 15일 만에 제 1대 승정에 임명되었다. 이와
같이 일사천리로 승관제 설치가 이루어진 것은 도입 과정에서 관륵의 건
의와 자문이 있었기 때문으로 볼 수 있으며, 관륵이 천황에게 자문을 해
줄 수 있었던 것은 백제 국내에는 이미 승관제가 완비되어 있음을 전제
로 한다고 볼 수 있다.[48]

이와 같이 승관제 도입 및 실시에 관륵이 직접적인 영향을 끼칠 수 있었
던 배경에는 그가 도일 후 20여 년에 걸친 기간 동안 원흥사에 주석해 황실
및 지배계층을 대상으로 전법활동을 진행하고 있었기 때문이다. 즉, 오랜
기간 일본에서 활동하면서 자연스럽게 지배계층과 밀접한 관련을 맺게 되
었을 것이고, 그 결과 관륵은 중앙에서의 기반을 바탕으로 왕실의 자문 역
할을 담당하며, 국가의 불교 정책 결정에도 적극 개입할 수 있었던 것이다.

不竭 又追蹤來 猶言星曆 甲申年 有比丘 殺害祖父 帝召羣臣曰 僧尼犯罪者 悉捕刑之 乃詔
諸寺 索惡比丘 一時僧尼 多逢稽疑
勒上表曰 佛法自至東漢 經三百歲 傳之百濟 已一百年 百濟先主聞日本天皇睿聖敏 明 貢
上 佛像經論 未滿百歲 是以僧尼不習法律 所以作大逆 職而斯由也 今聞聖制 惶懼不知所
如 伏願除大逆者 其餘悉救勿罪 是所憲章之正 仁政之及也
帝重詔曰 道人犯法 何以誨世俗乎 自今以往 應置僧正僧都 檢校僧尼 勒任僧正高麗德積
爲僧都 是本朝立僧綱之始也(『本朝高僧傳』卷第1 法本1之1)

48　이윤옥,「고대 일본불교의 한국계 승려 연구」, 한국외대 박사논문, 2016, 89~90쪽.

그런데 관륵이 승정에 임명된 지 1년 만에 고구려승 혜관으로 교체된 것은 예상 밖의 일이라고 할 수 있다. 앞서 살펴보았듯이 관륵은 602년 도일 후 오랜 기간에 걸쳐 불교 뿐만 아니라 다양한 분야의 문물을 전달, 교육하였다. 또한 국가의 승관제 실시를 건의하여 본인이 1대 승정으로 임명될 만큼 중앙 권력층 및 불교 교단 내 기반이 확고했던 것으로 추측된다. 그럼에도 불구하고 이제 막 도일한 고구려승 혜관에게 승정 자리를 넘겨줄 수 밖에 없었던 배경을 살펴보면, 먼저 백제, 고구려, 일본 간의 정치 외교적 관계에서 일본이 백제보다 고구려와의 관계를 더 의식했기 때문으로 보는 견해[49]와 중국 유학 경험의 유무에서 찾는 견해가 있다.

후자의 경우, 혜관은 중국 길장 문하에서 사사 받은 후 일본으로 건너온 것으로 기록이 남아 있지만, 관륵의 중국 유학 여부는 사료에 나타나 있지 않아 중국에서의 구법활동은 없었던 것으로 추측된다. 그런데 당시 일본 불교계는 점차 중국 유학 경험이 있는 승려들을 우대, 이들이 귀국 시 교단에서도 주요한 자리에 임명하는 경우가 많았다. 즉 오랜 기간 일본내에서 활동한 관륵보다 중국의 유명한 삼론학자인 길장에게 사사 받고 온 혜관을 좀 더 불교의 본류와 가까운 것으로 인식, 그를 더 우대한 것으로 생각해 볼 수 있다.[50]

관륵 자신 역시 이 부분에 대해 의식하고 있었던 것으로 보인다. 703년 제자 지봉이 관륵의 명으로 중국 유학을 다녀왔다는 기록을 통해 관

---

49 고영섭, 「고구려 혜관이 일본 삼론학에 미친 영향」, 『한국불교사연구』 9, 2016, 52~57쪽.
50 平井俊榮은 삼론종의 초전에 있어서도 초대 승정인 관륵과 2대 승정인 혜관 둘 다 삼론종 승려이고, 관륵을 혜관과 비교했을 때 부족한 점은 없지만, 그럼에도 불구하고 혜관이 삼론종의 초전이 된 것은 혜관이 당에 유학을 했고 길장으로부터 직접 삼론을 배웠기 때문으로 보았다(平井俊榮, 「南都三論宗史の研究序說」, 『駒沢大学仏教学部研究紀要』 44, 1986, 29~30쪽). 그만큼 도일 승려들의 중국 유학 유무는 일본내에서 전법승의 위치를 판별하는 데 점차 중요한 요소가 되어가는 것으로 볼 수 있다.

륵이 중국 유학의 필요성을 인식하고 제자들에게 유학을 권유했던 것으로 추측된다.[51] 아마 당시 중국 유학승을 우대하는 일본 불교계의 풍토가 반영된 것이 아닐까 한다.

3. 전법傳法의 확대

1) 의각義覺

의각에 관한 내용은 『일본국현보선악영이기』[이하 『일본영이기』] · 『원형석서』 · 『본조고승전』 · 『부상약기』에 기록되어 있다. 전법승의 경우 일본 측 사료가 대부분이어서 전법 전후의 국내 활동에 관한 내용은 거의 찾아보기 어렵다. 그런데 의각의 경우 국내 문헌인 「향천사사적책」[이하 「사적책」][52]을 통해 향천사와 관련된 의각의 국내 활동을 조금이나마 살펴볼 수 있

51　문무천황 대보 3년(703) 계묘 『국사』에 이르길 이 해에 지봉법사 등이 관륵의 명을 따라 바다를 건너 당에 들어가 현장삼장을 만나 법상의 대승을 익혔다. 운운

文武天皇

大寶三年癸卯

國史云 此年智鳳法師等 依勅命渡海入唐 遇玄奘三藏 習法相大乘云云(『僧綱補任抄出』 上 文武天皇)

52　『예산 금오산 향천사 문헌집』(온샘, 2017)에 실린 원문에 따르면, 1937년 사기(寺記)의 표지에는 향천사사적책(香泉寺事跡冊), 속표지에는 향천사사적기(香泉寺事跡記), 표지 뒷면에는 향천사사적기록(香泉寺事跡記錄)으로 되어 있다. 또한 1959년 필사본의 표지는 향천사사적(香泉寺事跡)으로 되어 있어 「향천사사적기」(이윤옥, 「고대 일본불교의 한국계 승려 연구」, 한국외대 박사논문, 2016), 「향천사사적기록」(김규순, 「地名으로 分析한 禮山 香泉寺의 起源」, 『문화사학』 51, 2019) 등의 명칭이 혼용되어 쓰이고 있다. 이윤옥은 논문에서 「향천사사적기」는 향천사 무현스님으로부터 직접 받은 것임을 밝혔고, 김규순 논문의 「향천사사적기록」은 1959년 본으로 내용상 큰 차이는 없다. 본서에서는 『예산 금오산 향천사 문헌집』(온샘, 2017)에 수록된 1937년 본을 중심으로 살펴 보고자 하며, 표지 제목을 따라 「향천사사적책」으로 표기한다.

을 것으로 생각된다.

1-① 석 의각은 본래 백제인이다. 그 나라가 멸망했을 때는 강본궁에서 천하를 다스린 제명천황 시대였는데, 그때 우리 조정에 들어와서 난파 백제사에 주석했다. 법사는 키가 7척이나 되었고 불교를 두루 배웠으며, 『반야심경』을 간절한 마음으로 암송하였다. 그때 같은 절에 혜의慧義라는 승려가 있었는데, 밤중에 혼자 방을 나섰다가 법사의 방안을 보니 환한 빛이 새어나오는 것을 보았다. 괴이하게 여긴 승려가 창호지를 뚫고 몰래 들어다보니, 법사가 단정하게 앉아서 경전을 외우고 있었는데, 입에서 빛이 나오고 있었다. 승려는 깜짝 놀라며 두려워하였고, 이튿날 자신의 허물을 뉘우치고는 대중에게 자초지종을 알렸다. 그러자 의각법사가 제자에게 말하기를, "나는 하루 저녁에 『반야심경』을 백번쯤은 외울 수 있다. 그런 뒤에 눈을 떠서 살펴보면, 방 안의 사방 벽이 훤히 뚫리면서 온 뜰에 있는 것이 환히 보인다. 나는 이에 참으로 드문 마음이 일어나고, 방을 따라 나서서 절간 안을 보고 그러다가 돌아와서 방 안을 들여다보면 벽과 문이 모두 닫혀 있다. 그래서 이번에는 밖에서 『반야심경』을 외우면 앞과 같이 환하게 열리니 바로 이것이 『반야심경』의 불가사의한 힘이다"라고 하였다.

찬왈, "위대하도다, 법사여! 많이 배우고 널리 가르침을 폈네. 가만히 들어앉아서 경전을 외우니 마음이 활짝 열려 두루 통달하였네. 늘 그윽하고 고요하니, 어찌 흔들림이 있겠는가? 방의 벽이 열려 통하니, 환한 빛이 밝게 빛나는 도다."[53]

2-① 의각 스님은 백제 사람이다. 소정방이 백제를 정벌하였을 때 군대를 따라 왔고, 조칙으로 난파의 백제사에 머물게 했다. 의각은 키가 7척으로, 범학에 두루 정통했으며, 『반야심경』을 수지하였다. 같은 절의 혜의가 한밤중에 그의 방을 보니 의각에게서 광명이 매우 밝게 빛났다. 창틈으로 엿보니 의각이 단정히 앉아 경을 지송하고 있었는데, 광명이 입에서 나오고 있었다. 혜의가 매우 놀라 다음날 아침 대중에게 이를 말하였다. 의각이 대중들에게 말하기를, "내가 하루 저녁 눈을 감고 『반야심경』을 일백여 번 지송한 뒤 눈을 뜨고 방을 보니 네 벽이 텅 비어 뜰 바깥이 모두 보였다. 나는 희유希有하다고 생각하여 일어나 벽을 더듬어 보니, 벽과 창호는 모두 닫혀 있었다. 자리로 돌아와 경을 지송하자 이전처럼 벽이 환히 뚫렸으니, 이는 『반야심경』의 불가사의한 신묘한 힘이다"라고 하자 대중들이 모두 더욱더 정진하였다.[54]

3-① 百濟 義慈王 十二年壬子에 比丘義覺和尙이 新羅 武烈王亂을 避ᄒ야 日本에 入ᄒ야 難波百濟寺에 入居ᄒ니 身長이 八尺이요 佛乘를 博求

53　1-① 釋義覺者 本百濟人也 其國破時 當後岡本宮御宇天皇之代 入我聖朝 住難破百濟寺 矣 法師身長七尺 廣學佛教 念誦心般若經 時有同寺僧慧義 獨以夜半出行 因見室中 光明 照耀 僧乃怪之 霧穿牖紙窺看 法師端坐誦經 光從口出 僧以驚悚 明日悔過 周告大衆 時覺 法師於弟子言 吾一夕誦心經 一百遍許斷 然後開目觀 其室裏四壁穿通 庭中顯見 吾於是 生希有之想 從室而出迴瞻院內 還來見室壁戶皆閉開 即外後誦心經 開通如前 即是般若經 不思議也

　　贊曰 大哉 釋子 多聞弘教 閉居誦經 心廓融達 所現玄寂 焉爲動搖 室壁開通 光明顯耀(『日本靈異記』上卷 僧憶持心經得現報示奇事緣 第14)

54　2-① 釋義覺 百濟國人也 此方征彼國時 伴軍士來 詔住難波百濟寺 覺長七尺 博綜梵學 持般若心經 同寺慧義 夜半見室 覺光明熾曜 窓隙窺之 覺端坐誦經 光從口出 義以驚悚 明朝告衆 覺語徒曰 吾一夕閉目誦心經一百許遍 開目視室 四壁空洞 庭外皆見 吾爲希有之想 起而模之 壁戶皆關 歸座誦經空廓如先 是般若不思議之妙用也 徒皆增精進焉(『本朝高僧傳』卷第46 感進4之1 百濟國沙門義覺傳)

하야 每夜에 般若心經을 誦ᄒ면 光이 口로 從出ᄒ야 光曜赫 如ᄒ고 堂
壁이 空洞하야 庭外를 皆見하더라

3-② 是歲에 入唐ᄒ야 安居於九子山五年하야 石佛三千五十三像과 㫋檀香
으로 佛像彌陀觀世音菩薩大勢至菩薩 大尊三位와 石像羅漢 十六位를
三年間竣成하야 百濟 義慈王 十六年丙辰에新羅武烈王三年 高句麗寶藏王十五年
平虜使를 從하야 還할시 佛像을 石舟에 載하야 海에 浮ᄒ야 百濟 烏
山縣 北浦 海岸에 着하야 繁舟하고 數月을 經ᄒ 故로 浦名을 石舟浦라
云하니今忠淸南道 禮山郡 倉所里 舟中에셔 晨昏에 禮佛ᄒᄂᆫ 鍾聲이 江村에
撓亮한 故로 村名 鍾磬이라 하다今 新岩面 宗鏡

3-③ 金烏一雙이 飛來하야 師을 引扯于本縣 南山艮溪之上하야 烏自隱滅
이어늘 師乃卜基故로今 香泉寺 千佛殿基址也 因하야 山名을 金烏라 하다 師
가 朝에 奏하야 旨을 奉ᄒ고 寺宇構造ᄒ고 石像을 奉安할시 朝野에 信
男檀越리 傾心應助하며 有人이 白色黃牛一隻을 牽而來助ᄒ야 石像
을 馱而奉掁하야 第七日에 完奉이라가 牛乃力盡하야 喊聲을 大叫而
巖上에셔 死어늘 巖名을 因ᄒ야 高喊巖이라 하다今香泉里也 師가 慨然이
十二因緣法을 說ᄒ야 巖上火葬이러니 第後三日에 牛가 金烏山 巽谷
之間에 晥然吃草어널 人이 追而欲馴ᄂ 因隱無形이라 故로 其地에 庵
을 築ᄒ고 庵名을 隱寂이라ᄒ다今萬石洞後谷 佛像을 奉掁後 金烏가 復現
於金烏山上峯下洞僻降林邃之間에 小流石泉之水間에 飮啄을 自在ᄒ
고 或隱去或飛來ᄒ며, 其泉流에 香臭을 常噴故로 因香泉이라 名ᄒ고
新羅 文武王十六年丙子에 師入寂於香泉하니 壽至七十八리요 高徒百
餘라 茶毘夜에 瑞氣盈空하고 靈骨七十餘枚가 現하야 本寺西麓에 立
塔廟ᄒ고 因築浮屠殿十餘間하야 浮屠을 護케 하다[55]

(1) 향천사 주석과 국내 활동

1937년 필사된 사료 3-①~3-③「사적책」에는 백제 말 의각이 향천사를 창건한 사실이 기록되어 있다.[56] 향천사는 현 충남 예산군 예산읍 금

55 3-① 백제 의자왕 12년 임자에 스님 의각화상이 신라 무열왕의 난리를 피하여 일본에 들어가 난파 백제사에 주석하니 키가 8척이었고 불법을 널리 구하여 매일 밤『반야심경』을 독송하면 빛이 입에서 나와 환하게 밝아서 방의 벽이 없는 것처럼 정원 바깥이 모두 보였다.
3-② 그 해에 당나라에 들어가 구자산에서 5년간 머물면서 석불 3,053구와 전단향(栴檀香)으로 아미타불, 관세음보살, 대세지보살의 삼존상과 나한석상 16위를 3년 만에 완성해 백제 의자왕 16년 병진에 평로사(平虜使)를 따라서 돌아올 때 불상을 석주에 싣고, 바다를 건너 백제 오산현 북쪽 포구 해안에 도착하였다. 정박하고 수개월을 지난 까닭에 포(浦)의 이름을 석주포라 하였다. 배 안에서 아침 저녁으로 예불하는 종성(鍾聲)이 강촌에 울려 퍼져 촌명을 종경이라 하였다.
3-③ 금오(金烏) 한 쌍이 날아와 의각을 이끌어 본현(오산현) 남산 계곡 위에서 까마귀가 사라졌다. 의각은 곧 이곳이 (향천사 천불전)자리임을 알고, 산이름을 금오라고 하였다. 의각이 조정에 아뢰어 조서를 받들어서 절을 조성하고 불상을 봉안하였다. 이 때에 조야의 모든 사람들이 마음을 모으고 힘을 합쳤다. 어떤 사람이 흰색 황소 한 쌍을 끌고 와 도왔는데, 석상을 실어 날라 7일만에 마치니 황소가 기력이 다하여 고함을 크게 외치고 바위 위에서 죽었다. 이 때문에 바위 이름을 고함암이라 하였다. 스님이 개연(慨然)히 12인연법을 설하여 바위 위에서 화장하니 3일 뒤 소가 금오산 계곡 사이에서 빛나는 모습으로 풀을 먹거늘 사람들이 쫓아가 길들이고자 하니 모습이 사라졌다. 이런 이유로 그 곳에 암자를 짓고 암자 이름을 은적암이라 하였다. 불상을 모신 후 금오가 다시 나타나 금오산 가장 높은 봉우리 아래 골짜기 수풀 사이로 내려와 조금씩 흐르는 석천의 물을 자재(自在)로 마시고 혹은 숨거나 혹은 날아다녔는데, 그 흐르는 샘에서 좋은 냄새가 났기 때문에 향천이라 이름하였다. 신라 문무왕 16년 병자에 스님이 향천사에서 입적하니 78세에 목숨을 다하였고 현고의 제자가 백여명이었다. 다비하고 난 밤에 상서로운 빛이 가득하고 영골(靈骨) 70여 과가 나와 향천사 서쪽 기슭에 탑묘를 세우고 부도전 10여 칸을 지어서 부도를 보호하게 했다.
원문 및 해석은「향천사사적책」(최선일·김자경 편,『예산 금오산 향천사 문헌집』, 온샘, 2017, 3~32쪽).
56 향천사 내에는 2기의 부도가 있는데 확실한 유래는 알 수 없다. 전설로는 이 절을 창건한 의각대사의 부도라고 한다. 또 하나의 부도는 임진왜란 때 의병을 일으켜 공을 세운 멸운대사의 부도라 전해진다(문화재관리국,『문화유적총람-충청남도편』, 1977, 698~699쪽). 멸운대사 부도탑 왼쪽 전면에 '滅雲堂大師惠希之塔碑(멸운당대사혜희지탑비)', 후면에 '康熙四十七年戊子(강희사십칠년무자)'가 새겨진 비표(碑表)가 있다. 한편 의각의 부도라고 전해지는 부도에 대해 윤용혁은 부도탑 제작시기가 고려 말로

오산에 위치하며, 가야산을 중심으로 예산, 서산, 당진, 태안, 홍성은 포구가 내륙 깊숙이 위치한 내포지역內浦地域이다.[57] 향천사의 사기寺記인 「사적책」에는 일본측 사료에서 찾아볼 수 없는 의각의 입당 구법활동 및 귀국 후 국내 활동에 관한 내용이 서술되어 있다. 본서에서는 「사적책」의 석주 설화를 통해 향천사 창건설의 역사성을 짚어 보고자 한다.[58]

사료 3-②, 3-③에 따르면 의각은 652년의자왕 12 입당해 구자산[59]에서 5년을 머물며 구법활동을 펼쳤다.[60] 이 곳에서 5년간 머물며 3천여 구의 석불 및 여러 보살상과 아라한상 등을 조성하였고, 불상들을 석주石舟에 싣고 백제 오산현現 예산군 예산읍 석주포에 도착, 적당한 절터를 모색하던 중 금오金烏가 나타나 안내해 준 곳에 향천사를 창건하였다. 지금의 천불전 자리에 석주에 싣고 온 불상들을 안치하였고, 676년문무왕 16 향천사에서 입적하였다.[61]

추정되고 있다는 점에서 의각이 고려승이었을 가능성을 제시하였다(「예산 향천사의 역사와 유물」, 『백제문화』 28, 1999, 175쪽). 그러나 일본 측 의각 관련 사료 및 국내 사료인 「사적책」에서 공통적으로 의각이 백제승임을 밝히고 있다는 점에서 의각은 백제 말기 활동한 승려임은 분명하다. 다만 부도가 창건주 의각을 기리기 위해 고려시대에 조성되었을 가능성은 있다.

57　그 영향으로 가야산을 중심으로 내포지역에 많은 절이 있고 불교 유적들이 즐비하다고 한다(김규순, 「지명으로 분석한 향천사의 기원」, 『문화사학』 51, 2019, 31쪽).

58　송화섭은 성덕산 관음사 사적기, 미황사 사적비, 대참사 사적기를 분석하여 이들 사적 기 속 석주설화가 조선 후기에 기록 정리된 것이지만, 역사적인 문헌과 금석문에 의거한 것으로 역사적 사실과 사건으로 보았다. 또한 중국 구법승 및 유학승과 관련하여 중국 에 건너가 수행 정진한 백제, 신라승들이 불법을 고국에 전파하였을 것으로 추측하였다 (「한반도 서남해안 석주설화의 역사적 고찰」, 『동아시아고대학』 25, 2011, 189~193쪽).

59　1959년 필사본 「香泉寺事跡」에는 五子山으로 표기되어 있다.

60　구자산은 이백의 시 구절로 인하여 '九華山'으로 개칭되었다. 신라승 김교각은 구화산에 서 75년간 머물며 홍법(弘法) 수행(修行)하였고, 그가 겪은 고행은 현지 사람들의 공감을 불러일으켰으며, 당시뿐만 아니라 후세에도 깊은 영향을 주었다고 한다. 안휘성 구화산, 산서성 오대산, 절강성 보타산, 사천성 아미산과 더불어 중국 불교의 사대성지 중 하나이 다(동파, 「신라승려의 입당 교류활동과 그 의의」, 『china연구』 19(1), 2016, 62~65쪽).

「사적책」 속에 나오는 설화는 의각이 중국에서 불상을 석주石舟에 싣고 와 향천사를 창건했다는 점에서 사찰창건연기설화이자 석주설화로 볼 수 있다. 석주설화 속 석주는 불법을 전하는 전법선을 상징하며, 항해의 주체는 금인金人이다.[62]

「사적책」의 석주설화가 여타 석주설화와 다른 점은 항해 주체가 금인金人이 아닌 의각 자신이라는 점이다. 즉 다른 석주설화 속 백제, 신라인들은 불법을 전해 받는 피동적인 영접자의 위치인데 반해, 「사적책」 석주설화 속에서의 의각은 직접 석주를 타고 불상을 가지고 온 전법의 주체자로 기록되어 있다. 따라서 의각은 전법의 대상이나 영접자가 아닌 중국 구법활동을 통해 불상을 직접 가지고 온 전법의 주체자라 할 수 있다.[63]

---

61 1937년에 간행된 『예산군지』는 840년(문성왕 2) 신라 보조국사가 향천사 천불전을 축조한 것으로 기록하고 있는데, 장흥 보림사 「보조선사탑비」의 보조선사 체증(體澄)(804~880)으로 추정된다. 비문에 따르면 체징은 신라 시대 활동한 웅주 출신 승려로 당에서 귀국한 이후 고향인 웅진으로 돌아가 교화 활동을 한 것으로 보인다(조범환, 「新羅下代 體澄 禪師와 迦智山門의 개창」, 『한국학』 28(3), 2005, 9~10쪽). 따라서 859년 무주로 떠나기 전까지 20여 년을 웅주 지역에서 활동한 것으로 본다면, 체징이 웅주 지역에서 활동한 시기는 840~859년 사이로 향천사 천불전 축조의 가능성도 생각해 볼 수 있다. 읍의 동북쪽으로 약 2킬로미터 금오산 기슭에 있는 본사(本寺)는 신라의 보조국사가 희강왕 2년 임인에 당에 건너가 구자산 여만화상이라고 하는 승려의 제자가 되어 불법을 닦은 후 신라 문성왕 2년에 석불 3,053위를 싣고 와 극락전 천불전을 축조했다고 한다.
邑ノ東北約二粁 金烏山ノ麓ニアリ 本寺ハ新羅ノ普照國師 僖康王二年壬寅 唐ニ渡ツテ 九子山如滿和尙トイウ僧ノ弟子トナリ 佛敎を修メ後 新羅文聖王二年ニ 石佛三千五十三位ヲ載來シ 極樂殿千佛殿ヲ築造セリト云ウ(禮山郡敎育會, 『禮山郡誌』, 1937)

62 석주설화는 배가 석주(石舟), 석선(石船)이라는 점, 해안표착형이란 점, 불법 전래 및 사찰창건연기설화, 관음연기설화라는 특징을 갖고 있다. 石舟는 전법선과 관음선으로 나뉘며, 전자의 경우 불상, 불경, 불탑 등 전법 전파와 창사를 위한 보물들이 안치되어 있다(송화섭·김형준, 「한반도 서남해안 석주설화의 역사적 고찰」, 『동아시아고대학』 25, 2011, 165쪽).

63 향천사와 같은 지역에 위치한 대련사의 경우, 의각과 도침이 함께 창건한 것으로 전해지나 사료를 통해 확인되지는 않는다. 다만 1975년 법당인 원통보전의 해체 및 복원하는 과정에서 발견된 「대련사법당중수상량시기문」을 통해 백제 시대에 창건되었다는 사실은 확인되었지만, 공동 창건설에 대해서는 사료적 뒷받침이 좀 더 필요해 보인다.

지금까지 「사적책」을 중심으로 의각의 국내활동을 살펴 보았다. 일본측 사료에는 없는 향천사 창건과 중국 구법활동 사실이 언급되어 있어 의각의 국내 활동을 알려 주는 드문 자료이지만, 사기寺記의 특성상 사료에 대한 신중한 해석이 필요하다.

(2) 도일 및 전법 활동

의각의 도일 및 전법 활동 내용은 일본측 사료 1-①『일본영이기』와 2-①『본조고승전』을 중심으로 살펴보고자 한다. 먼저 의각의 도일 시기 관련하여 『일본영이기』는 제명연간[655~661], 『부상약기』는 제명 7년[661]에 도일한 것으로 기록하고 있다.[64] 한편『본조고승전』과 『원형석서』[65]는 '(백제에서 귀환하는) 군대를 따라 도일'한 것으로 기록하고 있어, 주류성 함락 후 가장 큰 백제 유민의 이동이 있었던 663년 의각도 함께 도일한 것으로 추정된다.[66]

이와 같이 의각의 도일 시기가 사료마다 상이한 것은 의각이 여러 차례에 걸쳐 도일했기 때문이 아닐까 한다. 즉, 의각은 제명년간[655~661] 이전 652년 1차 도일, 657~661년 사이에 2차 도일,[67] 663년 최종 도일한 것으로 추정된다.

의각은 도일 후 난파의 백제사에 머물렀다. 사료 1-①, 2-①에 따르면

---

64 釋義覺者 本百濟人也 其國破時 當後岡本宮御宇天皇之代 入我聖朝(『日本靈異記』上卷)
   七年 辛酉夏…有釋義覺者 元時百濟國人也 其國破時 入我朝廷 住難波百濟寺(『扶桑略記』第4 齊明)

65 釋義覺者 本百濟人也 本朝征彼國時伴軍士來(『元亨釋書』卷第9 百濟國義覺)

66 이윤옥,「고대 일본불교의 한국계 승려 연구」, 한국외대 박사논문, 2016, 128쪽.

67 사료 3-①「사적책」에 따르면 의각은 652년(의자왕 12) 도일 후 다시 중국으로 건너가 5년 동안 五子山에 구법활동 후, 656년 백제로 귀국한 것으로 기록되어 있다. 따라서 의각이 재차 도일한 시기는 657년 이후로 추정된다.

의각은 불학佛學에 정통했고,『반야심경』의 수지독송을 통해 불경을 독송하면 입에서 빛이 나오는 영험함을 보여주었다. 방광放光의 이적은 승려의 비범함을 밖으로 드러내는 유력한 징표로, 의각의 신승적神僧的 면모를 보여주는 것이다.[68] '입에서 빛이 나오는광종구출(光從口出)' 이적은 부처가 제자와 보살들 앞에서 행한 이적이며, 위나라 승려 법건法建은『화엄경』을 독송하면서 동일한 이적을 보여주었다.[69]

한편 국내승 혜현은『법화경』 독송을 업으로 삼았으며, 영험한 감응이 많았다고 전해진다. 7세기 중후반 도일한 백제 전법승들은 수행과 질병치료를 위해 경전 독송과 같은 전교 방식을 통해 지역불교 발전에 노력했는데,[70] 의각의 경우 혜현과 같이『반야심경』의 독송을 통해 전법활동을 한 것으로 보인다.

의각이 암송한『반야심경』은『반야바라밀다심경』으로,『반야심경』혹은『심경』이라고 한다. 한역본은 구마라집본과 현장본 두 가지가 전해지고 있다. 두 사람의 번역본이 모두 존재할 경우 보통 구마라집의 한역이 읽히는데, 반야심경만은 구마라집에 의해 처음 중국에 전해졌음에도 오

68 　김승호,「해외문헌을 통해 본 삼국시대 승려의 인물전승 양상」,『한국문학연구』 32, 377~379쪽.

69 　그때에 모든 제자가 의심을 일으켜, 부처님께 예배하고 장궤(長跪)하며 질문을 드리려 하였는데, 부처님께서는 이미 무수한 광명을 입에서 내어 놓으셨다(爾時 諸弟子起疑心念 爲佛作禮長跪 欲問佛 佛時已放無數光從口出)(『佛說法華三昧經』卷1). 모든 스님들은 졸고 있었는데 오직 법건만이 단정하게 앉아 경을 외우고 있었으며 광명은 그의 입에서 나오고 있었다…위지형이 그에게 물었다. "법사께서 어젯밤에 외우신 경의 이름은 무엇입니까?" 법건이 대답하였다. "『화엄경』의 후반부 열 권입니다."(唯法建端坐誦經 光從口出…逈聞自到建所頂禮坐聽 至旦始休 逈問曰 法師昨夜所誦名作何經 答曰 華嚴經下帙十卷)(『續高僧傳』第卷28 釋法建傳)

70 　백미선은 6세기 후반 승려들이『법화경』을 독송 수행한 것과 달리 의각이 대승불교의 기본 경전인『반야심경』을 독송한 것은 불교계의 반성적 측면으로 이해하였다(「백제 멸망기 渡倭 승려들의 활동과 사상」,『한일관계사연구』 41, 2012, 24쪽).

로지 현장의 한역본이 독송되고 있다. 이는 한국은 물론 중국, 일본, 대만 등 한문경전을 사용하는 국가의 공통적인 현상이다. 현장은 645년 귀국하였고, 오래지 않아 649년 『반야심경』의 번역이 이루어졌다.[71] 그리고 현장이 반야심경을 번역한 뒤 불과 수십 년 사이에 주석서가 국내외에서 찬술되었고, 이른 시기에 삼국에서는 원측613~696과 원효617~686가 주석서를 저술하였다.[72] 즉 현장의 한역과 거의 동시대에 삼국에 전해져 이에 대한 주석서가 저술된 점으로 보아 의각이 독송한 것은 현장의 『반야바라밀다심경』으로 볼 수 있다.[73]

사료 1-①, 2-①을 통해 그 구체적인 모습을 살펴보면, 의각은 백제사에 주석하면서 『반야심경』의 독송을 통한 이적을 보여주었다. 그리고 특히 자신의 이적이 『반야심경』의 불가사의한 힘이라는 점을 직접적으로 강조함으로써 대중과 제자들을 더욱 더 정진하게 하였다. 이와 같은 모습은 앞서 현장이 구법활동을 다녀와 『반야심경』의 가피로 힘든 구법 여정을 무사히 마칠 수 있었다는 사연을 주변 사람들 뿐만 아니라 황제에게도 전한 모습과 유사하다. 이후 『반야심경』의 영험함은 민간에도 널리 알려지게 되었고, 이 짧은 경전을 암송하는 이들도 많아졌다.[74]

의각은 일반 대중들이 비교적 쉽게 접근할 수 있는 『반야심경』을 통해

---

71 최기표, 「玄奘 譯 반야심경의 성행 내력」, 『한국불교학』, 2017, 132~139쪽.

72 최기표, 「玄奘 譯 반야심경의 성행 내력」, 『한국불교학』, 2017, 151~153쪽. 심경 관련 주석서로 원측의 『반야심경소』·『반야바라밀다심경찬』·『인왕반야경소』, 원효의 『대혜도경종요』·『금강반야경소』·『반야심경소』가 있다(동국대 불교문화연구소, 『한국불교 찬술문헌총록』, 동국대 출판부, 1976, 9~13·16~36쪽).

73 한지연은 현장의 귀국 연도를 고려해 볼 때, 의각이 경전 입수 후 일본에서 독송했다고 보기에는 무리가 있다고 보았다. 이에 의각이 독송한 경전을 현장의 『반야바라밀다심경』보다 훨씬 이전에 번역되어 왔던 불공의 『호국반야바라밀다경』으로 보았다(한지연, 「도침의 불교사상과 백제부흥운동」, 『한국불교학』89, 2019, 225~226쪽).

74 최기표, 「玄奘 譯 반야심경의 성행 내력」, 『한국불교학』, 2017, 155쪽.

전법활동을 전개하였고, 영험함을 보여줌으로써 효과적인 전법활동을 펼칠 수 있었다. 이와 같은 의각의 전법활동은 3기 전법활동의 특징인 전법의 지역적 확산 및 전법 대상의 대중화를 잘 보여주는 것이다.

즉, 1기와 2기를 거치면서 그간의 전법승들의 노력으로 일본내에서 불교의 대중화가 점진적으로나마 지속적으로 진행되었고, 3기 독송을 통한 이적을 보여 준 의각에 의해 불교 대중화가 본격적으로 진행되었다. 이와 같은 점에서 의각은 일본 불교의 대표적인 교화승인 행기 이전 불교 대중교화에 크게 기여한 인물로 볼 수 있다.

2) 도장道藏

도장은 『일본서기』·『속일본기』·『원형석서』·『본조고승전』·『삼국불법전통연기』·『부상약기』·『제왕편년기』와 같이 사전류史傳類와 승전류 모두에서 자주 언급될 만큼 일본 왕실 및 불교계에 큰 영향력을 끼친 인물이다. 한편 국내 향천사의 사기寺記인 「사적책」에는 일본측 사료와 상이하거나 없는 내용을 기록하고 있어 본문에서 함께 검토해 보도록 하겠다.

1-① (가을 7월) 이달 초부터 8월에 이르기까지 가물었다. 백제의 승려 도장道藏이 기우제를 지내니 비가 왔다.

1-② (가을 7월 정사 초하루) 병자 백제의 사문 도장에게 명해 비가 내리기를 청하도록 했다. 채 아침이 지나지 않았는데 온 나라에 비가 두루 왔다.[75]

---

75 1-① (秋七月) 是月 始至八月 旱之 百濟僧道藏 雩之得雨(『日本書紀』卷第29 天武 12年)
1-② (秋七月 丁巳朔) 丙子 命百濟沙門道藏請雨 不崇朝 遍雨天下(『日本書紀』卷第30 持統 2年)

2-① (6월) 무술 조칙을 내리기를 "…또 백제 사문 도장은 실로 법문의 영수이자 석도釋道의 동량인데 나이가 80이 넘어 기력이 쇠하였으니 비단 5필의 예물이 없다면 어찌 노인을 봉양하는 마음이 있다고 할 수 있겠는가. 담당 관사에 명하여 사시四時로 명주 5필, 면 10둔屯, 포布 20단의 재물을 시주하게 하라. 또 노법사의 본가에 같은 호적에 있던 친족들에게는 스님이 죽을 때까지 과역을 면제하라"고 하였다.[76]

3-① 도장 스님은 백제 사람이다. 박학하고 신통하였다. 20단 연간에 일본국에 풍광을 보러 왔다. 지통 2년 가을 7월에 가뭄이 들자 도장을 불러 기우제를 지내게 하니 아침을 넘기지 않고서 천하가 두루 윤택해졌다. 천황이 그 법의 징험이 신속한 것을 귀하게 여겨 하사품을 매우 후하게 하였다. 양노 5년 6월 원정천황이 칙명을 내려 말하였다. "사문 도장은 불가의 동량이고 법문의 영수이다. 나이가 팔순을 넘어 기력이 쇠약한데 명주와 비단을 시주하지 않는다면, 어디에 노인을 구휼하는 뜻을 부치겠는가. 유사有司는 네 계절에 받들어 공양하라."

3-② 도장은 동쪽으로 건너온 뒤 『성실론소』 16권을 지었고, 90세가 된 후 남경南京에서 천화遷化하였다. 옛적 동대사의 학인들은 법상종은 구사론을 논하며 익히고, 삼론종은 성실론을 겸하여 배웠는데, 성실론을 강할 때에는 도장의 소에 의거하지 않음이 없었다. 그 강의가 폐지된 지가 300여 년이 되었으니 한탄하지 않을 수가 없다.

찬한다. 도장의 사적은 국사에서 어느 종파인지 기재하지 않았지만, 저

---

76 2-① (六月) 戊戌 詔曰…又百濟沙門道藏 寔惟法門袖領 釋道棟梁 年逾八十 氣力衰耄 非有束帛之施 豈稱養老之情哉 宜仰所司四時施物 紬五疋 綿十屯 布卄端 又老師所生同籍 親族 給復終僧身焉(『續日本紀』卷第8 元正天皇 養老 5年)

술한 『논소』를 보면 발마의 종宗이 아니겠는가. 실로 일가의 종조가 된
다. 성실론은 동진의 구마라집이 번역해 낸 것으로, 3천 문인이 종횡으
로 강의를 펼쳤다. 그 이래로 역대의 명승들이 혹은 주소注疏를 짓기도
하고 혹은 초역鈔譯을 기술하기도 했다. 도장은 선배들과 재갈을 나란히
하며 달렸으니, 참으로 성인의 거울을 더럽히지 않은 사람일 것이다.[77]

4-① …新羅神文王八年戊子에 百濟僧道藏和尙이 素有高風이러니 新羅武
烈王亂을 避하야 日本에 投入하니 時에 大旱이라 七月에 日本元正天
王이 道藏을 命ᄒ야 雨을 禱ᄒ니 崇朝에 天下普潤이어늘 天皇이 詔曰
沙門道藏은 釋家에 棟楹이요 法門에 領袖라 年逾八十에 氣力이 羸衰
ᄒ니 若無綿帛이면 何寄恤老之志리요 有司四時로 領供하라하다

4-② 新羅神文王壬辰에 師가 勅을 得ᄒ야 故國인 百濟에 還歸ᄒ니 百濟는
已爲革世하야 新羅이 通合이라 師가香泉松林 兩寺今大興面松林洞也라에
住錫 數年에 當新羅孝昭王二年癸巳라 師가 羅朝에 奏ᄒ되 烏山縣金
烏山은 卽湖西名山이요 百濟時義覺이 三千五十三佛을 石舟에 載來하
야 道場을 占用이나 諸般의 未備者未可擧數요 此道場에 守護는 與他
로 無爲尋常함을 奏請하니, 上이 聞之可喜하사 白金을 多賜ᄒ야 命修
ᄒ니 卽孝昭王七年戊戌리라

77　3-① 釋道藏 百濟國人 博且靈通 白鳳年中 觀光日國 持統二年秋七月旱 詔藏祈雨 不崇朝
而天下普潤 帝貴法驗之速 賚襯甚腆 養老五年六月 元正帝詔曰 沙門道藏 釋家棟梁 法門
領袖 年逾八十 氣力羸衰 若無錦帛之施 何奇恤老之志 有司四時領供
3-② 藏東渡之後 撰成實論疏十六卷 旣垂九齡 化于南京 昔東大寺之學者 法相宗論習俱
舍 三論宗兼學成實 至講成實 靡不據於藏疏 其講廢止者 三百餘年 不能無憾也
贊曰 藏師之事 國史不記何宗 見著論疏 則跋摩宗乎 實爲一家之宗祖也 夫成實論者 東晋
羅什譯出 三千門人 橫豎講敷 自爾歷世名僧 或著注疏 或述鈔譯 藏師與先進 幷鑣靈而馳
固不忝聖鑒者歟(『本朝高僧傳』卷第1 法本1之1 百濟國沙門道藏傳)

4-③ 義覺禪師初創千佛殿後四十七年만에 道藏禪師奉詔建築할시 極樂殿과 東便에 觀音殿과 西便에 爐殿과 東禪堂西禪堂이며 香積殿과 香雪樓을 一新造成ᄒ고 千佛殿과 爐殿僚舍二十餘間은 三十餘年前 義覺和尙이 已爲創建이라 通이泉名을 隨하야 香泉이라ᄒ다 山內隱寂庵은 亦年前에 已築하고 棲雲庵과 觀音庵과 浮屠殿과 羅漢殿 山外北嶺의 陁羅寺와 並五庵을 新搆ᄒ니 間數은 凡四百餘間이요 居巢大衆은 常時一百六十餘名에 逮番供槥가 一年二次에 難攺 아云리러라師是歲에 入寂ᄒ니 壽至九十八리라 茶毘夜에 舍利百餘枚가 現하니 門徒百餘人이 塔廟을 金烏山西西麓에 成ᄒ다 自是로 寺旺함을 隨ᄒ야 衲子가 雲集이라…….[78]

78 4-①…신라 신문왕 8년 무자에 백제 승려 도장화상이 예로부터 도가 높았다. 신라 무
열왕의 난을 피하여 일본으로 가니 이때에 큰 가뭄이라 7월에 일본 원정천왕의 명으로
도장이 비를 내리는 기도를 하니 새벽에 큰 비가 내려 땅을 적셨다. 천왕이 조서에 이
르길, "사문 도장은 불교의 대들보이고 법문의 영수다. 이제 80세가 넘어 기력이 쇠약
하니 솜옷과 비단 옷이 없으면 어떻게 노인을 구휼하는 뜻을 어디에 부치겠는가. 유사
는 사시로 받들어 공양하라"고 하였다.
4-② 신라 신문왕 임진년에 도장이 칙명을 받아 고국 백제에 돌아갔으나 백제는 이미 혁
세(革世)되어 신라가 통일하였다. 도장이 향천사와 송림사에 주석하셨습니다. 몇 년 후
신라 효소왕 2년 계사에 도장이 신라 조정에 아뢰길, "오산현 금오산은 곧 호서 명산이요
백제 때 의각이 3053불을 석주(石舟)에 싣고 와 도량을 창건하였습니다. 그러나 여러 가
지의 미비된 것이 많으니 이 도량을 수호하려는 사심 없는 마음으로 아뢰어 청합니다." 왕
이 듣고 기뻐하며 백금을 많이 내려주어 수리하게 하니 효소왕 7년 무술이었다.
4-③ 의각선사가 천불전을 초창한 후 47년만에 도장선사가 조를 받들어 건축하였다.
극락전과 동편 관음전과 서편 노전과 동선당, 서선당이며 향적전과 향설루를 새롭게
조성하였다. 천불전과 노전과 요사 20여 칸은 30여 년 전 의각화상이 이미 창건한 것
과 같아 샘의 이름을 따라 향천이라 하였다. 산내 은적암은 또한 그 이전에 이미 지어
졌고, 서운암과 관음암과 부도전과 나한전, 산외 북쪽 령(嶺)에 타라사와 더불어 5개 암
자를 새로 지었다. 칸 수는 400여 칸이고, 거주하는 대중은 항상 160여 명에 공궤(供
槥)를 잡을 차례가 일 년에 두 번도 돌아오기 어려웠다고 한다. 의각이 그해에 입적하
니 98세였다. 다비하고 난 밤에 사리 100여 과가 나왔다. 문도 100여 명이 탑묘를 금
오산 서쪽 기슭에 조성하였다. 이로부터 절이 성하게 되어납자(衲子, 승려)가 구름같이
모여들었다.

(1) 도일 및 기우제 집전

일본 측 사료인 1-①, ②『일본서기』와 3-①, ②『본조고승전』에 따르면 도장은 백봉연간673~686 도일해 684년천무 12 7월, 688년지통 2 7월 두 차례 기우제를 지냈다. 그리고 721년 80세를 넘어 법문의 영수로 칭송받으며, 비단 등을 하사받았고, 90세가 되어 남경나라지역에서 입적하였다.

먼저 사료를 통해 도장의 생몰년 및 전법시기를 추정해 보면 다음과 같다. 721년 비단 등을 조정으로부터 받았을 때 그의 나이가 80세가 넘었으므로 이때 나이를 81세로 추정하면, 그가 90세로 입적한 것은 730년경이 된다.[79] 따라서 도장의 생몰년은 640~730년으로 추정할 수 있다. 또한 도장은 백봉연간673~686 관광 차 도일하였고, 일본에 체류 중 684년 1차 기우제, 688년 2차 기우제를 집전했다. 따라서 도장이 도일한 시기는 673~684년 사이로 볼 수 있다.

한편 국내사료「사적책」4-①, ②, ③은 도장의 도일 및 도일배경, 생몰년에 관해 일본 측 사료와 다르게 기록하고 있다. 1937년 필사된「사적책」에 따르면 도장은 난을 피하여 688년신문왕 8 도일, 같은 해 기우제를 집전하였으며, 692년 귀국했다. 4-②에서 도장은 692년 귀국하여 예산 향천사와 송림사에 주석, 693년 향천사 중건을 조정에 상주하였다. 이후 698년 효소왕은 중수를 명하였고, 4-③에서 도장이 효소왕의 조詔에 따라 향천

원문 및 해석은「향천사사적책」(최선일 · 김자경 편,『예산 금오산 향천사 문헌집』, 온샘, 2017, 3~32쪽).

79 김동화는 도장이 백봉연간 도일, 730년 입적, 41년간 일본에서 전법활동을 한 것으로 보았다(「백제시대의 불교사상」,『아세아연구』5(1), 1962, 78쪽). 이에 대해 김천학은 도장의 일본 체재 기간에 대해서는 단정할 수 없으며, 7세기 후반 일본에 건너와서 730년경에 입적한 것으로 보았다(「백제 도장의 성실론소 逸文에 대해서」,『고대 동아시아 불교 문헌의 새로운 발견』, 씨아이알, 2010, 220쪽;「백제 도장이 일본 불교에 미친 영향에 대한 기초적 고찰」,『한국불교사연구』9, 2016, 71쪽).

사 중건을 완료한 것은 의각이 처음으로 천불전을 창건한 656년으로부터 47년이 지난 703년경이며, 이 해 98세로 입적하였다.

정리하면 「사적책」에 따른 도장의 생몰년은 604~703년으로 일본측 사료를 통해 추정한 생몰년인 640~730년과 차이가 나며, 도일시기 및 배경에 있어서도 「사적책」은 전쟁을 피하여 도일한 것으로 보았으며, 일본 측 사료는 673~684년 사이 관광차 도일한 것으로 서술하였다. 정리하면 아래 〈표 11〉과 같다.

〈표 11〉 도장 관련 한일 양국 사료 비교

구분	일본측 사료	국내 사료(사적책)
생몰년	640~730, 90세	604~703, 98세
도일 시기	백봉년간(673~686)	신문왕 8년(688)
기우제	684, 688	688

* 일본측 사료는 『일본서기』·『속일본기』·『본조고승전』 참조

즉, 일본 측 사료에 따르면 도장은 680년대 도일, 일본에서 684년, 688년 2차례에 걸쳐 기우제를 집전했다.[80] 한편, 도장 이외에 일본에서 기우제를 지낸 승려로는 혜관과 도녕이 있다.

5-① 승려 혜관은 고구려 사람이다. 수나라에 들어가 가상사 길장대사에게서 삼론의 종지를 전해 받고, 추고 33년[625] 정월 원일에 본국에 조공하러 왔다. 칙명으로 원흥사에 머물게 하니 공종을 성대히 설법하였다. 이 해 여름에 가뭄이 들자 혜관을 불러 기우제를 지내게 하였다. 혜관이 청의를 입고 삼론을 강의하자 곧장 큰비가 내렸다. 천황이 크게 기뻐하며 승정으로 발탁하였다.[81]

---

80 「사적책」의 향천사 관련 내용을 참고한다면, 도장은 692년 귀국, 향천사 중수(703)에 관여한 것으로 추정된다.

5-② 승려 도녕은 백제 사람이다. 이곳의 풍속이 순박하다는 말을 듣고 바다를 건너 왔다. 남경에 머물며 경론을 철저히 연구했고, 신령한 감응이 특히 드러났다. 백봉 12년 가을 8월에 가뭄이 들었다. 도녕에게 조를 내려 불법으로 기우제를 지내게 했는데, 기우제를 지내는 도중 큰 비가 내렸다. 천황이 기뻐하며 상을 넉넉히 내렸다.[82]

6-① 승려 도녕은 백제 사람이다. 백봉 12년 8월 전국에 큰 가뭄이 들었다. 도녕에게 칙령을 내려 불법으로 비가 내리게 했다. 효과가 있어서 큰 비가 쏟아져 내렸다. 천황이 후하게 상을 내렸다.[83]

위의 사료 5-①에서 알 수 있듯이 혜관은 도장 이전 625년 도일한 고구려승으로 푸른옷을 입고 삼론을 강하자 큰 비가 내렸다고 한다. 혜관은 이 공으로 일본내에서 오랫동안 활동하고 있었던 초대 승정 관륵을 제치고 2대 승정에 임명되었다.[84]

한재旱災는 농경사회에서 큰 재난으로 국가는 민심을 수습하고 위로하고자 사면을 단행하고 제천행사를 실시했다. 그리고 이와 같은 일련의 조치는 통치체제의 한 행위로[85] 그만큼 기우제를 통한 민심수습은 국가 정책에

---

81 5-① 釋慧灌 高麗人 入隋從嘉祥寺吉藏大師 稟三論旨 推古三十三年 正月元日 本國貢來 勅住元興寺 盛說空宗 是歲夏旱 詔灌祈雨 灌着靑衣 演講三論 大雨卽下 天皇大悅 擢任僧正(『本朝高僧傳』卷第1 法本1之1 高麗國沙門慧灌傳)

82 5-② 釋道寧 百濟國人 聞此方風俗之醇淑 截海而來 寓居南京 究申經論 靈感特著 白鳳十二年秋八月旱 詔寧法雩 修中大雨 帝悅優賞焉(『本朝高僧傳』卷第72 百濟國沙門道寧傳)

83 6-① 釋道寧 百濟人 白鳳十二年秋八月天下大旱 勅寧法雩効雨天注 帝加優賞(『元亨釋書』卷第9 感進4之1)

84 당시 관륵은 승정제 성립 및 시행에 깊이 관여했지만 승정직을 맡은 지 1년 만에 혜관으로 교체되었다. 교체 배경으로 혜관이 중국에서 길장에게 삼론을 사사받은 점과 함께 기우제를 통한 성과를 주요 요인으로 보기도 한다.

중요한 부분으로 볼 수 있다.[86] 따라서 혜관이 승정에 임명된 주요 원인 중 하나는 기우제 실시로, 도장 또한 두 차례에 걸친 기우제 집전을 통해 국가로부터 극진한 예우를 받았다. 사료 2-①, 3-①에서 '釋家棟梁 法門領袖석가동량 법문영수'은 승려에게 붙일 수 있는 최고의 찬사로, 도장이 최고의 찬사를 받을 수 있었던 것은 기우제를 지내면 바로 비가 내릴 정도로 영험함이 큰 인물이었기 때문이다. 그리고 국가에서는 그에 맞는 예우로 속백束帛을 하사하고 친족에게 부역 면제조치를 취하였다.[87] 이를 통해 기우제에서 영험함을 드러내는 승려는 국가적인 우대를 받았음을 알 수 있다.

도장과 비슷한 시기에 기우제를 지냈던 도녕 역시 반야심경 독송으로 이적을 보였던 의각과 함께 전법과 불법에 뛰어났으며 불교가 백제에서 일본으로 전래되는 시기에 큰 영향을 끼친 백제승으로 기록되어 있다.[88]

(2) 성실종의 종조宗祖

도장의 성실론서 저술에 대한 기록은 『본조고승전』·『제왕편년기』·『삼국불법전통연기』의 도장 관련 사료 중 일부에서만 보인다.[89] 그중 가장 상세한 내용을 싣고 있는 사료 3-②『본조고승전』에 의하면 도장은 『성실론소』 16권을 지었고, 동대사의 학인들은 성실론을 강의할 때 그의 소疏에 의거했다고 한다. 또한 고승전 찬자는 도장을 성실종의 종조로 보았

---

85   길기태, 「백제 사비기의 불교정책과 도승」, 『백제연구』 41, 2005, 118쪽.

86   백제에서는 이미 600년(법왕 2) 칠악사에서 기우제를 지냈다는 기록이 있다.
      大旱 王幸漆岳寺 祈雨(『三國史記』 卷第27 百濟本紀 第5 法王 2年)

87   이윤옥, 「고대 일본불교의 한국계 승려 연구」, 한국외대 박사논문, 2016, 170~171쪽.

88   覺寧藏三師者皆濟人也 此方東漸之始異域英行遊化 恐傳法慧解之才也(『元亨釋書』 卷第9 感進4之1)

89   成實論疏十卷 百濟道藏(『東域傳燈目録』)
      釋百濟道藏法師造成論疏有十六卷 上古傳來于今有之(『三國佛法傳通緣記』 卷中 成實宗)

다. 인도 하리발마의 성실론은 구마라습이 412년 역출한 이래로 대승론으로써 삼론과 결합하여 연구되었다. 양나라 3대 법사인 법운, 지장, 승민도 대승론으로 보아 각각 의소義疏를 저술했지만 고구려 승랑 이후부터 삼론과 갈라져 길장에 이르기까지 소승론으로 논정되었다.

성실종의 일본 전래는 일찍이 삼론종에 부속되어 전래되었고, 혜관, 혜총, 관륵 등의 삼론의 학장은 모두 성실과 통하였다.[90] 성실종은 성실론의 교리에 의거하여 정립되었는데, 이 종파의 주된 가르침은 정신적, 물질적 요소들은 영원히 존재하거나 변하지 않는 실체를 가진 것이 아니며, 참된 존재성이 결여되었으므로 공空하다고 보는 것이다.[91]

한편 삼국에서 일본으로 불교가 전해진 이후 점차 종파가 성립되어 6종의 성립을 보게 되었다. 남도 6종이란 나라시대 평성경平城京을 중심으로 발달한 삼론종, 성실종, 법상종, 구사종, 화엄종, 율종을 일컫는데 당시는 사찰별로 특정 종파를 신봉하는 것이 아니라 한 사찰 안에서도 여러 종파가 함께 어우러져 활동하던 시기였다. 남도 6종의 등장은『속일본기』천평보자 4년 7월에서 확인할 수 있다. 나라불교의 토대를 이룬 것은 남도 6종의 성립으로 이 과정에서 고대 한국 승려들이 종조로 관여했다. 그중 고구려승 혜관은 삼론종의 종조, 백제승 도장은 성실종의 종조, 신라승 심상은 화엄종의 종조로 정리할 수 있다.[92]

도장의『성실론소』는 현재 남아 있지 않지만 그 일문에 대한 연구가 이루어지고 있다.[93] 또한 이후 학인들이 그의 소에 의거하지 않음이 없었고,

---

90   孫英翼,「初期の奈良仏教における韓来僧たちの位置」,『新羅仏教研究』, 山喜房仏書林, 1973, 651~652쪽.

91   이윤옥,「고대 일본불교의 한국계 승려 연구」, 한국외대 박사논문, 2016, 176쪽.

92   남도 6종에 대한 연구사 정리는 이윤옥 논문 23~27쪽 참조(「고대 일본불교의 한국계 승려 연구」, 한국외대 박사논문, 2016).

그러한 영향은 현재 남아 있는 일문, 특히 남도 6종 중 삼론종과 화엄종 저술서인 원효의『대승법문장』, 징선澄禪의『삼론현의검유집』, 장해藏海의『대승현문사기』, 영헌英憲의『구사론송소초』, 종현宗顯의『화엄간요초』12권에서 확인된다. 그 외에도 천태종 승려인 증진證眞은 자신의 저서에서 도장의 소를 다수 인용하였는데, 일문에서 도장이 참조한 문헌들을 도장이 백제에서 가지고 온 것으로 추정한다면,[94] 백제 멸망 이후에도 도장에 의해 백제의 불교 교학이 일본 교학 연구에 영향을 끼친 것으로 볼 수 있다.

도장의 주요 전법 활동은 기우제를 통한 불법교화 활동과『성실론소』저술이었다. 기우제의 경우 도녕과 함께 비를 내리게 하는 영험함을 보여줌으로써 왕실과 국가로부터 포상과 여러 혜택을 받았다. 특히 그의 능력이 매우 뛰어나 국가로부터 극진한 예우를 받았고, 늙어서 입적할 때까지 지속적인 후원을 받았다. 그리고 이와 같은 국가 및 왕실의 후원을 기반으로 안정적으로 불교 교학에 대한 연구를 진행할 수 있었고, 그가 남긴『성실론소』는 후대에서 지속적으로 인용될 만큼 깊은 영향을 끼친 바, 일본 성실종의 종조가 되었다.[95]

---

93 도장의 성실론소 일문에 관한 연구로 김천학, 「백제 道藏이 일본 불교에 미친 영향에 대한 기초적 고찰」,『한국불교사연구』9, 2016; 「百濟 道藏의 成實論疏 逸文에 대해서」,『불교학리뷰』4, 2008 가 있다.

94 김천학, 「백제 道藏이 일본 불교에 미친 영향에 대한 기초적 고찰」,『한국불교사연구』9, 2016, 73~80·94~95쪽.

95 남도 6종의 종조인 고구려승 혜관은 중국에서 길장 문하에서 수학한 경험이 있고, 신라승 심상은 당나라 현수국사로부터 화엄종을 전수받았다는 점과 당시 일본 내에서 중국 유학승들을 우대하는 풍토를 감안한다면, 도장 역시 중국에서의 유학 경험이 있었던 것은 아닐까 생각된다.

3) 백제계 도래승 도소道昭[96]

전법의 확대와 관련하여 전법승 의각과 도장의 활동을 살펴 보았다. 앞서 지적했듯이 백제 전법승과 함께 일본내 불교 전파에 일익을 담당한 것은 토착화된 백제 도래인 승려, 도래승들이었다. 본 장에서는 일본에 법상종과 선종을 초전하고, 사회구제활동을 통한 민중포교의 시초라 할 수 있는 도래승 도소의 활동을 살펴보도록 하겠다.

도래계 유력 씨족 가문 왕진이의 후손인 도소는 불교 사상 및 선법 전파, 다양한 사회구제활동을 한 인물로, 일본 고대 불교사에서 중요한 인물로 평가받고 있다.[97] 또한 도소는 중국 구법활동과 관련하여 견당유학승으로서 견당사 초기 일본과 중국 간 문화교류면에서 활약했던 대표적 인물이기도 하다.[98]

기존 도소 연구에서는 대부분 그의 귀국 후 불교교학 전파 및 사회구제활동에 대해 중국 구법활동 중 사사받았던 현장과 혜만의 영향을 대부분 지적하고 있다. 본문에서는 왕진이 일족인 선사씨 가문의 영향력을 고려하여 도소의 활동을 살펴보고자 한다.

---

96   이 장은 2024년 발표한 논문 「7세기 백제 도래인 승려 도소의 생애와 활동」(『한국연구』 17, 2024) 논문을 토대로 요약 정리하였다.

97   水野柳太郎, 「道照伝考」, 『奈良史学』 1, 奈良大学史学会, 1983, 1쪽. 蓑輪顕量은 계(戒)·정(定)·혜(慧) 삼학(三學)을 배우고 불법을 체득해 지도하는 승려가 탄생하는 것을 중요하게 생각하여 도소가 삼학의 하나인 정(定)을 본격적으로 일본에 전하고 승가를 만든 최초의 인물이라고 평가하였으며, 도소가 일본에 법상종과 선정(禪定)을 처음 전하였다고 하였다(「道昭 三蔵法師に教えを乞うた仏教導入の先駆者」, 『歴史読本』 55(2), 2010, 50·533쪽). 渡部正英은 도소가 일본 내 선종을 초전하였고, 법상종 승려로 관승(官僧)인 동시에 좌선을 하는 선종(禪宗) 승려로 보았다(渡部正英, 「中国初期禅宗と禅宗日本初伝の道昭について」, 『宗教研究』 79(4), 日本宗教学会, 2006, 258·259쪽).

98   관련 자료는 부록 참조.

(1) 도소 관련 문헌과 출자出自 분석

『속일본기』에 따르면 도소[99]는 하내국 단비군 사람으로 속성은 선련船連이고, 혜석惠釋[100]의 아들이다. 653년백치 4 입당하여 8년간 현장으로부터 가르침을 받고, 선법을 익혔다. 귀국 후에는 일본 내 법상과 선법 처음으로 전하였고, 다양한 사회구제활동을 통해 일본 고대 불교 발전에 큰 영향을 끼쳤다.

본 장에서는 도소 관련 주요 사료를 정리해 보고, 그 속에서 도소의 출자와 도래계 씨족인 선사씨 가문의 활동을 살펴보도록 하겠다. 사료에서 도소의 전기 및 활동 내용을 정리하면 〈표 12〉와 같다.[101]

---

99 사료 속 도소는 道昭(일본서기, 부상약기, 원형석서, 본조고승전, 삼국불법전통연기, 심요초) 또는 道照(속일본기, 일본영이기, 일본삼대실록, 금석물어집)로 표기되어 있다. 이와 관련 『속일본기』와 『일본영이기』 양 사료를 비교분석한 水野柳太郎은 두 사료의 용례가 '道照'로 일치한 것은 같은 계통의 원사료에서 나온 '근연성(近緣性)'을 나타내는 것으로 보았다(水野柳太郎, 앞의 글, 1983, 3쪽). 본문에서는 편의상 道昭로 표기한다.

100 『일본서기』에서는 혜척(惠尺)으로 표기되어 있다. 이에 대한 논의는 뒤에 왕진이 일족의 활동에서 살펴보기로 한다.

101 ステフェン・デル는 고대부터 중세까지 도소 전기를 취해 현장으로부터 전법 부분을 개관, 초기 2종(『속일본기』・『일본영이기』) 및 그 외 17종의 사료를 정리하였다(ステフェン・デル, 앞의 글, 2021, 249~253쪽). 夏応元는 도소의 재당 활동을 알려주는 사료를 9종으로 정리하였고, 그중 禪을 배운 사실에 대해 자세히 언급하고 있는 사료로 『속일본기』・『본조고승전』・『원형석서』로 정리하였다(夏応元, 앞의 글, 2001, 19쪽). 水野柳太郎은 기본적 사료로 8세기말엽 『속일본기』와 9세기 초 『일본영이기』・『삼대실록』을 꼽았다. 한편 종래 연구에서 『부상약기』나 『금석물어』 같은 나중에 나온 사료에 대해 충분히 사료비판을 하지 않고 도소를 고찰해 왔다고 비판하며, 10세기 이후 사료에 새로 채록된 것이 있을지도 모르지만 충분한 사료 비판이 필요하다는 지적도 있다(水野柳太郎, 앞의 글, 1983, 1·28쪽). 본문에서는 夏応元이 정리한 사료 중 비교적 도소의 생애 및 활동이 상세한 사료들을 중심으로 살펴보도록 하겠다.

<표 12> 도소 관련 주요 문헌

출처	주요내용
『日本書紀』 卷第25 孝德 白雉 4년	-견당사를 따라 학문승 10명과 함께 입당(653)
『續日本記』 卷1 文武 4년	-하내국 단비군(河內國 丹比郡)출신, 속성은 선련, 부 혜석 -견당사를 따라 입당(653) -현장에게 선법을 배움 -귀국 시 사리, 경론을 가져 옴 -귀국 중 등주에서 치병 활동 -귀국 후 원흥사에 선원 건립 및 선법 강의 -다양한 사회구제활동 진행 -72세 입적(700). 화장(최초) -평성 천도 후 선원 이건(移建). 당에서 가져 온 다수의 경론 보관
『日本靈異記』 上卷 第22, 28	-성은 선씨, 하내국 출신(권22) -칙명에 따라 입당. 당에서 현장에게 가르침을 받음(권22) -귀국 후 여러 경전 강의 및 중생교화(권22) -당에서 구법 중 신라 산중에서 『법화경』 강의(권28)
『三代實錄』 卷32 陽成 元慶元年 12月	-선원사 창건(662). 진신사리 및 경론 일체 보관 -천도 이듬해 평성경으로 이건(711) -877년(원경원년) 선원사를 원흥사 별원으로 함
『扶桑略記』 第4 孝德 白雉 4년 文武 大寶元年	-하내국 출신(653년조) -653년 입당. 현장에게 가르침을 받음. 선문(禪門) 익힘(653년조) -신라산중에서 『법화경』 강의(653년조) -등주에서 사인(使人)들 병 치료 -귀국 후 선원건립 및 강의(653년조) -신라산사(新羅山寺)에서 머물며 법화경 강의(701년조)
『心要鈔』 第3 三學問	-삼장에게 무성중생의(無性衆生義), 선법 수학
『今昔物語集』 卷第11 本朝 仏法	-속성은 단씨(丹氏), 하내국 출신. 원흥사 승려 -칙명으로 입당, 대승유식을 배움 -도사 500명의 요청을 받아 신라에서 법화경 강의. 역소각과 대화 -귀국 후 선원 설치 및 유식 강의
『三國佛法傳通緣起』 卷中法相宗	-653년 입당. 현장에게 가르침을 받음. 자은과 함께 수학 -관문을 전수받았고 귀국 후 널리 전함 -삼장신번(三藏新翻) 신역 경론, 여러 경전을 가져 옴

출처	주요내용
『元亨釋書』 卷第1 傳智1之1 釋道昭	-세성(世姓)은 선씨, 내주 단북군(內州 丹北郡) 출신. 원흥사 거주 -칙명에 따라 견당사 및 구법승 13인과 함께 입당(653) -현장(장안), 혜만선사(상주)로부터 선법 수학 -귀국 중 등주에서 치병활동 -귀국 시 불사리, 경론, 법상종장소 가져 옴 -귀국 후 원흥사에 선원 건립 및 사회구제활동 -『능가경』의 팔식(八識)·오법(五法)·삼자성(三自性)·이무아(二無我) 설법 시초 -72세 입적(700). 화장(최초) -평성 천도 후 선원 이건 후 경전 보관
『本朝高僧傳』 卷第1 法本1之1 和州元興寺 沙門道昭傳	-성은 선련씨, 하주단비군인(河州 丹比郡人) -칙명에 따라 견당사 및 구법승 13인과 함께 입당(653) -현장, 혜만에게 가르침을 받음. 선법 수학 -귀국 시 불사리, 경론, 법상종장소 가져 옴 -귀국 중 등주에서 치병활동 -귀국 후 원흥사에 선원 건립(평성천도 후 이건) -『능가경』의 팔식·오법·삼자성·이무아 설법 시초 -약사사 수불 개안식 강사 초빙. 대승도(大僧都) 임명 시초(698) -72세 입적. 화장 -입당 및 법상종을 전한 4명 중 제일번(第一番)

그중 출자 관련 내용을 정리하면 〈표 13〉과 같다. 이를 통해 출신 지역 및 가문, 생몰년을 추정해 보면, 도소는 하내국현 오사카 단비군 출신으로[102] 속성은 선련, 소금하 혜석의 아들이다. 700년문무4 72세의 나이로 입적했다는 『속일본기』·『본조고승전』 등의 기록에 따르면 도소의 생몰년은 629~700년이다. 도소는 입당 전 원흥사에 머물렀고居元興寺, 住元興寺, 원흥사 승려元興寺 道昭和尚라는 기록으로 볼 때, 원흥사에서 출가한 것으로 추정된다.

---

102 『원형석서』에는 단북군(丹北郡)으로, 나머지 사료에서는 단비군(丹比郡)으로 표기. 평안시대(794~1185) 후기 단남군·단북군·팔상군 등으로 분리되었다(藤田琢司, 앞의 글, 2005, 85쪽 각주 4).

〈표 13〉 도소의 출자 관련 내용

■ 三月己未 道照和尙物化 天皇甚悼借之 遣使弔賻之 和尙河內國丹比郡人也 俗姓船連 父惠
釋少錦下 和尙戒行不缺 尤尙忍行…元有氣息 時年七十有二(『續日本記』卷1 文武 4年)
■ 故道照法師者船氏, 河內國人也 (『日本靈異記』上卷 第22)
■ 件年 元興寺道昭和尙 隨使入唐【河內國人】(『扶桑略記』第4 孝德 白雉 4年)
■ 俗姓は丹氏 河內の国の人也 幼にして 出家して 元興寺の僧と成れり(『今昔物語集』卷第11)
■ 世姓船氏 內州丹北郡人也 居元興寺 有戒行譽 (『元亨釋書』卷第1 傳智1之1)
■ 釋道昭姓船連氏 河州丹比郡人 天資明敏戒珠無缺 住元興寺 聲暢四方…享年七十有二(『本
朝高僧傳』卷第1 法本1之1)

출신지인 하내국 단비군은 『일본후기』에 따르면 갈정葛井, 선船, 진津 세 성씨의 묘가 있는 곳으로, 한반도 도래인들의 주요 거주지였다.[103]

하내지역은 하내호를 중심으로 수리체계가 발달하였고, 한반도의 많은 이주민들이 정착해 살면서 선진 문화가 싹을 틔웠다. 또한 이 지역의 백제계 씨족들은 서로 혼인 또는 동족의식을 가지고 일체감을 형성하고 있었으며, 자신들이 위치한 지리적 이점을 이용하여 왜국 내 유력씨족들과 깊은 관계를 맺을 수 있었다. 결과적으로 백제계 씨족들은 점차 대화정권의 체제에 편입되었고, 소아씨는 백제의 선진적인 제도를 기반으로 고대국가의 기틀을 완성해 나갔다.[104]

이와 같이 4~7세기를 중심으로 일본고대국가 형성기에 한반도 지역에서 바다를 건너 일본열도로 건너가 정착하면서 각종 선진기술과 문화를 전하고 일본 고대문화 및 국가 형성에 크게 공헌한 사람들을 '도래인渡來人'이라고 한다. 대표적인 도래인 집단으로는 동한씨東漢氏와 진씨秦氏, 아직阿直氏와 서문씨西文氏, 왕진이王辰爾일족 등이 있으며, 사료상 모두 백제에서

---

103 丁巳 正四位下行左大辨兼右衞士督皇太子學士伊勢守菅野朝臣眞道等言 己等先祖 葛井
船津三氏墓地 在河內國丹比郡野中寺以南(『日本後紀』卷8 延曆 18年 3月)
104 박재용, 앞의 글, 2017, 196쪽.

도래한 것으로 전해진다.[105]

〈표 13〉을 보면 도소의 속성은 여러 사료에서 선련船連, 선련씨船連氏, 선씨船氏, 단씨丹氏로 기록되어 있는데, 모두 도래인 왕진이 일족과 연관된 성씨이다. 왕진이의 도래 시기는 확정하기는 어렵지만, 사료에서 그의 활동이 처음 보이는 553년흠명 14 이전의 가까운 시기로 추정된다.[106] 왕진이 일족은 하내지역의 다른 백제계 씨족보다 비교적 늦게 도왜했으나 당시 유력 씨족인 소아씨와 밀접한 관계를 맺으며 정치적으로 성장해 나갔다.[107]

왕진이를 비롯한 그의 일족들은 문서행정을 담당하는 사성史性 씨족으로 재정, 조세, 역사편찬, 외교, 불교 등 다방면에 걸쳐 활약하였다.[108] 도소 이전 왕진이 일족의 분야별 활동 내용을 정리하면 다음과 같다.

〈표 14〉 왕진이 일족의 분야별 활동

인명	활동시기		활동분야	활동내용
왕진이	553년	흠명 14년	문서행정	선부를 기록하고 선장에 임명됨. 선사(船史) 성을 받음[109]
담진	569년	569년	문서행정	1월 백저전부(白猪田部)의 정적(丁籍)을 조사함 4월 백저전부의 정(丁)의 수를 조사하여 호적 작성. 그 공으로 백저사 성을 받고, 전령(田令)에 임명[110]

105　나행주, 「일본고대국가와 백제계 도래인」, 『한일관계사연구』 52, 한일관계사학회, 2015, 15쪽.

106　연민수, 앞의 글, 2018, 204쪽.

107　박재용, 앞의 글, 2014, 68쪽. 또한 왕진이의 도왜가 백제와 소아씨의 관계 속에서 이루어진 것으로 보았다(「6세기 왜국의 대외관계 변화와 백제계 씨족」, 『백제와 주변세계』, 진안진, 2012, 240쪽).

108　연민수, 앞의 책, 2021, 111쪽.

109　秋七月辛酉朔甲子 幸樟句宮 蘇我大臣稻目宿禰 奉勅遣王辰爾 數錄船賦 卽以王辰爾爲船長 因賜姓爲船史 今船連之先也(『日本書紀』卷第19 欽明 14年)

110　卅年春正月辛卯朔 詔曰…年甫十餘 脫籍免課者衆 宜遣膽津 膽津者【王辰爾之甥也】檢定白猪田部丁籍(『日本書紀』卷第19 欽明 30年)
　　夏四月 膽津檢閱白猪田部丁者 依詔定籍 果成田戸 天皇嘉膽津定籍之功 賜姓爲白猪史 尋拜田令 爲瑞子之副(『日本書紀』卷第19 欽明 30年)

인명	활동시기		활동분야	활동내용
왕진이	572년	민달 원년	문서행정	여러 사(史)들이 해석하지 못한 고구려의 표문을 선사의 조상인 왕진이가 능히 읽고 해석함[111]
담진	574년	민달 3년	문서행정	길비국에 소아마자대신을 파견하여 백저둔창과 전부를 늘리고 전부의 호적인 명적을 담진에게 줌[112]
우	574년	민달 3년	재정[113]	선사 왕진이의 아우. 진사(津史) 성을 받음[114]
선사왕평	608년	추고 16년	외교	4월 소야신매자가 당 사신 배세청 일행과 축자에 도착 6월 사신들이 난파진에 정박. 이 날 식선(飾船) 30척으로 사신들을 강 입구에서 맞이하여 신관(新館)에 안치함. 중신궁지연오마려(中臣宮地連烏摩呂)·대하내직강수(大河內直糠手)·선사왕평(船史王平)을 장객(掌客)으로 임명하여 사신을 응대함[115]
선사룡	609년	추고 17년	외교	4월 백제 승려와 일행이 비후국에 표착하자 난파길사로 덕마려와 선사룡을 파견함 5월 덕마려와 선사룡 두 사람을 다시 보내어 백제인들을 본국으로 송환함[116]
선사혜척	645년	황극 4년	修史	불타던 『국기』를 구해내어 중대형황자에게 바침[117] 664년 이후 소금하 임명

---

111 丙辰 天皇 執高麗表疏 授於大臣 召聚諸史 令讀解之 是時 諸史 於三日內 皆不能讀 爰有 船史祖王辰爾 能奉讀釋(『日本書紀』卷第20 敏達 元年)

112 冬十月戊子朔丙申 遣蘇我馬子大臣於吉備國 增益白猪屯倉與田部 卽以田部名籍 授于白 猪史膽津(『일본서기』卷第20 敏達 3年)

113 사료상 왕진이 동생 우의 구체적인 활동에 대한 언급은 없다. 다만 사성된 '津史'라는 성으로 미루어 볼 때, '津'도 선박이 정박하는 항구를 의미하는 것으로, 문필을 기반으로 한반도 국가들과의 무역활동을 통해 왜 왕권의 재정을 확충하고 씨족의 번영을 추구해 나갔을 추측해 볼 수 있다(연민수, 앞의 책, 2021, 124쪽).

114 戊戌 詔船史王辰爾弟牛 賜姓爲津史(『日本書紀』卷第20 敏達 3年)

115 十六年夏四月 小野臣妹子 至自大唐 唐國號妹子臣曰蘇因高 卽大唐使人裴世淸·下客 十二人 從妹子臣 至於筑紫 遣難波吉士雄成 召大唐客裴世淸等 爲唐客更造新館於難波高 麗館之上
六月壬寅朔丙辰 客等泊于難波津 是日以飾船卅艘 迎客等于江口安置新館 於是以中臣宮 地連烏摩呂·大河內直糠手·船史王平爲掌客(『日本書紀』卷第22 推古 16年)

〈표 14〉에서 왕진이는 553년 소아도목의 지시로 선장船長이라는 직책을 맡아 선박의 관세를 기록, 이 일을 계기로 선사船史라는 성을 받았다.[118] 572년에는 기존의 사관들이 해석하지 못하고 있던 고구려의 외교문서를 해석해 냄으로써 그 능력을 인정 받았다.

왕진이의 동생 우牛와 조카 담진膽津은 동시대에 활동한 것으로 보인다.[119] 특히 조카 담진은 호적 관련 업무에서 왕진이 만큼 큰 활약을 보였다. 569년 정적丁籍을 조사하라는 명을 받은 백저전부는 설치한 지 10여 년이 지나 호적에서 누락되어 과역課役을 면제받는 사람이 많은 상태였다. 이에 담진이 백저전부의 조사 및 호적 작성을 맡게 되었고, 백저전부의 정丁을 조사하여 조칙에 따라 호적을 작성하였다. 결국 전호田戶를 완성한 공을 인정받아 백저사白猪史라는 성을 받았고, 둔창 관리 및 조세를 거두는 전령田令에 임명되었다.

6세기 중후반 도래 직후 왕진이와 담진이 일족을 이끌었다면, 7세기 추고기에는 선사왕평과 선사룡이 외교분야에서 외교적 수환을 발휘하였다. 608년추고 16년 견당사로 갔던 소야신매자는 당 사신 배세청과 하객下客 12명과 함께 귀국하였는데, 이때 선사왕평은 장객으로서 임명되어 새로 축조한 신관에서 사신 일행을 맞이하였다. 한편 609년추고 17 백제승려 도

116　十七年夏四月丁酉朔庚子 筑紫大宰奏上言 百濟僧道欣・惠彌爲首 一十人 俗七十五人 泊于肥後國葦北津 是時 遣難波吉士德摩呂・船史龍 以問之曰 何來也(『日本書紀』卷第22 推古 17年)

　　　五月丁卯朔壬午 德摩呂等復奏之 則返德摩呂・龍 二人 而副百濟人等 送本國 于對馬 以道人等十一 皆請之欲留 乃上表而留之 因令住元興寺(『日本書紀』卷第22 推古 17年)

117　己酉 蘇我臣蝦夷等臨誅悉燒天皇記・國記・珍寶 船史惠尺卽疾取所燒國記而奉獻中大兄(『日本書紀』卷第24 皇極 4年)

118　船史씨는 683년 連의 성을 받게 되어 '船連'으로 개성.

　　　冬十月乙卯朔己未…船史…幷十四氏 賜姓曰連(『日本書紀』卷第29 天武 12年)

119　연민수, 앞의 글, 2018, 208쪽.

흔, 혜미 등을 포함한 백제인 85명이 비후국에 표착한 사건이 발생하였다. 선사룡은 이 일을 처리하기 위해 현지에 파견되었고, 표류된 백제인들을 통해 사고 경위 및 정황 등을 조사하여 상부에 보고하였다. 이후 표류민에 대한 상부의 송환 지시에 따라 이들을 백제로 다시 송환하게 되었는데, 이 과정에서 11명이 왜국 체류 의사를 밝혔고, 선사룡은 이들을 원홍사에 머물게 했다.

608년 당 사신 배세청 일행의 도착은 중국왕조의 사신이 왜국에 처음으로 온 것이었다. 이 중요한 민감한 외교적 사안에 장객사掌客使로 선사왕평을 발탁한 것은 사성史姓 씨족으로서의 높은 학식과 도래계 출신의 국제적 식견이 작용한 것으로,[120] 외교에서 수세적 입장인 왜왕권으로서는 최선의 대응이었다.

또한 609년 민간 교류 차원에서의 표류민 발생이라는 돌발 상황을 선사룡이 매끄럽게 처리함으로써 최선의 결과를 만들어냈다. 두 사건은 자칫 잘못하면 외교적 갈등이나 마찰로 이어질 수도 있었지만, 선사씨 가문의 능숙한 외교적 대처 덕분에 왜 정부는 곤란한 상황을 사전에 막을 수 있었다.

도소의 아버지인 선사혜척은 황극기 사서 편찬 분야에서 활동한 인물이다. 활동시기로 보아 왕진이의 3세손으로 보이고 앞의 선사룡의 아들이거나 조카로 추정된다.[121] 도소까지의 계보를 정리하면 〈표 15〉와 같다.

---

120 연민수, 앞의 책, 2021, 128쪽.
121 연민수, 앞의 글, 2018, 221쪽.

〈표 15〉 도소 계보

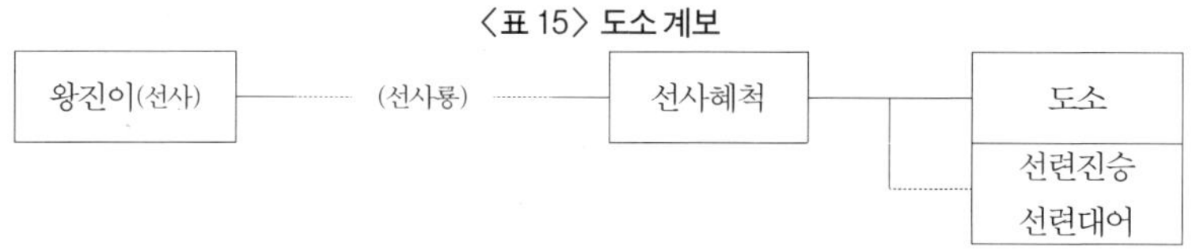

* 石川逸子, 『道昭』, コ―ルサック社, 2016, 4쪽 〈道昭系図〉 참조

앞의 〈표 13〉의 『속일본기』와 〈표 14〉의 『일본서기』에 기록된 혜척의 활동 내용을 살펴보기로 하자. 먼저 혜척의 이름과 관련하여 『일본서기』에는 선사혜척으로, 『속일본기』 도소전에서는 혜석소금하로 기록되어 있다.[122] 『일본서기』에 따르면 혜척은 645년황극4 소아신하이 등이 죽기 전 『천황기』・『국사』 및 진보珍寶를 불태웠는데, 이때 선사혜척이 불타던 국기를 집어내어 중대형에게 바쳤다고 한다. 이 사건은 그가 사관으로서 사서 편찬에 관여했음을 시사하는 것으로 볼 수 있다.[123]

그동안 왕진이 일족은 도래 후 소아씨와의 밀접한 관계를 맺으며 입지를 다져왔고 유력 씨족으로 성장할 수 있었다. 또한 소아씨 집안의 몰락이라는 정치적 변화 속에서 가문의 입지를 유지하고자 불속에서 건져 낸 『국기』를 당시 정치적 실권을 장악하고 있었던 중대형황자에게 전달함으로써 유력 씨족의 입지를 지켜 나갈 수 있었던 것이다.

이후 20년이 지나664년 이후 혜척이 소금하少錦下 관위에 임명되고, 700년

---

122 양 사서의 한자명이 다른 것에 대해 水野柳太郎은 『일본서기』와 『속일본기』의 한자명이 다른 것에 대해 같은 선씨 전승에서 나왔더라도 성립시기가 다른 자료에서 기인했기 때문으로 보았고(水野柳太郎, 앞의 글, 1983, 4쪽), 연민수는 『속일본기』의 혜석은 고승의 아버지에 대한 존숭의 의미에서 석(釋)을 취한 것으로 보았다(연민수, 앞의 책, 2021, 130쪽).

123 이에 대해 연민수는 일련의 국가 문서류 중에서 제1급 기록인 역사서를 그가 건져냈다는 사실은 해당 사서에 대한 기록, 보관, 유포 등의 흐름을 잘 알고 있었다는 증거이고, 사관으로서 이 사서의 편찬에 관여했음을 시사하는 것으로 보았다(연민수, 앞의 글, 2018, 221쪽).

대 초 선사씨 가문의 인물들이 지속적으로 관위를 받고 있다는 점에서[124] 소아씨 가문의 멸망 이후에도 도래계 씨족인 선사씨 가문의 정치적 입지가 계속 유지되고 있음을 볼 수 있다.

왕진이 일족은 나라시대 경준慶俊과 자훈慈訓이 승강僧綱에 올랐고, 백저사광성白猪史廣成과 진사주치마려津史主治麻呂가 700년대 초 견신라대사로 파견되었으며, 한문학의 대가 갈정연광성葛井連廣成, 대보율령 제정에 참여한 백저사골白猪史骨, 『속일본기』편찬자 관야조신진도菅野朝臣眞道 등 불교와 외교, 학문 분야에서 지속적으로 두각을 나타내었다.[125]

(2) 중국 내 구법활동

『일본서기』에 따르면 도소는 653년백치 4년 25세에 천황의 칙령에 따라 학문승 13명과 함께 2차 견당사의 일원으로 중국으로 구법활동을 떠났다.

四年夏五月辛亥朔壬戌…學問僧道嚴·道通·道光·惠施·覺勝·辯正·惠照·僧忍·知聰·道昭·定惠【定惠內大臣之長子也】安達【安達中臣渠每連之子】道觀【道觀春日粟田臣百濟之子】…幷一百廿一人 俱乘一船…『日本書紀』卷第25 孝德 白雉 4年

입당 전 도소의 행적을 자세히 알기는 어려우나, 〈표 13〉에서 정리한

---

124 소금하 관위는 664년(천지 3) 26개 관위로 확대 개편하면서 만들어졌는데, 기존의 소화상(小花上)과 소화하(小花下) 2계가 소금상, 소금중, 소금하 3계로 개편되었다. 26개 관위 중 12위에 해당 된다. 水野柳太郞는 혜척의 아들 또는 손자 세대로 생각되어지는 선련진승, 선련대어가 714년(화동 7) 723년(양노 7)에 각각 정 5위하, 종 5위하를 받고 있다는 점에 주목하여 선씨일족이 지속적으로 관위를 받고 있다는 점에서 그가 소금하 관위를 받은 것은 사실일 것으로 추정하였다(앞의 글, 1983, 4쪽).

125 연민수, 앞의 책, 2021, 131쪽.

『속일본기』와 여러 사료를 보면, 도소는 계행을 어기지 않고 인행忍行을 숭상하였고속일본기, 어려서 출가해 원흥사 승려가 되었으며금석물어집, 입당 전까지 원흥사에서 머물렀다.원형석서 또한 타고난 품성이 명민하고 계주戒珠가 결점이 없었으며, 그의 이름이 사방에 퍼졌다본조고승전고 한다.

위 내용에서 도소는 어려서 출가한 것으로 보이나 구체적으로 어느 절에서 출가했는지는 나와 있지 않다. 다만 도소는 입당 전과 귀국 후 원흥사에서 머물렀고, '원흥사 승려'라고 하는 점에서 출가 역시 원흥사에서 했을 것으로 보인다.

당시 원흥사비조사는 최고로 우수한 승려들이 모여있던 사찰로 불교계의 중심적인 역할을 담당하고 있었다.[126] 뿐만 아니라 소아씨를 통해 대륙문화 수입의 중심 무대였으며, 정치 외교의 장으로 비조시대 문화는 비조사를 중심으로 전개되었다.[127] 따라서 6세기 중엽 도래 이후 소아씨와 밀접한 관계를 맺고 있었던 왕진이 가문과도 관련 있는 곳으로, 앞서 〈표 14〉 왕진이 일족의 활동에서 선사룡은 609년 백제 표류민 중 도인道人 등 11명을 이곳에 머물게 한 바 있다. 따라서 유력한 도래계 가문 출신인 도소가 당시 불교계의 중심 사찰이자 선사씨 가문과도 유관한 원흥사에서 출가하는 것은 자연스러운 일이다.

당시 유학생 선발의 대상이 종래의 도래계 씨족 일변도에서 점차 토착 씨족의 후예들로 변화되고 있는 시점에서,[128] 도소가 입당 구법승으로 발탁될 수 있었던 것은 도래계 씨족의 유력한 집안 배경과 원흥사 승려로

---

126 夏応元, 앞의 글, 2001, 18쪽.
127 원흥사 홈페이지 역사(연표). https://gangoji-tera.or.jp/read/history.html(검색일 : 2024.9.7)
128 나행주, 앞의 글, 2020, 12쪽.

서의 명성이 함께 반영된 결과라고 할 수 있다.

고대 동아시아에서 승려는 정치문화와 외교에 있어서 다양한 역할을 담당했다. 당시 구법승들의 해외 구법활동은 개인의 신앙심이나 의지보다는 국가적 차원에서 체계적으로 파견된 것으로 볼 수 있다. 따라서 초창기 해외 파견 구법승들은 출국 및 귀국 시 사절단과 동행하는 경우가 많았다.[129] 그들은 고대 동아시아 해역을 왕래하는 가운데 불교문화 및 불교사상을 체득하는 구법자인 동시에 국가 간 우호를 매개하는 외교적 역할과 기능을 수행하는 존재였다.[130]

도소가 포함된 653년 2차 견당사단에 유학생과 학문승 36명이 포함된 것은 견당사 파견 목적에 문화교류적인 면도 어느 정도의 비중을 차지하고 있다는 것을 보여주는 것이며, 도소는 그 중에서 일중문화교류면에서 중요한 역할을 담당하였다.[131]

따라서 도소의 구법활동은 개인적 차원이 아닌 국가적 차원의 파견으로 볼 수 있다. 『일본영이기』 등 일련의 사료를 통해 도소가 국가의 칙명을 받고 입당했음을 알 수 있다.[132]

---

129 입화 구법승의 활동은 국가교류의 일환으로 입당한 경우와 사적으로 입당한 경우로 구분된다. 전자의 경우 사절단과 동행한 경우가 많았다(정병준, 「당 신라 교류사에서 본 신라구법승」, 『중국사연구』 75, 중국사학회, 2011, 70~79쪽).

130 나행주, 앞의 글, 2020, 16쪽.

131 夏応元, 앞의 글, 2001, 17쪽.

132 水野柳太郎는 『속일본기』와 『일본영이기』 두 사료에서 율령정부와의 관계를 강조하는 『속일본기』에는 단순히 '隨使入唐(수사입당)'으로 있을 뿐인데, 『일본영이기』의 이 부분은 글자가 많고(奉勅求佛法於大唐), '봉칙(奉勅)'이라고 까지 되어 있는 것은 『일본영이기』에 정착할 때에, 혹은 영이기의 편자 경계(景戒)로 인해 부가된 것으로 보았다(水野柳太郎, 앞의 글, 1983, 6·7쪽). 그러나 直林不退는 불교 제도화를 위한 계율 수용과 관련하여 10사제 유지를 위해 도소를 당에 파견하였고, 도소는 현장으로부터 보살계를 수용한 것으로 추정하였다(直林不退, 앞의 글, 1997, 210쪽). 따라서 도소의 구법활동을 국가적 차원에서 이루어졌으며 단순히 『일본영이기』 편자가 임의로 부가한 것이 아

■ 효덕 백치 4년 사신을 따라 당에 들어갔다가 현장삼장을 만나 스승으로 모시고 수업을 받았다… (삼장이) 말하길, "경론이 심묘하여 그 깊은 뜻을 다 알 수 없다. 선류(禪流)를 배워 동쪽에 전하는 것이 좋을 것이다."라고 하였다. 화상은 가르침을 받들어 비로소 선정(禪定)을 익혔고 깨달은 바가 많았다.[133]

■ 조칙을 받들고 불법을 구하러 당나라에 가서 현장삼장을 만나 제자가 되었다.[134]

■ 도소화상이 바다를 건너 당에 갔다. 현장삼장을 만나 법상종을 공부했다… 도소는 삼장과 한 방에 머물렀고, 자은과 함께 공부하며 여러 해 동안 문하에서 수학했다. 특히 관문(觀門)을 전수받는 데 부지런히 애썼다.[135]

■ 칙명을 받들어 견당사 소산장주(小山長丹)를 따라 바다를 건너갔다. 이때 뜻을 같이 한 승려가 도엄 등 13명이었다. 장안에 이르러 삼장법사 현장을 뵈었다… 하루는 삼장이 말하길, "경전과 논서의 글은 광대해서 수고로움은 많고 공은 적다. 선종(禪宗)은 그 뜻이 미묘(微妙)하다. 네가 이 선법을 배우면 동쪽 변방에 전할 수 있을 것이다." 도소는 기쁜 마음으로 수행하여 일찌기 깨달을 수 있었다.[136]

■ 칙명에 따라 바다를 건너 사문 정혜, 도엄 등 13여 명과 함께 견당사 소산장주를 따라 입당했다… 도소는 장안에 도착해 홍복사에서 현장삼장을 알현했다… 하루는 현장이 말하길, "교상(教相)은 장황하여 노고는 많고 공은 적으니 선(禪)을 배우는 것이 낫다. 선종은 미묘(微妙)하니 너는 마땅히 이 선법을 배워 동쪽에는 전하거라." 도소는 복응(伏膺)하고 참수(參修)하여 깨달음을 얻었다.[137]

도소는 653년 입당 후 661년 사신단과 함께 귀국할 때까지 8년 동안 현장 삼장과 혜만선사 두 사람으로부터 가르침을 받았다.[138] 먼저 〈표 16〉의 사료

닌 국가의 칙명에 따라 입당한 것으로 보는 것이 타당하다.

133 隨使入唐 適遇玄奘三藏 師受業焉… 又謂曰 經論深妙 不能究竟 不如學禪流 傳東土 和尚 奉教 始習禪定 所悟稍多(『續日本記』卷1 文武 4年)

134 奉勅求佛法於大唐 遇玄裝三藏而爲弟子(『日本靈異記』上卷 第22)

135 道昭和尚越海往唐 遇玄弉三藏 學法相宗…道昭與三藏宿在同房 與慈恩同學 久在門下受學積年 提誘慇懃特傳觀門(『三國佛法傳通緣起』卷中)

136 奉勅 從遣唐使小山長丹泛海 緇侶同志者道嚴等一十有三人 到長安謁三藏玄奘…一日 藏語曰 經論文博勞多功少 我有禪宗其旨微妙 汝承此法可傳東徼 昭欣愜修習早得悟解(『元亨釋書』卷第1 傳智1之1)

137 奉渡海之敕 與沙門定慧道嚴等十有三人 從遣唐使小山長丹入唐…昭屈長安 謁弘福寺玄奘三藏…命居同房 指摘纖隱 曲示綱猷 昭與慈恩等諸師同社頡頏 一日奘語曰 教相繁冗 勞多功少 無如學禪. 此宗微妙 汝當承此法傳東域 昭伏膺參修 尋獲證悟(『本朝高僧傳』卷第1 法本1之1)

138 도소의 구법활동 관련 주요 쟁점은 도소의 귀국 시기와 그가 당에서 무엇을 배웠고 일본에 전래했는가 하는 것이다. 귀국연대와 관련, 655년(제명 원년) 귀국설과 661년(제명 7)설이 있다. 많은 다수의 학자들은 후자의 입장이다. 두번째 쟁점과 관련하여 도소의 재당시기에는 신역불교에 속하는 법상종이 성립되어 있지 않았고, 도소가 당에서 배워 일본으로 전래한 것을 섭론종으로 보는 견해도 있지만(田村圓澄, 『고대 한국과 일

들을 종합하여 도소가 현장에게 배운 바가 무엇인지 살펴보도록 하겠다.[139]

653년 입당한 도소는 현장을 만나 제자되었다. 당시 현장玄奘, 622~664은 17년에 걸친 서역에서의 구법활동을 마치고 귀국하여[645] 장안에서 당태종의 적극적 지원하에 홍복사 및 자은사에 머물며 역경에 몰두하고 있었다. 도소는 현장을 만나 제자가 되었고遇玄奘三藏而爲弟子, 법상종과 유식에 대해 가르침을 받았다學法相宗, 唯識の法門を敎ふ. 특히 '무성중생의無姓衆生義'를 배우고 선법을 전수받았다고 한다於三藏所受無姓衆生義 幷傳禪法.

이처럼 도소는 현장으로부터 법상종과 유식과 선법을 익혔는데, 현장은 도소를 '같은 방에 머물게 하며 그 숨겨진 뜻을 섬세하게 지적해 주고 구도와 기강을 간곡하게 지시하였다命居同房 指摘纖隱 曲示綱猷'. 그리고, 도소는 규기 등 여러 스승들과 여러 해 문하에서 함께 수학했다與慈恩同學 久在門下受

본 불교』, 울산대 출판부, 1997, 154~158쪽), 도소가 현장을 따라 법상유식학을 배웠고 귀국 후 일본에 법상종을 전한 최초의 승려라는 것이 정설이다(夏応元, 앞의 글, 2001, 18쪽). 첫 번째 쟁점에서 655년 귀국설을 따른다면 구법기간은 2년 정도에 불과하다. 이는 현장과 혜만으로부터 법상종의 교법과 선법을 배우고 익히기에는 매우 촉박한 시간으로 661년 귀국설이 좀 더 타당하다고 생각된다. 두 번째 쟁점에서는『삼국불법전통연기』에서 도소가 귀국 시 현장 신역 경론을 가지고 왔다고 한 점에서, 이를 기반으로 법상종이 성립되었을 것으로 볼 수 있다(蓑輪顯量, 앞의 글, 2017, 43쪽). 관련 사료는 아래와 같다.
八月戊戌朔 河邊臣麻呂等 自大唐還(『日本書紀』卷第26 齊明 元年(655))
丁巳, 耽羅始遣王子阿波伎等貢獻【伊吉連博德書云 辛酉年正月廿五日…僅到耽羅之嶋 便卽招慰嶋人王子阿伎等九人 同載客船 擬獻帝朝 五月廿三日 奉進朝倉之朝】(『日本書紀』卷第26 齊明 7年(661))
三藏新翻經論諸典創傳日域即其人焉(『三國佛法傳通緣起』卷中 法相宗)
139 夏応元은『속일본기』·『본조고승전』·『원형석서』·『부상약기』·『심요초』5종의 사료에서 공통된 내용을 다음 2가지로 정리하였다. 첫째, 도소는 입당해서 현장삼장과 사승관계를 맺은 후 처음에는 법상종을 공부했다가, 후에 현장의 권유에 따라 선을 배우기 시작했다. 둘째, 어떤 禪을 공부했는지에 대해『속일본기』에는 구체적으로 기록되어 있지 않지만,『원형석서』와『본조고승전』에서 현장이 상주 융화사의 혜만을 추천했고, 혜만의 가르침을 통해 선을 배운 것으로 기록되어 있다(夏応元, 앞의 글, 2001, 19쪽).

　　도소가 여러 해 동안 현장 문하에서 수학하면서 교법만 배운 것은 아니었다. 현장은 '경론이 심묘하여 그 뜻을 다 알기 어렵고經論深妙 不能究竟', '경전과 논서의 글이 광대하고 교리의 해석이 번잡하여 수고로움은 많고 공은 적다經論文博, 敎相繁冗 勞多功少'는 점을 지적하며, 도소에게 '禪'을 권유하였다. 〈표 16〉에서 선류禪流, 선정禪定, 선문禪門, 선법禪法, 선종禪宗, 관문觀門은 넓은 의미의 禪을 표현하는 단어들이다.[140] 앞서 부처의 가르침의 교리적, 이론적 방면을 의미하는 '경론', '교상'과 대비되는 것으로, 실천적, 의식적 수행 방법을 의미하는 것으로 생각된다.[141]

〈표 17〉 도소 구법활동 관련 사료(2)

■ 그 후, 삼장법사의 지시로 상주 융화사에 가서 혜만선사를 뵈었다. 혜만은 선의 종지를 자세하게 보여주고는 말하였다. "돌아가신 승나 스승께서 말씀해 주셨네. 옛날에 달마선사께서 『능가경』을 2조 혜가 스님께 주시면서 '내가 이 중국에 있는 경전을 살펴보니, 이 네 권만이 마음과 일치하더구나'라고 말하셨다고 하더군." 공부가 다 되자, 도소는 삼장법사와 하직하였다.[142]

■ 그 후, 삼장법사의 지시로 상주 융화사에 가서 혜만선사를 뵈었다. 혜만은 중요한 (선의 종지를)보여주고 이어 말하였다. 돌아가신 승나 스승께서 일찌기 말하였다. "옛날에 달마대사가 『능가경』을 2조(2대) 혜가 스님께 주시면서 '내가 이 중국에 있는 경전을 살펴보니, 이 네 권만이 마음과 일치하더구나'라고 말하셨다고 하더군. 너는 돌아가서 중생들을 구제하는데 마땅히 이 네 권에 의지해야 한다." 도소는 홍복사로 돌아와 작별인사를 했다.[143]

140　禪은 범어 선나(禪那)의 준말로 마음을 한 곳에 모아 고요한 경지에 드는 일이다. 선악, 시비, 유무에 간섭하지 않아 마음을 안락 자재한 경계에 소요케 하는 것. 곧 좌선(坐禪), 선종의 약칭이다. 선문(禪門)은 선종, 또는 선정(禪定)의 문에 들어간다는 뜻이고, 선정은 6바라밀의 하나로, 선은 범어 선나의 준말, 정은 한문으로 번역한 말이다. 곧 禪을 의미한다(운허용하 편, 『불교사전』, 동국역경원, 2000, 451·454·457쪽).

141　蓑輪顯量은 『삼국불법전통연기』의 '特傳觀門(특전관문)'에서 관문의 의미에 대해 천태 교학의 교문, 관문으로 이해하고 이를 '行學二道(행학이도)'로 치환하여 '관문'을 불교 수행 전반, 이른바 '지관(止觀)'을 가르키는 것이고, 도소 졸전의 '선'은 止와 觀 쌍방을 의미하는 것으로 보았다(蓑輪顯量, 앞의 글, 2021, 261쪽).

142　又指見相州隆化寺慧滿禪師 滿委曲開示謂曰 先師僧那曰 昔達磨以楞伽經付二祖曰 吾觀震旦所有經 唯此四卷可以印心 業成辭藏 藏似佛舍利經論及相宗章疏付之 亦與臭一鐺子曰 我自天竺持來 貪物治疾必有神効 故我贈汝 昭捧承而出(『元亨釋書』卷第1 傳智1之1)

143　又指見相州隆化寺慧滿禪師 滿公鄭重開示 乃曰 先師僧那嘗言 昔達磨大師以 楞伽經付二

현장은 좀 더 깊은 선법 수행을 위해 상주 능화사의 혜만선사를 추천해 주었고, 귀국 전까지 도소는 혜만을 스승으로 모시고 선법을 수행하였다.[144]

『원형석서』와 『본조고승전』에서 혜만은 도소에게 선의 종지를 자세하게 가르쳐주었고滿委曲開示, 스승 승나僧那로부터 『능가경』에 대해 전해 들은 이야기를 해주었다. 또한 도소에게 '귀국하여 이 책을 근거로 중생을 구제汝歸國度衆 當爲所據'할 것을 당부했다.

혜만 이전 시기는 선종이 형성될 때까지의 전사前史로, 그 세계世系는 '보리달마-혜가-나선사'로 이어진다. 이때는 '선종 형성기'로, 대부분의 선승들은 정주하는 절은 없고, 각지를 돌아다녔다. 수당대에 들어와서도 이 현상은 계속 존재했고, 도소가 입당한 당 전기까지 많은 선종의 부유 승려 집단이 존재했다. 이 선승집단은 빈곤한 생활 환경과 낮은 사회적 지위를 가지고 있었다. 혜만 등이 그 시대 선승의 리더로서 사회의 하층 민중들을 동정하여 그들을 도와주고자 한 것은 자연스러운 것이었다.[145]

도소의 스승인 혜만은 나선사를 만난 뒤 그의 도를 받아들여 오로지 집착을 없애는 데 힘썼다. 옷과 발우를 가지고 마을을 두루 돌아다녔지만 막히는 것이 없었고, 수시로 베풀고 나눠주었다. 또한 설법을 통해 '마음에 대한 논의를 하면 할수록 더욱 더 큰 진리를 어기게 된다'라고 하며, 스승 나선사와 함께 항상 4권의 『능가경』을 심요心要로 삼았다고

祖曰吾觀震丹所有經 唯此四卷 可以印心 汝歸國度衆 當爲所據 昭還弘福告別 弉授以佛舍利經論及相宗章疏又以鐵鏺與之曰 我從天竺持來 烹物治病必有神効 併以贈汝(『本朝高僧傳』卷第1 法本1 之1)

144 혜만에게 禪을 배웠다는 내용은 『원형석서』와 『본조고승전』에서 전한다. 蓑輪顯量은 『속일본기』의 졸전이나 『일본영이기』와 같은 앞서의 헤이안시대 전승에서 등장하지 않는다는 점에서 『원형석서』의 저자인 사련(師鍊)의 창작으로 보았다(蓑輪顯量, 앞의 글, 2021, 261·269쪽).

145 夏応元, 앞의 글, 2001, 22·23쪽.

한다.[146]

혜만이 도소에게 전한『능가경』은 유송시대 구나발타라求那跋陀羅가 번역한『능가아발다라보경』4권으로,[147] 수행자가 닦아야 할 수행이론을 구체적으로 제시하고 있다. 이러한 수행이론은 중국 초기 선종의 근본경전이 되었고, 이 경전을 소의경전으로 삼아 수행하였던 이들을 능가사楞伽師라고 하고, 그 선법을 능가선楞伽禪이라고 불렀다.[148]

〈표 17〉에서 도소는 학업을 성취한 후 귀국 직전 현장을 찾아가 작별 인사를 하였다業成辭藏, 昭還弘福告別. 이를 통해 도소가 귀국 직전까지 혜만 아래서 수학한 것을 알 수 있다. 그리고 도소가 현장을 떠나 융화사로 간 시점을 현장이 역경 작업에 집중하기 위해 옥화사로 떠난 659년 경으로 본다면, 도소가 혜만에게 수학한 것은 659~661년까지로 볼 수 있다.[149]

도소는 현장으로부터 불사리, 경론, 법상종의 장소章疏를, 혜만으로부터는『능가경』을 받아 661년 사신 일행과 함께 귀국했다.

---

146 遇那說法便受其道 專務無著…滿便持衣盋 周行聚落 無可滯礙 隨施隨散 索爾虛閑…故滿
    每說法…今乃重加心相 深違佛意 又增論議 殊乖大理 故使那滿等師 常齎四卷楞伽 以爲
    心要(『續高僧傳』卷第16 齊鄴中釋僧可傳六向居士)

147 藤田琢司, 앞의 글, 2005, 86쪽.

148 최동석,「수행이론에 관한 연구－4권본『능가경』을 중심으로」,『가톨릭사상』49, 대구
    가톨릭대 가톨릭사상연구소, 2014, 247쪽.

149 夏応元은 도소가 혜만에게 수업을 받은 기간은 앞서 661년 귀국설을 따른다면, 8년간
    재당 기간 중 3, 4년 정도로 추정하였다(夏応元, 2001, 21쪽). 이와 관련 좀 더 구체적인
    시기를 추정해 보면, 현장은 659년(현경 4) 역경에 집중하고자 잡무가 많은 수도에서
    장안 근교의 방주(坊州) 옥화사(玉華寺)로 대덕과 문도들과 함께 거처를 옮기게 되는
    데, 이때 현장은 도소를 혜만에게 보냈을 것으로 생각된다.
    京師多務 又人命無常 恐難得了 乃請就於玉華宮翻譯 帝許焉 卽以四年冬十月 法師從京
    發向玉華宮 幷翻經大德及門徒等同去(『大唐大慈恩寺三藏法師傳』卷第10)

4) 귀국 후 활동과 그 영향

도소는 당에서의 8년간의 구법활동을 마치고 661년 사신 일행과 함께 귀국했다. 귀국 후 도소는 다시 원흥사로 돌아와 이곳에 선원을 짓고 머물며 여러 경전을 강설하고 후학을 가르쳤다. 많은 불도들이 이곳에서 선을 배웠다. 도소는 불법을 널리 폈을 뿐만 아니라 십 년간 전국을 주유하며 중생을 돕고자 노력했다. 사료 속 도소의 귀국 후 활동 내용을 정리하면 〈표 18〉과 같다.

〈표 18〉 도소의 귀국 후 활동

■ 원흥사 동남쪽 귀퉁이에 따로 선원(禪院)을 짓고 머무르니 불도들이 이곳에 모여 禪을 배움. 10년간 천하를 주유하며 사회구제 활동(우물, 나루, 교량 등 정비. 우치교 건설)을 한 후 칙명에 따라 선원으로 돌아와 좌선함.[150]

■ 선원사는 견당유학승 도소가 귀국후 임술년(622) 3월 본원흥사 동남쪽 한편에 창건했고 화동 4년(711) 8월 평성경으로 옮겨 다시 세웠다. 도소법사 본원기에 이르길, 진신사리 경론 일체를 한 곳에 안치해 만대에 유통하게 하여 모든 중생이 의지처가 되게 하였다고 한다.[151]

■ 귀조 후 제자들에게 유식의 주요 이치를 설법, 가르침. 선원을 만들어 머무름.[152]

■ 삼장 신역 경론과 여러 경전을 일본에 전함.[153]

■ 원흥사에 머물며 후학을 일깨움. 팔식, 오법, 삼자성, 이무이의 뜻을 전함. 여러 지방을 주유하며 교화를 행하여 존경을 받음. 원흥사에 선원(禪苑)을 만드니, 많은 이들이 도소를 좇아 선을 배움… 도소는 불법을 널리 펴는 일 외에도 중생을 이롭게 하는 일에도 힘썼으니, 길가에 우물을 파거나 나루터마다 배를 준비해 두기도 하였다. 山州(현 쿄토) 우치의 큰 다리도 도소가 처음 만든 것이다.[154]

■ 돌아와 후학을 인도하고 일깨움. 『능가경』의 요지인 오법, 삼자성, 팔식, 이무의 설법. 원흥사에 별도의 선원을 만들어 정좌하니 많은 사람들이 존경하며 선을 배움. 전국을 주유하며 중생을 구제함. 우물, 선박, 교량 우치교 등 건설. 십 년 후 칙령에 따라 선원으로 돌아옴. 매일 정좌함. 698년(문무 2) 약사사 수불식 강사로 초빙. 대승도(大僧都)에 처음으로 임명됨.[155]

---

150 於元興寺東南隅 別建禪院而住焉 于時天下行業之徒 從和尙學禪焉 於後周遊天下 路傍穿井 諸津濟處 儲船造橋 乃山背國宇治橋 和尙之所創造者也 和尙周遊几十有餘載 有勅請還止住禪院 坐禪如故 或三日一起 或七日一起(『續日本記』卷1 文武 4年)

151 壬戌年三月 創建於本元興寺元東南隅 和銅四年八月 移建平城京也 道照法師本願記曰 眞身舍利 一切經論 安置一處 流通萬代 以爲一切衆生所依之處焉(『日本三代實錄』卷32)

152 道照, 法を習て帰朝の後, 諸の弟子の為に唯識の要義を説聞かしめぬる教へ, 伝て, 于今其の法絶えずして盛也° 亦, 禅院と云ふ寺を造て住み給けり(『今昔物語集』卷第11)

153 三藏新翻經論諸典創傳日域卽其人焉(『三國佛法傳通緣起』卷中 法相宗)

도소의 귀국 후 활동은 3단계로 구분할 수 있는데, 그중 1단계는 원흥사에 선원을 건설해 선을 전파하는 단계이다.[156] 그는 662년 3월 원흥사 동남쪽에 선원을 건립하고 이곳에서 선정 수행 및 선을 알리는 근거지로 삼았고, 전국을 주유하며 사회구제활동을 전까지 주석한 것으로 보인다. 주석한 기간을 정확하게 알 수는 없지만, 선원을 설립 및 정비하고 당에서 가지고 온 경전을 필사하는 등에 시간이 꽤 걸렸을 것이고, 선을 배우고자 하는 사람들이 많아졌다는 것으로 보아 법상종과 선법 등을 홍포하며 10년 이상 이곳에 머물렀을 것으로 보인다.

2단계는 도소는 선원 밖에서 십 년간 사회구제활동을 진행한 시기이다. 〈표 18〉 『속일본기』・『원형석서』・『본조고승전』에서 그 활동 내용을 보면, 길가에 공동 우물을 개발하고, 나루터에는 강을 건널 수 있는 도선 渡船을 마련하였으며, 우치교를 비롯한 교량을 가설했다.

도소의 사회구제활동과 관련 '十有余載십유여재'에 대한 여러 설들이 있다.[157] 梅林久高는 『본조고승전』에서 도소가 698년문무 2 70세에 약사사 수불繡佛 개안공양식에 강사로 초빙을 받고, 최초로 대승도大僧都에 임명되

---

154 又止元興寺切論導 此土始聞八・五・三・二之旨 又遊諸州事行化國人崇之 後於元興寺東南隅別營禪苑 從昭學禪者多矣…昭唱導外勤利濟路傍努井諸渡儲船 山州宇治之大橋昭之創造也(『元亨釋書』卷第1 傳智1之1)

155 直回南都 專事論導 此土始聽楞伽深旨 五法・三自性・八識・二無我之說 元興寺東南隅 別構禪院 終日定坐 國人崇信學禪者多 昭又遊諸州勤利濟 或鑿義井 或造渡船 架橋梁 化蹟殆遍 城州宇治橋修營此其一也 昭在外十載 有敕歸院 昭每坐禪…文武二年冬十一月 藥師寺繡佛成 詔昭爲開眼供養講師 賞任大僧都 此任以昭爲始(『本朝高僧傳』卷第1 法本1 之1)

156 夏応元은 1단계 원흥사에 선원을 건설해 선을 전파하는 단계, 2단계 천하를 주유하며 사회사업에 노력하는 단계, 3단계 선원으로 돌아와 머물면서부터 입적까지의 단계로 구분하였다(夏応元, 앞의 글, 2001, 23쪽).

157 夏応元은 사회구제활동 및 선원으로 돌아온 시점에 대한 학계의 논의를 689~698년설, 666~679년설, 686~699년설, 680~692년설로 분류하고 그 근거와 논박들을 정리하였다(夏応元, 앞의 글, 2001, 24~26쪽).

었을 당시 이미 선원으로 돌아와 있었던 것으로 보았다. 지통천황은 692년 문무천황을 위해 수불을 만들어 기진했는데, 도소는 이때부터 꾸준히 수불개안회의 강사를 맡았으며, 698년 대승도 최초 임명은 이에 대한 보상인 것이다. 결론적으로 도소의 사회구제활동 '십유여재'는 681년천무 9부터 692년지통 6으로 추정할 수 있다.[158]

한편 도소의 귀환을 요청하는 692년 '칙정勅請'에 대해 이를 도소의 민간 포교 및 사회구제활동에 위협을 느낀 조정의 민간전도에 대한 탄압으로 보기도 한다.[159] 그러나 도소의 구제활동에 조정이 위협을 느꼈다는 점에 대해서는 의문이 든다. 도소는 도래계 유력 가문 출신으로, 당 유학을 마친 엘리트로서 조정의 신임이 두터웠던 인물이다.[160] 그는 당으로 유학을 떠나기 전에도 상하, 도속, 남녀를 가리지 않고 존경을 받았고,[161] 당 유학승인 도등과도 이름을 나란히 할 만큼 명성이 있었다. 귀조 후부터 전국을 주유하기 전 관사官寺라고 할 수 있는 원홍사에 주석하여 강설과 수행을 하였고 나라사람들이 그를 숭신崇信하였다. 또한 도소가 귀국후 활동할 당시 도소의 가문을 살펴보면, 아버지 선사혜척은 소금하 관위

---

158 梅林久高는 『약사사연기』와 『승강보임초출』 사료 분석을 통해 도소의 전국 주유기간을 681년(천무 9)부터 692년(지통 6)까지로 추정했다(梅林久高, 앞의 글, 1977, 172·173쪽).
　一講堂一宇 重閣七間四面…安置繡佛一張 高三丈 廣二丈…阿彌陀佛像幷脇菩薩天人等惣有百餘體 奉繡之…流記帳云 以 壬辰年四月十二日 奉爲飛鳥淸御原宮御宇天皇【天武天皇】藤原宮御宇天皇【持統天皇】奉造而請坐者(『藥師寺緣記』)
　文武天皇 第二年…大僧都道昭【十一月十五日任 藥師寺繡佛開元講師賞 大僧都始】(『僧綱補任抄出』卷上)

159 夏応元은 717년(양로원년) 행기의 민간 전도에 대한 탄압과 같은 맥락으로 보았다(夏応元, 앞의 글, 2001, 26쪽).

160 이윤옥, 앞의 책, 2020, 249쪽.

161 世の人, 公より始奉て 上下の道俗男女首を低て 貴び敬へる事限無し(『今昔物語集』卷第11)

를 받았고664년 이후, 선사 가문은 '연'씨 성을 하사683받았을 만큼 친정권적
이었다고 볼 수 있다. 도소의 대표적 사회구제활동인 우치교 건설도 칙명
에 따른 것이었다.[162]

〈표 19〉 우치교 관련 사료

■ 2년 병오 원흥사 승려 도등, 도소가 칙령을 받아 우치천에 다리를 놓기 시작했다. 단비에는 "… 세상에 도등이라는
  불제자가 있었으니 산고 혜만 출신이다. 대화 2년 병오년에 다리를 놓아 사람과 짐승을 건너게 해주었다…"[163]
■ 또한 도소는 여러 지방을 돌아다니면서 중생을 이롭게 하고 구제하는데 힘썼다. 공동 우물을 파고, 나룻배를 만들
  고, 교량을 가설하였다. 교화의 흔적이 거의 다 미쳤으니, 성주 우치교 수영(修營)도 그 하나다.[164]
■ 서명초 견당사를 따라 귀조하여 원흥사에 주석하였다. 오로지 공종(空宗)을 설파하였고, 도소와 이름을 나란히 했
  다. 효덕 대화 원년 가을 8월 도등과 복량, 혜운 등 십사(十師)에게 "모든 절의 승려들이 석가의 가르침을 널리 전할
  수 있게 하라."는 조칙을 내렸다. (대화)2년 병오 칙령을 내려 도등과 도소가 우치천 대교를 가설하기 시작했다.[165]

---

162 우치교 창건과 관련 대체로 두 가지 설로 나뉜다.『속일본기』도소전은 도소의 창건으
     로,「우치교단비」나『일본영이기』(상권)에는 646년(대화 2) 원흥사 사문 도등이 창건
     한 것으로 되어 있다(藤田琢司, 앞의 글, 2005, 87쪽). 水野柳太郎은『속일본기』의 도
     소전은 현장이나 감진에 관한 설화를 이용해 도소 사적을 윤색하고 있다고 하여 도소
     의 우치교 가설을 신뢰하기 어렵고, 도등 가설 사실이 타당하다고 보았다(水野柳太郎,
     1983, 15쪽). 이윤옥은 도등설, 도소설, 도등·도소설 3가지 설로 구분하여 검토하였다.
     도등 관련 사료『일본영이기』·『부상약기』·『금석물어집』·『본조고승전』과 도소 관련
     사료『속일본기』·『원형석서』, 그리고 도등·도소설 관련 사료『태정관부』·『제왕편년
     기』를 검토하였다. 또한「우치교단비」와 단비 전문을 싣고 있는『제왕편년기』를 비교
     검토한 후, 고구려승 도등이 646년(대화 2) 건설한 것으로 결론 내렸다(이윤옥, 앞의
     책, 2020, 233~250쪽). 그러나 검토 사료 중 도등 관련 사료로 지목한『본조고승전』의
     경우, 권1의 도소전에서는 도소의 창건으로, 권72의 도등전에서는 칙명에 따른 도등·
     도소 창건으로 기록되어 있는 만큼 단순히 사료상의 오류로 보기보다는 도소와 우치교
     와의 연관성을 찾아보는 것이 좀 더 타당하다고 생각한다.
163 二年丙午 元興寺道登道昭奉勅始造宇治川橋 石上銘「…世有釋子 名曰道登 出自山尻 慧
     滿之家 大化二年 丙午之歲 構立此橋 濟度人畜…」(『帝王編年記』卷9)
164 昭又遊諸州勤利濟 或鑿義井 或造渡船 架橋梁 化蹟殆遍 城州宇治橋修營此其一也(『本朝
     高僧傳』卷第1 道昭傳)
165 舒明初 從遣唐使歸 住元興寺 專演空宗 與道昭齊名 孝德天皇 大化元年秋八月 詔登及福
     亮慧雲等十師日 宜令諸寺衆僧弘傳釋敎 二年丙午 勅登道昭始架宇治川大橋(『本朝高僧
     傳』卷第72 道登傳)

〈표 18〉의 『속일본기』·『원형석서』·『본조고승전』에서 도소가 우치교를 건설한 것으로 서술되어 있다. 그런데 〈표 19〉의 『제왕편년기』의 「우치교단비」전문에는 '대화 2년 도등이 다리를 건설'한 것으로 나와 있다. 단, 전문 앞에 비문에 없는 원흥사 승려 도소를 부기하여 '대화 2년 원흥사 도등, 도소가 칙명에 따라 우치천대교를 가설'한 것으로 기록하였다. 또한 『본조고승전』 1권 도소전과 72권 도등전의 경우에도 도소가 우치교를 수영修營하였거나 도등·도소가 함께 건설한 것으로 기록하였다.

위 사료에서 도소와 도등 두 사람의 관계를 살펴보면, 646년대화 2 우치교 건립 당시 도소는 견당 유학승으로 파견653되기 전으로 원흥사에서 출가 후 머무르고 있었고, 도등은 고구려승으로 당유학 후 서명천황 재위 629~641 초 도일하여 원흥사에 주석해 있었다.[166] 당시 도등은 원흥사에 주석해 오로지 공종을 설하여 도소와 이름을 나란히 하였디住元興寺 專演空宗 與 道昭齊名고 한다. 따라서 도소가 당으로 떠나기 전 원흥사에서 도등에게 가르침을 받고, 그를 따라 우치교 건설에 동참했을 가능성은 충분하다.[167]

또한 〈표 18〉『본조고승전』 1권의 '城州宇治橋修營성주우치교수영'은 우치교를 수영修營, 즉 고치거나 수리한 것으로 해석함으로써,[168] 도소가 646년 우치교 건설에 참여하고 귀국 후 680년대 우치교 개보수에 관여한 것으로 볼 수 있다.[169]

---

166 이윤옥, 앞의 책, 2020, 233~243쪽.

167 이와 유사한 사례로 도소-행기의 사승관계를 들 수 있다. 행기는 원흥사에서 출가해, 당 유학 후 이곳에 주석한 도소로부터 법통을 이어받았으며, 실천적인 중생구제 활동에 큰 영향을 받았다(박해현, 2016, 352쪽). 또한 도소가 전도나 사회사업을 위해 각지를 돌아다니는 동안, 제자로서 행기를 스승을 수행하며, 현지 기술을 배워고 단련하였다(井上薰, 『行基』, 吉川弘文館, 1959, 33쪽).

168 사료에서 수영(修營)의 용례로 '時淸化寺修營佛殿(『속고승전』 15권)', '蒙陛下興建已得 修營(『속고승전』 18권)' 등을 찾아 볼 수 있다.

도소가 사회구제활동에 영향을 준 것은 당에서 사사한 현장과 혜만, 그리고 유학승으로 파견되기 전 원흥사에서 만난 도등을 들 수 있다. 현장 문하에서 수학하면서 복전사상과 보살행을 접하게 되고, 귀국 후 십 년간의 사회구제활동은 보살행의 실천으로 볼 수 있다.[170] 현장으로부터 전수받은 이타 사상과 함께 혜만에게 가르침을 받았을 당시의 경험도 도소의 사회구제사업에 배경이 되었다. 도소는 혜만과 함께 생활하면서 빈곤한 하층 민중에 대한 동정과 관심을 갖게 되었고, 그들의 생활 환경을 개선하는 것을 도왔던 경험이 영향을 끼쳤다는 것이다.[171] 도등의 경우는 앞서 우치교 건설을 통해 살펴 보았다.

위의 세명의 스승이 도소의 사회구제활동에 사상적 배경을 제공했다면, 실질적으로 우물 개발, 나루에 도선 마련, 가교 건설 등에 필요한 기술적·물질적 지원을 한 것은 선사씨 가문이다.[172] 도소의 제자인 행기의 경우 백제계 도래인들을 중심으로 한 재지 호족 세력들이 구제 활동의 재정적 부담을 했다면,[173] 도소의 경우 선사씨 가문에서 그 역할을 담당한 것이다.

앞서 살펴보았듯이 왕진이 일족은 다른 백제계 씨족보다 늦게 도왜했

---

169 直林不退는 646년(대화 2) 도등 가설 후 도소가 666년(천지 5) 이를 재가설한 것에 대해 대승보살계라고 하는 유가계의 이타적 입장이 천하주유의 형태로 구체화된 것으로 도등의 선례가 배경이 된 것으로 보았다(直林不退, 앞의 글, 1997, 210쪽).

170 복전사상이란 중생을 이롭게하는 이타행, 곧 보살행으로 사회적인 구제 활동이며, 보살행의 실천은 곧 제자 행기에게 자연스럽게 이어졌다(이윤옥, 앞의 책, 2020, 85·86쪽). 박해현은 도소의 사상적 특징은 대승계통의 보살적 행동을 중시한 유식론으로, 보살적 행동을 강조한 유식론의 가르침을 구체적으로 실천에 역으로서 중생들의 삶에 도움을 주었다고 보았다(박해현, 앞의 글, 2016, 351쪽).

171 夏応元, 앞의 글, 2001, 24쪽.

172 조선(造船), 가교(架橋)와 같은 사회사업 활동은 선씨(船氏)가 선박과 관계하고 있는 기술이라는 점에서 주목할만 하다(井上薫, 앞의 책, 1959, 32쪽).

173 박해현, 앞의 글, 2016, 358쪽.

으나 유력 씨족인 소아씨와 밀접한 관계를 맺으며 정치적으로 성장해 나갔고, 선사씨는 외교, 재정, 사서편찬 등 다방면에서 큰 활약을 하면서 정권내에서 자신들의 입지를 다져갔다. 한편 선사씨는 도일 직후에는 씨사인 야중사를 세워 불교를 신봉했다. 이후 7세 중후반 씨족불교에서 국가불교로 변화하는 흐름속에서 소외되었던 민중구제에 대한 시대적 요청이 있었고,[174] 이와 같은 흐름속에서 선사씨는 도소의 국내외 활동을 적극 지원함으로써 불교계에도 그 영향력을 넓혀갔다.

世傳云 火葬畢 親族与弟子相爭欲取和上骨斂之 飄風忽起 吹颺灰骨 終不知
其處 時人異焉 後遷都平城也 和尙弟及弟子等奏聞 徙建禪院於新京 今平城右
京禪院是也『續日本記』卷第25

위 사료에서 '화장이 끝나고 친족과 제자들이 서로 다투어 화상의 뼈를 가지려고 하였다' '후에 평성 천도 시, 화상의 아우와 제자들이 아뢰어 선원을 새 도성으로 옮겨 세웠다'라는 내용에서 도소의 친족, 형제들은 도소의 활동에 관심을 가지고 있었고, 입적 후에도 당에서 가져온 사리경전 등이 유실되지 않도록 선원 이건을 주청, 관철시켰다.

이처럼 도소는 선사씨 가문의 정치, 경제, 기술적 지원을 토대로 십년간의 사회구제활동 및 민간포교를 진행할 수 있었다. 따라서 도소의 귀국후 활동을 정부에 반하는 것으로 보는 것은 적절하지 않으며, 앞서 692

---

174 김춘호는 민간포교의 흐름이 당시 불교계의 저변에서 면면히 흐르고 있었고, 도소, 다라상, 홍제 등의 백제계 승려들이 이를 주도하였으며, 적극적 민간포교를 백제불교의 중요한 특징으로 보았다(김춘호, 2011, 65·88쪽). 이와같이 백제불교의 특징은 660~700년 백제 전법승 활동이 전법대상 및 지역 확장을 통한 '불교대중화와 지역적 확산'이라는 점에서 동일하게 찾아 볼 수 있다(심경순, 앞의 글, 2020, 116쪽).

년 '칙청'에 의한 귀환을 도소의 민간 포교 및 사회구제활동에 위협을 느낀 조정의 민간전도에 대한 탄압[175]으로 보는 의견은 수긍하기 어렵다.

도소는 말년에 그 공로를 인정받아 대승도의 직책에 최초로 임명되었고, 그의 사회구제활동을 통한 민중포교는 이후 제자 행기에게 계승되었다.

4. 전법승 활동의 특징과 성격

지금까지 일본에서 활동한 백제 전법승의 활동을 살펴 보았다. 일본 측 사료에는 백제 관련 승명이 삼국 중 가장 많이 언급되고 있을 만큼 많은 백제승들이 전법을 목적으로 도일, 일본 불교 문화 형성 및 발전에 큰 영향을 끼쳤다. 백제는 일본에 전법승 파견을 통해 불교를 공인시켰고, 불교 사상 및 교학 등을 전파하였으며, 승관제를 도입, 일본의 교단 및 승단을 정비함으로써 교단 내 발생한 문제를 해결했다. 한편 포교 방식의 경우 전법승 파견을 통해 지배층 대상의 전법활동과 일반 사민을 대상으로 한 교화 및 포교 활동을 동시에 진행하였다. 후자의 경우, 전법 초기에는 그리 순탄하지 못하였으며, 6세기 중후반까지도 어려움을 겪었다. 그러나 전법 후반기에 이르러서는 전법승 및 도래승들의 지속적인 교화 활동을 통해 결국 일본내에서 불교의 지역적 확대 및 대중적 확산을 이룰 수 있었다.

전법승의 활동은 1기 불교 전파[550~600], 2기 교단의 확립[600~660], 3기 전법의 확대[660년 이후]로 구분하여 살펴볼 수 있다. 1기 백제는 일본 내 불교

---

175 夏応元은 717년(양로원년) 행기의 민간 전도에 대한 행기의 민간 전도에 대한 탄압과 마찬가지로 도소의 사회구제활동에 조정이 위협을 느껴, 농민과 승니를 떨어뜨리고자 칙령을 통해 귀환하게 한 것으로 보았다(夏応元, 앞의 글, 2011, 26쪽).

공인이후 담혜, 도심, 풍국, 혜총 등 가장 많은 전법승을 파견함으로써 백제 불교의 영향력을 강화하고 고대 일본 불교를 빠르게 발전시켰다.

담혜는 6세기 전반 한·중·일 삼국에서 구법활동-국내활동-전법활동을 연계시켜 활동한 최초의 승려로, 이는 길장에게 사사 받은 후 625년 도일한 고구려승 혜관보다 거의 70여 년이나 앞선 것이다. 담혜가 활동할 당시 일본은 사민들이 불교를 잘 알지 못하는 상황이었다. 담혜와 도심은 일본 최초의 사문이지만, 안타깝게도 그들의 구체적인 전법 활동 내용은 남아 있지 않다. 다만 남아 있는 사료에 따르면 담혜는 당시 백제의 해외 승려 파견 정책에 따라 6세기 초반 중국에서 유학하며 삼론과 성실론 등을 두루 익혔고, 554년에는 포교를 목적으로 도심과 일본에 파견되어 전법활동을 하였다.

590년 전후 소마자를 중심으로 한 봉불파의 승리 후, 백제의 불교 전파는 가속화되었다. 백제는 588년 1, 2차에 걸쳐 다수의 전법승을 파견하여 불사리를 전달하였고, 소마자에게 백제의 계법을 전수함으로써 일본 내 백제 계율 불교의 영향이 한층 강화되었다. 이후 595년 도일한 전법승 혜총은 '삼보의 동량'이라고 불릴 만큼 삼론과 성실론에 정통하였으며, 성덕태자의 스승으로서 전법활동을 진행하였다.

이처럼 1기 백제 전법승들은 초기 사민을 대상으로 한 전법활동을 진행하였으나 어려움을 겪으면서 590년 전후 숭불파의 승리 이후에는 중앙의 지배계층을 대상으로 한 전법활동으로 방향을 선회한 것으로 생각된다.

2기[601~660] 백제는 624년 비구의 조부 살해 사건을 계기로 일본의 교단 정비의 필요성을 인식하고, 전법승 관륵을 통해 승정제를 도입하였다. 관륵은 602년 도일한 전법승으로 내교 뿐만 아니라 외학에도 뛰어난 인물이었다. 624년 승정에 임명되기 전까지 원흥사에 주석해 태자 및 국가에서 선발한 학생들을 대상으로 역법과 천문지리 등을 가르쳤다.

이를 통해 관륵은 승정에 임명되기 전 중앙 및 교단에서 충분히 지지 기반을 확보할 수 있었고, 이를 바탕으로 왕실의 자문 역할을 담당하면서 국가의 불교 정책 결정에 직접적으로 관여한 것으로 볼 수 있다. 관륵은 승정 임명 후 1년 만에 교체되었지만, 그 이후에도 오랜 기간 일본 내에서 전법활동을 이어가면서 다방면에 걸쳐 선진 문물을 전달하였고, 일본의 고대 문화 발전에 괄목할 만한 영향을 끼쳤다.

3기는 7세기 중후반 도일한 전법승들의 활동을 통해 일본 내 불교의 지역적 확산 및 대중화가 본격적으로 이루어진 시기이다. 백제는 지속적인 전법승 파견을 통해 지배층 대상의 전법 활동과 일반 사민을 대상으로 한 교화 및 포교 활동을 동시에 진행하였다. 전자의 경우 1, 2기 왕실 및 지배계층을 대상으로 전법활동을 진행함으로써 일본의 불교 사상 및 교학, 계법, 제도 및 정책 등에 직접적인 영향을 끼쳤다. 반면, 후자의 경우 담혜를 비롯한 초기 전법승은 대중교화를 중심으로 한 전법 활동에 어려움을 겪었고, 이후 대부분의 전법승들은 중앙의 왕실 및 지배계층과 밀접한 관련을 맺으면서 전법활동을 진행한 것으로 생각된다.[176]

백제 멸망 전후 도일한 것으로 추정되는 의각은 백제사에 주석,『반야심경』독송을 통한 이적을 보여줌으로써 제자들과 대중들을 정진시켰고, 이를 통해 전법의 지역적 확산 및 대중화에 기여하였다. 앞서 6세기 중후반 도일한 담혜, 도심의 경우 일본 내에서 사람들이 불교를 잘 알지 못해

---

176 〈표 8〉에서 1기 혜총은 태자의 스승이었고, 2기 관륵은 태자 및 선발된 학생을 대상으로 전법 활동을 했다. 그 외에도 법명은 유마힐경 독송을 통해 천황의 병을 낫게 했으며, 3기 상휘와 법장은 천황으로부터 봉호, 은 등을 하사받고 있는 점에서 중앙의 왕실과 일정한 관련하에 활동한 것으로 추측된다.

교화 활동을 제대로 할 수 없었던 상황과 비교하면, 이와 같은 변화는 백제 전법승들의 꾸준한 전법 활동의 결과라고 할 수 있다.

한편, 2기 및 3기 전법승과 함께 일본 내 불교 확산에 일익을 담당한 것은 도래승들이었다. 도래승은 일본으로 건너가 정착한 도래인들의 후예로, 유력 가문 출신들이 많았다. 이들 대부분은 중국에서 구법활동을 한 후, 귀국하여 중요 요직에 등용되어 일본 불교 발전에 핵심적 역할을 수행했다. 또한 8세기 전후 활동한 왕진이 가문의 도소와 왕인 후손 행기는 전국적인 사회구제활동을 통해 일본 내 불교 대중화에 큰 영향을 끼쳤다.

부록

夏応元은 도소 연구의 문제점으로 견당사 초기 가장 중요한 입당승 도소에 관한 연구가 다른 입당승에 비하여 부족한 점을 지적하였다(「遣唐使初期の重要人物−道昭について」, 『アジア遊学』 27, 2001, 27쪽). 국내에서는 1910년대에 불교잡지에서 도소에 대해 처음으로 언급되고 있다. 일본 불교사에서 법상종과 선종이 도소에 의해 전래된 것으로 서술하고 있다(雲陽沙門, 「教史(前續) 第四章 日本史」, 『朝鮮佛教月報』 4, 1912.5, 29쪽; 金泰洽, 「東洋佛教의 槪說」, 『佛教』 41, 1927.11(소화 2년), 9쪽; 金泰洽, 「東洋佛教의 槪說」, 『佛教』 42, 1927.12).

'국내 도소 연구' 도소에 대한 단독 연구는 없는 실정이며, 도래계 씨족 왕진이 관련 연구, 일본내 법상종 성립 및 행기 관련하여 연구되고 있다.

① 왕진이 관련 연구 : 연민수, 『일본고대국가와 도래계 씨족』, 학연출판사, 2021; 「왕진이 일족의 문서행정과 시조전승」, 『동북아역사논총』 62, 동북아역사재단, 2018; 박재용, 「고대 일본의 소아씨와 백제씨 씨족」, 『한국고대사연구』 86, 한국고대사학회, 2017; 「6세기 고대 일본 백제계 도왜인과 불교」, 『백제문화』 50, 공주대 백제문화연구소, 2014; 청목간, 「日本 古代 佛教의 成立에 관한 硏究」, 원광대 석사논문, 2001. ② 불교 교학 및 행기 관련 연구 : 김천학, 「고대 한국불교와 남도육종의 전개」, 『동방학』 23, 한서대 동양고전연구소, 2012; 蓑輪顯量, 김천학 역, 『일본불교사』, 동국대 출판부, 2017; 이윤옥, 『일본불교를 세운 고대 한국 승려들』, 운주사, 2020; 「고대 일본불교의 한국계 승려 연구」, 한국외대 박사논문, 2016; 박해현, 「일본 고대 불교 발전에 기여한 백제 도래인」, 『한국고대史사연구』 83, 한국고대사학회, 2016; 김춘호, 「고대 일본불교의 민간포교」, 『일본불교사연구』 5, 한국일본불교문화학회, 2011.

'일본내 도소 연구' 일본 내에서는 도소의 구법활동 및 불교사상, 사회구제사업 등과 관련하여 도소에 대한 단독 연구성과가 꾸준히 나오고 있다. 주요 성과를 정리하면 다음과 같다.

① 도소에 관한 종합적 연구 및 관련 사료 분석 : ステフェン·デル(DöllSteffen), 「玄奘門弟 道昭和尚に関する 文献上の一考察」, 『玄奘三蔵−新たなる玄奘像をもとめて』, 勉誠社, 2021; 姜健栄, 「道昭法師について」, 『Korea today』 43(9), ANC社, 2018; 石川逸子, 『道昭−三蔵法師から禅を直伝された僧の生涯』, コールサック社, 2016; 藤田琢司, 「『元亨釈書』訳注(2)元興寺道昭伝」, 『禅文化』 197, 禅文化研究所, 2005; 水野柳太郎, 「道照伝考」, 『奈良史学』 1, 奈良大学史学会, 1983; 中村浩, 「僧道昭に関する諸問題」, 『大和文化研究』 14(8), 大和文化研究会, 1969; 近藤喜博, 「沙門 道昭伝としての「納袈裟一条」−新資料紹介-1」, 『古美術』 10, 三彩社, 1965. ② 중국내 구법활동 : 蓑輪顯量, 「日本における玄奘の

門下生に見る修行道－道昭と行基」, 『玄奘三蔵－新たなる玄奘像をもとめて』, 勉誠社, 2021; 「道昭 三蔵法師に教えを乞うた仏教導入の先駆者」, 『歴史読本』55(2), Kadokawa, 2010; 蔵中 しのぶ, 「皇子文化圏と仏教の交流－－初唐文化と道昭」, 『東アジア比較文化研究』5, 東アジア比較文化国際会議日本支部, 2006; 夏応元, 「遣唐使初期の重要人物－－道昭について」, 『アジア遊学』27, 勉誠社, 2001; 長島健, 「遣唐使使船の唐における接岸地・出帆地と道昭の帰朝年次」, 『海事史研究』20, 日本海事史学会, 1973. ③ 귀국 후 활동 : 불교사상 전파·선원건립·사회구제 활동 등 : 蓑輪顕量, 「日本の初期法相宗に見る修行 : 道昭・行基・徳一を中心に」, 『印度學佛教學研究』70(2), 日本印度学仏教学会, 2022; 渡部正英, 「中国初期禅宗と禅宗日本初伝の道昭について」, 『宗教研究』79(4), 日本宗教学会, 2006; 直林不退, 「道昭における菩薩戒の受容」, 『仏教思想文化史論叢 : 渡辺隆生教授還暦記念論文集』(1), 永田文昌堂, 1997; 吉田靖雄, 「法相宗の伝来と道昭・行基の関係」, 『古代史論集』上, 塙書房, 1988; 石村 喜英, 「僧道昭の火葬をめぐる諸問題」, 『史迹と美術』48, 史迹美術同攷会, 1978; 梅林久高, 「律令体制成立下における道昭の仏教思想」, 『仏教史学論集』, 永田文昌堂, 1977; 長洋一, 「律令制と仏教－道昭について-1-」, 『神戸女学院大学論集』19(3), 神戸女学院大学研究所, 1973; 守屋茂, 「宇治橋の紀功碑と道登・道昭」, 『史迹と美術』42(7), 史迹美術同攷会, 1972; 藤野道生, 「道昭和尚の帰朝と禅院の創建」, 『日本仏教史』2, 国立国会図書館, 1957.

　본 연구는 사료 속에 산재해 있는 백제승들의 기록을 찾아 그들의 사상과 활동을 살펴봄으로써 고대 백제승에 대한 종합적 연구를 목적으로 하였다. 시기적으로 6세기부터 7세기 말까지 활동한 백제 승려들을 대상으로 하며, 활동 지역 및 특성에 따라 구법승, 국내승, 전법승으로 구분하여 살펴 보았다.

　백제의 불교가 삼국 중 가장 발전할 수 있었던 것은 해외에서 활동한 구법승들의 노력과 새로운 선진불교를 심화 발전시킨 국내승들의 노력이 합쳐진 결과라고 할 수 있다. 이후 백제는 국내 불교 진흥에 만족하지 않았고, 융성한 백제 불교를 일본에 전하고자 많은 전법승들을 일본에 파견하였다. 포교를 목적으로 많은 전법승들이 당시 불교의 낙후 지역인 일본으로 전법 활동을 떠났으며, 선진적인 백제의 불교 사상과 문물 등을 전함으로써 고대 일본불교의 형성 및 발전을 이끌었다.

　제1장에서는 백제의 불교 수용과 구법승의 활동을 살펴보았다. 고대 해외에서 활동한 구법승들은 개인의 신앙심이나 의지보다는 국가적인 차원에서 국가 주도하에 파견된 것으로 볼 수 있다. 백제말 의자왕대 활동한 구법승 지조의 사례를 통해 7세기 중엽에도 백제가 여전히 국가적 차원에서 해외에 구법승을 파견하고 체계적인 관리와 지원을 하고 있음을 확인할 수 있다. 즉 백제 말기에도 해외 파견 구법승들은 국가 운용에 필요한 인재로 인식되고 있었던 것이다.

　즉, 백제 구법승들이 해외에서의 구법 활동 후 거의 예외없이 귀국하였다는 것은 국가에서 구법승들을 체계적으로 관리하고 있었기에 가능한 것이며, 동시에 백제 구법승들이 강한 국가의식을 가지고 있었음을 보여주는 것이다. 이점은 백제의 구법승이 고구려, 신라 구법승들에 비해 자국 불교 발전에 기여한 바가 가장 컸음을 보여 주는 것이기도 하다.

백제는 인도 및 중국에 체계적인 구법승 파견을 통해 다양한 불교 사상 및 교학의 도입에 힘썼다. 특히 입축 구법승 겸익과 입화 구법승 발정, 현광을 통해 백제 불교의 대표적 사상인 계율 사상과 법화 사상이 도입되었다. 당시 백제는 교단 및 승단 정비의 필요성을 체감하였으나 중국의 한역화된 광율로는 교단의 문제를 해결할 수 없다고 판단하였고, 인도에까지 구법승을 직접 파견함으로써 이 문제를 적극적으로 해결하고자 하였다.

중국에 파견된 입화 구법승 발정과 현광은 『법화경』 관련 구법 활동을 진행하였다. 발정의 영험담 속에서 도인이 『법화경』의 「관세음보살보문품」을 암송하거나, 관세음보살의 현신을 만나는 것은 발정이 관음신앙과 좀 더 밀접한 관련이 있었던 것으로 볼 수 있다. 현광은 스승 혜사로부터 『법화경』의 수행법인 법화삼매를 증득 한 후 이와 관련된 교화 활동에 더 힘썼던 것으로 보인다.

백제는 계율과 법화 불교 뿐만 아니라 담혜, 숭제 등을 통해 다양한 불교 사상과 교학을 도입하였다. 담혜는 당시 중국에서 성행했던 삼론과 성실론을 중심으로 구법 활동을 진행하였고, 삼론학을 도입하였다. 이후 백제 내에서는 삼론학에 대한 연구 및 강연이 점차 유행하게 되었으며, 담혜를 포함하여 전법 초기 일본으로 건너간 백제 전법승 대부분이 삼론학자로 불릴 만큼 삼론학은 백제 불교 교학의 주류가 되었다.

숭제는 7세기 말 백제 멸망 이후 활동한 구법승으로 당시 잦은 전쟁 속에서 피폐해진 백제 유민들을 위로하고, 극락 정토 왕생을 염원하는 정토신앙에 관심을 갖고 있었던 것으로 보인다. 그는 당시 장안에서 유명한 정토종 승려 선도로부터 칭명염불을 중시하는 정토사상 및 수행법을 익혔다. 또한 귀국 시 점찰법회의 소의경전인 『점찰경』과 수행자가 간직하여야 할 자세에 대해 설한 「공양차제법」을 함께 가지고 왔고, 이를 제자 진표에게 전해줌으로써 백제 불교가 진표를 통해 신라 불교에도 직간접적으로 영향을 끼쳤다고 볼 수 있다.

이와 같이 백제는 6세기부터 인도와 중국에 적극적으로 구법승을 파견하여 당대의 선진적인 불교 사상 및 교학을 도입함으로써, 백제 불교는 계율 및 법화사상 뿐만 아니라 삼론학, 정토종 등 다양한 불교 사상과 신앙, 교학의 발전을 이룰 수 있었다. 결국 어느 한 종파에 국한되지 않고 다양성을 존중하는 백제 불교의 특성은 이후 백제 불교 발전의 동력이 되었다.

구법승들은 귀국 후 대중교화 활동을 가장 중시하였다. 대표적으로 현광은 수도 사비가 아닌 웅진 지역에서 『법화경』 관련 사상 및 수행법을 가르치며 제자를 양성하거나 강학을 통해 대중교화에 힘썼다. 그는 스승 혜사로부터 중생 교화의 사명을 받아 '해동 전교의 시초'로서, '敎化교화'는 그의 불교 활동의 중심이었다. 국내에 삼론학을 도입한 담혜 또한 '遊化유화'를 목적으로 구법활동을 진행했을 만큼 대중교화에 관심이 많았으며, 귀국 후에는 도심과 함께 일본으로 건너가 보다 적극적으로 대중교화를 실현하고자 하였다. 정토종을 도입한 승제 역시 김제 지역에서 제자 진표를 가르치며 지역 교화 활동에 전념하였다.

이와 같이 구법승들은 귀국 후에도 새로운 불교 사상, 교학, 선법을 통한 대중교화를 중시하였고, 수도에서 중앙 불교계에서 활동하거나 친왕권적, 또는 정치적 활동을 하기보다는 지역에서의 교화활동을 통해 백제 불교의 지역적 확산 및 대중화에 기여하였다.

제2장에서는 백제불교의 확립과 국내승들의 활동을 살펴보았다. 국내 승들은 구법승들이 도입한 새로운 불교 사상과 교학을 국내에서의 심화

연구를 통해 백제적인 계율과 불교 사상으로 확립시켜 나갔다. 담욱과 혜인은 백제에서 번역한 율장 '율부'에 대해 주석서 '율소律疏'를 저술함으로써 중국의 영향에서 벗어난 독자적인 백제 계율 불교 확립에 기여했다. 이후 백제에서는 원전에 대한 연구가 지속적으로 이루어졌고, 백제적인 계율은 도일 전법승들에 의해 일본 계율불교 발전에도 영향을 미쳤다.

혜현은 구법승 발정과 현광에 의해 도입된 『법화경』의 신앙과 수행법을 받아들이는 한편, 담혜가 도입한 삼론학에 대한 연구를 심화 발전시켰다. 즉 『법화경』의 독송과 함께 삼론 교학 연구 및 대중 강학을 통해 삼론에 대한 관심을 대중들에게까지 확산시켰다. 혜현의 사상과 교학은 그가 국내 지역에서만 활동했음에도 불구하고 중국에까지 알려질 만큼 수준 높은 것이었다.

국내승들이 해외 구법활동 없이 순수 국내에서의 연구를 통해 백제 불교를 완성할 수 있었던 것은 구법승들의 해외 구법 활동이 있었기에 가능한 것이었다. 즉 백제는 구법승들의 국외 활동을 통해 다양한 사상과 교학을 도입하고, 국내승들의 자국내 연구를 통해 백제적 불교를 확립할 수 있었던 것이다.

앞서 구법승들이 귀국 후 활동에 있어 대중교화를 가장 중시하였고, 중앙보다는 지역에서의 활동을 통해 불교의 지역적 확산 및 대중화에 기여하였음을 살펴 보았다. 이를 국내승의 활동과 비교해 보면, 국내승들은 구법승과 달리 중앙 및 주요 거점 지역을 중심으로 활동하였다. 이들은 활동 지역 및 교단의 지지 기반을 바탕으로 왕권과 친밀한 관계를 유지하면서 활동하였고, 이와 같은 국내승 활동의 특징은 혜현과 지명의 경우에서 확인할 수 있었다.

혜현은 기존의 불교사상사적 연구에서 현광과 함께 불친근처의 은둔적 법화 승려로 규정되어 왔다. 그러나 혜현이 달라산으로 은둔하기 전 오랜기간 주석 활동한 수덕사는 국방상 중요한 위치이자, 교통의 요지에 위치한 주요 사찰이라는 점과 이곳에서 활동 당시 그의 강학을 듣고자 많은 사람들이 모여들었다는 점에서 수덕사 활동기의 혜현은 은둔적 법화 승려라기보다는 오히려 교단 내 탄탄한 지지 기반을 확보하고 있는 친왕적 법화 승려로 이해할 수 있다.

지명 또한 백제와 신라 왕실 간 혼사에서 외교적 역할을 담당하였고, 무왕 즉위 이후에도 왕실의 자문 역할을 하며, 왕권과의 밀접한 관계를 유지하며 활동하였다.

이와 같이 국내승 지명과 혜현은 각각 활동지역 및 교단 내에서 확고한 지지 기반을 확보하고 있었다. 두 사람이 활동하던 지역은 당시 왕권과 관련이 있는 요지였으며, 두 사람은 해당 지역에서 명망있는 이름난 승려였다. 이 점에서 그들은 교단 내에서도 확고한 지지 기반을 확보하고 있었던 것으로 볼 수 있다. 특히 지명이 무왕과 선화의 자문 역할을 담당하고, 대규모 불사 창건 등을 주도하는 모습에서 그의 친왕권적이며, 정치외교적 성격이 잘 드러난다.

백제는 이와 같이 자국의 불교 문화에 대한 발전을 바탕으로 불교의 불모지인 일본에 많은 전법승 파견하여 백제의 불교 사상과 문화, 문물 등을 전파하였으며, 고대 일본 불교 발전에 깊이 관여했다.

제3장에서는 백제 불교의 확산과 전법승의 활동을 1기 불교 전파기 550~600, 2기 교단의 확립기600~660, 3기 전법의 확대기660년 이후로 구분하여 살펴보았다. 1기550~600는 백제의 불교가 전파되는 시기로 백제는 담혜, 도심, 풍국, 혜총 등 가장 많은 전법승을 파견함으로써 백제 불교의 영향력을 강화하면서 고대 일본 불교를 빠르게 발전시켰다. 특히 590년 전후 소

마자를 중심으로 한 봉불파의 승리 후 백제의 불교 전파는 가속화되었다.

2기[601~660]는 교단이 확립되는 시기로, 백제는 624년 비구의 조부 살해 사건을 계기로 일본 불교 교단 정비의 필요성을 인식, 전법승 관륵을 통해 승정제를 도입하게 하였다. 관륵은 승정에 임명되기 전 20년간의 전법 활동을 통해 중앙 및 교단에서 충분한 지지 기반을 확보하고 있었고, 이를 기반으로 왕실의 자문 역할을 담당하면서 국가의 불교 정책 결정에 직접적으로 관여할 수 있었다.

3기[660년 이후]는 일본 내 불교의 지역적 확산 및 대중화가 본격적으로 이루어진 시기이다. 백제는 6세기 전법승 파견 초기부터 지배층 대상의 전법 활동과 일반 사민을 대상으로 한 교화 및 포교 활동을 함께 진행했다. 전법승들은 왕실 및 지배계층을 대상으로 전법활동을 진행하면서 일본의 불교 사상 및 교학, 계법, 제도 및 정책 등 사회 상부 구조에는 많은 영향을 미쳤다. 반면 사민을 대상으로 한 초기 포교 활동 당시 전법승 담혜와 도심, 풍국은 일본 내 사회 여건의 미성숙으로 어려움을 겪었다. 이후 전법승에 의한 대중교화 활동 모습은 한동안 사료에서 찾아보기 어려웠다. 그러나 660년 전후 도일한 전법승 의각이 백제사에 주석해『반야심경』독송을 통한 이적을 보여줌으로써 제자들과 대중들을 정진시켰다는 내용은 전법승에 의한 불교의 지역적 확산 및 대중화를 보여주는 사례이다.

한편 일본 불교 대중화에 도래승들의 역할을 언급하지 않을 수 없다. 일본에 정착한 도래인들은 여러 분야에서 뛰어난 역량을 발휘하며 유력 씨족으로 자리 잡았고, 많은 승려들을 배출하였다. 이들 도래승들은 백제 전법승과 함께 일본 불교 발전에 일익을 담당하였다. 이들 중 다수는 중국에서 구법활동 후 귀국하여 중요 직책에 등용되었고, 일본 불교 발전에 핵심적 역할을 수행했다. 특히 7세기 후반 활동한 왕진이 가문의 도소와 왕인 후손 행기는 전국적인 대규모의 사회구제활동을 통해 일본 내 불교 대중화에 앞장섰다.

종합하면, 백제는 구법승을 통해 어느 한 종파에 국한되지 않고 다양한 불교 사상과 교학을 수용하여 심화시켰고, 이러한 심화된 불교의 다양성을 기반으로 백제 불교를 한층 더 성장 발전시켰다. 특히 백제 불교는 중앙과 지방에서 균형잡힌 발전을 이루며, 중앙에서의 왕실불교와 지방에서의 대중불교가 함께 뿌리내릴 수 있었다. 또한 융성한 백제의 불교는 많은 전법승과 도래승들을 통해 일본 불교의 기틀을 마련하였고, 지역적 확대 및 대중화에도 공헌했다.

결국 고대 백제승들은 국내외를 넘나들며 왕성한 활동을 이어감으로써 백제 및 일본에서 불교가 성공적으로 정착, 발전해 나가는 데 중심적 역할을 수행하였다. 나아가 고대 동아시아 불교 문화 확산의 중요한 매개자로서 백제 불교의 위상을 높이는 데 가장 큰 기여를 했다고 평가할 수 있을 것이다.

백제승일람

번호		승명		구법·전법 시기	활동 지역	활동내용	관련사료
1	구 법 승	겸익	謙益	512~526	인도 백제	-율을 구하고자 인도로 감(矢心求律) -중인도 상가나대율사에서 구법활동 -범어 학습 및 율부 전공 -배달다삼장과 함께 범본 아비담장과 5부율문을 가지고 귀국(526) -흥륜사 주석 및 범본 역경 -대조사 창건설	『朝鮮佛敎通史』上篇 彌勒光寺事蹟 『著譯叢譜』卷第4 三藏 梵部第4 『扶餘誌』卷之3 大鳥寺彌勒實記 『夫餘誌』卷之3 林川郡寺大鳥寺
2		발정	發正	512~541	중국 백제	-천감 연간(502~520) 중국으로 가 스승을 찾아 불도를 배움(尋師學道) -30여 년 동안 양에서 구법활동 -귀국 도중 월주(越州) 계산(界山) 관음도량 순례 -귀국(541)	『觀世音應驗記』 『法華傳記』卷第6 越州觀道場道人 『法華經集驗記』
3		담혜	曇慧	출발시기 :512/521 귀국시기 :544 이전	중국 백제	-유화에 뜻을 두고 중국으로 감(遊化爲志) -양(梁)에서 종장(宗匠)들의 자리에 배석해 대소승을 가리지 않고 배움 -귀국 후 전법을 위해 일본으로 감(554)	『日本書紀』卷第19 欽明 『元亨釋書』卷16 百濟國慧, 卷20 資治表1 『本朝高僧傳』卷第1 百濟門曇慧傳
4		현광	玄光	567~590	중국 백제	-웅천주 출신 -이름 난 스승을 찾아 선법을 구하고자 중국으로 감(決求名師,求中土禪法) -혜사 문하에서 법화삼매 증득 -귀국 전 2년간 회향사(廻向寺)에서 제자 혜민에게 성실론 강의 -귀국 후 웅주 옹산 주석(590). 해동 전교의 시초 -선법(禪法), 선행(禪行) 가르치고 교화행에 노력함. 후학 양성	『宋高僧傳』卷第18 陳新羅國玄光傳 『神僧傳』卷第5 玄光 『新修科分六學僧傳』卷第陳玄光 『佛祖統紀』卷第9 新羅玄光禪師 『法華靈驗傳』卷上 龍天請
5		지조	智照	645 전후	중국 백제	-중국에서 구법활동 중 한때 억류	『文館詞林』卷664 貞觀年中撫慰百濟王詔一首
6		숭제 (순제)	崇濟 (順濟)	출발시기 :677~680	중국 백제	-스승 선도(善導)에게 정토종 사사 -오대산에서 문수보살로부터 오계를 받음	『三國遺事』卷第4 眞表傳

호	승명		구법·전법 시기	활동 지역	활동내용	관련사료
			귀국시기 :726~728		-귀국 후 금산사 주석 -제자 진표에게 사미계법, 점찰경 전수	『三國遺事』卷第4 關東楓岳鉢淵藪石記
	담욱	曇旭	-	백제	-활동시기 526년 경 -겸익이 인도에서 가지고 온 율부의 소(疏) 36권 저술	『朝鮮佛敎通史』上篇 彌勒佛光寺事蹟
	혜인	惠仁				
	혜현	惠現	-	백제	-생몰년 570~627 -북부 수덕사 주석 -법화경 독송, 삼론 강의 -달라산 입산 수행	『三國遺事』卷第5 惠現求靜 『續高僧傳』卷第28 伯濟國達拏山寺釋慧顯傳 『法華傳記』卷第4 百濟國達拏山寺釋慧顯 『弘贊法華傳』卷第8 唐伯濟國釋慧顯 『新修科分六學僧傳』卷第28 唐慧顯
0	지명	知命	-	백제	-활동시기 7세기 전후 -용화산 사자사 주석 -미륵사 창건(629) -수덕사 및 정혜사 창건(설)(599)	『三國遺事』卷第2 武王 『西域中華海東佛祖源流』百濟祖師
1	도침	道琛	-	백제	-사비성 함락(660) 이후 영군장군을 자칭하며 스승인 묘련왕사, 왕자 부여풍, 장군 복신 등과 함께 백제부흥운동 주도 -의각과 대련사 공동창건(설)(656)	『三國史記』卷第28 百濟本紀 『三國史記』卷第6 新羅本紀 『舊唐書』東夷列傳 百濟僧道琛 舊將福信率衆據周留城以叛 『新唐書』東夷列傳 璋從子福信嘗將兵乃與浮屠道琛據周留城反 『資治通鑑』卷第200 高宗天皇大聖大弘孝皇帝 「開巖寺法堂重創記文 別記」
2	경흥	憬興	-	백제 신라	-생몰년 620~700 -삼랑사 주석 -국노 임명(681) -삼미륵경소, 무량수경연의술문찬, 금광명경최승왕경약찬 등 저술	『三國遺事』卷第5 憬興遇聖 『法華靈驗傳』卷下 顯比丘尼身

번호	승	승명		구법·전법 시기	활동지역	활동내용	관련사료
13		의영	義榮	-	백제 신라	-7세기 말 활동 -약사본원경소, 유가사지논의림 저술	『東域傳燈目錄』弘經錄 經部 『東域傳燈目錄』講論錄
14		담혜	曇慧	554	-	-담혜는 양(梁)에서 구법활동 후 백제에 귀국. 이후 도심과 함께 전법을 위해 도일. 일본 사문의 시초(554) -성실, 삼론 정통	『日本書紀』卷第19 欽明 『元亨釋書』卷第16 百濟 曇慧 『元亨釋書』卷第20 資治 『本朝高僧傳』卷第1 百濟 門曇慧傳 『善光寺緣起』卷第3
15	전	도심	道深				
16		풍국	豊國	587 이전	-	-궁에서 설법(587) -성덕태자, 중산사 창건 후 풍국법사를 초청하여 공양도사(供養導師)로 삼고 이후 주지(住持)를 맡김	『日本書紀』卷第21 用明 『元亨釋書』卷第16 豊國 『本朝高僧傳』卷第72 百 國沙門豊國傳
17	법	혜총	惠總	588(1차)	-	-영근, 혜식 등과 함께 도일. 불사리 전달 -소아마자에게 계법 전수	『日本書紀』卷第21 崇峻 『元亨釋書』卷第16 百濟惠 『元亨釋書』卷第20 資治 『元興寺伽藍緣起幷流記 財帳』
18		영근	令斤	588(1차)	-	-혜총과 도일. 불사리 전달	『日本書紀』卷第21 崇峻
19		혜식	惠寔	588(1차)	-		
20	승	영조율사 [영조법사]	聆照律師 [聆照法師]	588(2차)		-승려 영조율사, 영위, 혜중, 혜숙, 도엄, 영개 등 파견 -은솔 수신 등을 보내 조(調)를 바치고 불사리, 사공(寺工), 노반박사, 화공 드의 사찰조영 전문가 파견	『日本書紀』卷第21 崇峻
21		영위 (법사)	令威(法師)				
22		혜중	惠衆				
23		혜숙	惠宿				
24		도엄 (법사)	道嚴(法師)				
25		영개 [영계]	令開 [令契]				
26		혜훈	惠勳	588(2차)		-6승,영조율사, 제자 혜총, 영위법사, 제자 혜훈, 도엄법사 제자 영계 파견	『元興寺伽藍緣起幷流記 財帳』
27		혜총	慧聰	595		-5월 도일. 내교에 통달하여 성덕태자의 스승(595)	『日本書紀』卷第22 推古

호	승명		구법·전법 시기	활동 지역	활동내용	관련사료
					-혜자와 법흥사 공동 주석(596) -내교에 통달. 혜자, 관륵과 함께 성덕 태자의 스승이 됨 -삼론, 성실론에 능통	『元亨釋書』卷第20 資治表1 『本朝高僧傳』卷第69 聖德太子傳 『三國佛法傳通緣記』卷中 成實宗 『扶桑略記』第3 推古條 『帝王編年記』卷第7 推古條 『佛法傳來次第』推古條 『扶桑略記』第3 推古條
8	관륵	觀勒	602	–	-원흥사 주석(602) 및 후학양성 -내교 뿐만 아니라 천문역법, 둔갑 방술 등 다방면의 학문 지식 전달. 삼론 및 외학에 정통함 -성덕태자 스승 -일본 초대 승정 임명(624) -제자 지봉에게 입당(703) 권유	『日本書紀』卷第22 推古條 『元亨釋書』卷第16 百濟觀勒 『元亨釋書』卷第20 資治表1 『帝王編年記』卷第8 推古條 『本朝高僧傳』卷第1 百濟沙門觀勒傳 『三國佛法傳通緣記』卷中 成實宗, 三論宗 『日本三代實錄』卷5 『扶桑略記』第3 推古條 『三論祖師傳』
9	도흔	道欣	609	–	-오나라로 가려다 풍랑으로 속인(俗人) 75명과 비후국(肥後國) 위북진(葦北津)에 도착(4월) -이후 귀국하지 않고, 11명과 원흥사에 주석(5월)	『日本書紀』卷第22 推古條 『元亨釋書』卷第16 百濟慧彌 『元亨釋書』卷第20 資治表1 『本朝高僧傳』卷第67 和州 元興寺沙門慧彌
10	혜미	慧彌[惠彌]				
11	다상 [다라상]	多常 [多羅常]	642~645	–	-태황후년간(642~645) 도일 -고시군(高市郡) 법기산(法器山)의 절에 머물며 청행(淸行)을 닦음. 대승경의 신주(神呪)를 지송, 중생을 제도하고 병을 낫게 함	『本朝高僧傳』卷第46 和州 法器山沙門多常 『日本靈異記』上卷 第26
12	법명	法明	655	–	-대마도 도일(655) -『유마힐경』을 독송하여 겸자련의 병을 낫게 함(656)	『元亨釋書』卷第18 法明 『元亨釋書』卷第21 資治表2 『帝王編年記』卷9 齊明條 『扶桑略記』第4 齊明條 『興福寺緣起』維摩會

번호		승명		구법·전법 시기	활동 지역	활동내용	관련사료
33		각종	覺從	660	-	-외교사절로서 도일	『日本書紀』卷第26 齊明
34		의각	義覺	663	-	-구법활동(652) -향천사 창건(656) -난파 백제사 주석 -반야심경 수지독송을 통한 이적을 보임	『元亨釋書』卷第9 百濟 義覺 『本朝高僧傳』卷第46 百 國沙門義覺傳 『扶桑略記』第4 齊明條 『日本靈異記』上卷 第1 「香泉寺事跡册」
35		도장	道藏	673~686	-	-백봉연간(673~686) 도일 -기우제 2회 실시(684, 688) -향천사 중건(703) -성실론소(16권) 저술	『日本書紀』卷第29 天武 『日本書紀』卷第30 持統 『續日本紀』卷第8 元正 『元亨釋書』卷第9 百濟 『元亨釋書』卷第21 資治 『元亨釋書』卷第22 資治 『三國佛法傳通緣記』卷 成實宗 『本朝高僧傳』卷第1 百濟 國沙門道藏傳 『扶桑略記』第6 元正條 「香泉寺事跡册」
36		도녕	道寧	-	-	-기우제 실시(684)	『元亨釋書』卷第9 百濟道 『元亨釋書』卷第21 資治 『本朝高僧傳』卷第72 百 國沙門道寧傳
37		상휘	常輝	-	-	-봉호 30호를 하사받음(686) -궁에서 금강반야경 강의	『元亨釋書』卷第21 資治 『日本書紀』卷第29 天武 『本朝高僧傳』卷第72 百 沙門道寧傳【常輝】
38		법장	法藏	-	-	-백출을 다려 바치고 상을 받았으며, 같은 해 왕을 위해 초혼제를 지냄 (686) -은을 하사받음(692) -화엄승법계도(1권) 편찬	『日本書紀』卷第29 天武 『日本書紀』卷第30 持統 『東域傳燈目錄』弘經錄
39		방제 [홍제]	放濟 [弘濟]	-	-	-삼곡(三谷) 군주(郡主)의 사찰 조성을 도움 -바닷가에 머무르며 교화, 80세에 입적	『本朝高僧傳』卷第75 和 高宮寺沙門放濟傳 『日本靈異記』上卷 第7

호	승명		구법·전법 시기	활동 지역	활동내용	관련사료
	원세	圓勢	690	-	-자법사(藉法師)의 제자. 원각의 스승. 고궁사 주석 -해(解)와 행(行)을 겸비 -제자 원각이 입적하자 화장을 명함	『本朝高僧傳』卷第75 和州 高宮寺沙門願覺傳 『日本靈異記』上卷 第4
	원각	願覺	-	-	-삼정(三井)으로 가 상조(常照)에게서 교법을 배움 -남경 갈상(葛上)으로 가 고궁사의 원세를 스승으로 모심. 격식에 구애받지 않고, 오신채를 꺼리지 않았다. -입적 후 우바새가 강주에서 원각을 만나 이야기를 나누었다고 함	『本朝高僧傳』卷第75 和州 高宮寺沙門願覺傳
	혜균	慧均	-	-	-생몰년 ?~625 -법랑을 만나 삼론학 사사 (588~600년 사이) -승정 역임 -『대승사론현의기』 저술	-
	승민 [일문, 민법사]	僧旻 [日文, 旻法師]	608~632	-	-중국 구법활동(608~632) -귀국 후 국박사 임명(632) -10사 및 사주(寺主)에 임명(645) -아담사에서 입적(653)	『日本書紀』卷第22 推古條 『日本書紀』卷第23 舒明條 『日本書紀』卷第25 孝德條 『元亨釋書』卷第16 僧旻法師, 卷第20 資治表1 『全唐文』唐文拾遺 卷71 日本國王孝德 聚僧尼詔
	혜은	慧隱	608~639	-	-혜은법사. 중국 구법활동(608~639) -무량수경강설(640,652)	『日本書紀』卷第22 推古條 『日本書紀』卷第23 舒明條 『日本書紀』卷第23 舒明條 『日本書紀』卷第25 孝德條 『元亨釋書』卷第16 慧隱法師傳 『元亨釋書』卷第20 資治表1
	청안	淸安 [請安]	608~640	-	-중국 구법활동(608~640) -귀국 후 학당 개설, 유학 강설 -대화개신 관여	『日本書紀』卷第22 推古條 『日本書紀』卷第23 舒明條
	광제	廣濟	608-?	-	-중국 구법활동(608)	『日本書紀』卷第22 推古條

백제계 도래승 (백제승일람)

번호		승명		구법·전법 시기	활동 지역	활동내용	관련사료
47		혜묘	慧妙	추고말 ~644?	-	-중국 구법활동(추고말,628년경) -길장 문하에서 수학 -귀국 후 10사 임명(645). 백제사 사주 임명 -681년 입적	『日本書紀』卷第25 孝德 『日本書紀』孝德條 『元亨釋書』卷第16 慧妙 『本朝高僧傳』卷第72 和 百濟寺沙門慧妙傳
48		상안	常安				『日本書紀』卷第25 孝德
49		혜린	惠隣	-	-	-10사 임명(645)	
50		혜지	惠至				
51		도소	道昭 [道照]	653~661	-	-생몰년 629~700 -하내국 출신, 속성은 선련(船連), 왕진이 후손 -입당 후 현장에게 선법 사(653~661) -귀국 후 원흥사에 선원 건립 및 선법 강의 -다양한 사회구제활동 진행. 행기의 스승 -최초 대승도 임명	『日本書紀』卷第25 孝德 『續日本記』卷1 文武條 『日本靈異記』上卷 第22 第28 『三代實錄』卷32 陽成 元 慶元年 『扶桑略記』第4 孝德條, 武條 『今昔物語集』卷第11 本 仏法 『元亨釋書』卷第1 元興寺 道昭 『本朝高僧傳』卷第1 和尚 元興寺沙門道昭傳
52		행기	行基	-	-	-생몰년 668~749 -하내출신. 속성은 고지씨(高志氏)로 왕인 후손 -스승 혜기, 의연, 덕광법사, 도소 등에 게 수학 -다양한 사회구제활동 진행 -최초 대승정 임명(745)	『續日本記』卷7 元正 養老 『續日本記』卷11 聖武 天平 『續日本記』卷15 聖武 天 平條 『續日本記』卷第17 孝謙 天平勝寶元年條 『日本靈異記』上卷, 中卷 『今昔物語集』1卷 『元亨釋書』卷第14 菅原 行基 『三國佛法傳通緣記』卷中 法相宗

호		승명		구법·전법 시기	활동 지역	활동내용	관련사료
							『大和國 添下郡 右京 藥師寺緣起』行基墓誌銅版(大僧上舍利瓶記)의 명문
3		의연	義淵	643~728	-	-속성은 시왕씨(市往氏) -용문사 승정으로 스승 지봉, 지란으로부터 법상종 전수 -7명의 상수제자 (현방, 행기, 양변, 선교, 양민, 행달, 융존) -흥복사 승 의연, 승정 임명(703)	『續日本記』卷第10 聖武條, 神亀條 『元亨釋書』卷第2 龍門寺義淵 『本朝高僧傳』卷第4 和州龍門寺沙門義淵傳 『三國佛法傳通緣記』卷中法相宗 『扶桑略記』卷5 文武 大寶條
4		자훈	慈訓	8세기 전후		-생몰년 ?~777 -속성 선씨(船氏). 하내 출신 왕진이 후손 -흥복사 양민, 현방에게 법상종 사사함 -입당 후 법장에게 화엄종 사사함 -귀국 후 양변과 현수종(화엄종)을 일으킴 -승도(僧都) 임명(752), 흥복사 주무(主務) 최초 임명(757)	『元亨釋書』卷第1 興福寺慈訓傳 『本朝高僧傳』卷第4 和州興福寺沙門慈訓
5		양변	良辨			-생몰년 689~773 -속성은 백제씨(百済氏), 백제계 후손 -의연에게 법상종, 자훈과 심상에게 화엄종 사사 -금종사(동대사 전신) 건립(734), 승정 임명(760)	『元亨釋書』卷第2 東大寺良辨傳 『東大寺要錄』卷第5
6		경준	慶俊 [慶峻]			-생몰년 미상 -하내 출신, 속성은 갈정씨(葛井氏). 왕진이 후예씨족 -스승 도자에게 삼론, 법상, 화엄을 사사	『三國佛法傳通緣起』卷中三論宗 『三國佛法傳通緣起』卷下真言宗

참고문헌

■ 사료
1. 한국측 사료
三國史記, 三國遺事, 東史約
朝鮮佛敎通史, 扶餘誌
西域中華海東佛祖源流, 大東禪敎考, 佛祖錄贊頌
法華經集驗記, 天台四敎儀, 法華靈驗傳
開巖寺法堂重創記文別記, 彌勒佛光寺事蹟, 大鳥寺彌勒實記, 香泉寺事跡冊, 扶安郡開巖
寺沿革記, 大蓮寺法堂重O修上樑時記文
著譯叢譜

2. 중국측 사료
舊唐書, 新唐書, 資治通鑑
續高僧傳, 宋高僧傳, 新修科分六學僧傳, 神僧傳
佛祖統紀, 觀世音應驗記, 弘贊法華傳, 法華傳記
文館詞林, 玉海, 全唐文

3. 일본측 사료
日本書紀, 續日本記, 三代實錄, 扶桑略記, 帝王編年記
三國佛法傳通緣記, 元亨釋書, 本朝高僧傳, 佛法傳來次第, 僧綱補任抄出
興福寺緣起, 善光寺緣起, 元興寺伽藍緣起幷流記資財帳
日本靈異記, 今昔物語集, 東域傳燈目錄

■ 사전
운허용하 편,『불교사전』, 동국역경원, 2000.
곽철환,『시공 불교사전』, 시공사, 2016.
李政 編著,『한국불교사찰사전』, 불교시대사, 1996.
權相老,『韓國寺利事典』, 이화문화출판부, 1994.
한보광·임종욱 편저,『중국역대불교인명사전』, 이회, 2015.
中村元,『廣說佛敎語大辭典』, 東京書籍, 2010.

■ 단행본

K. S. 케네쓰 첸, 박해당 역,『중국불교』(상), 민족사, 1991.

鎌田茂雄, 장휘옥 역,『중국불교사―남북조의 불교(상)』(3), 장승, 1996.

________, 정순일 역,『중국불교사』, 경서원, 2012.

고려대한국사연구소,『고승법현전―고려재조대장경본의 교감 및 역주』, 아연출판부, 2013.

고익진,『한국고대불교사상사』, 동국대 출판부, 1989.

국립부여문화재연구소·익산군 편,『사자암발굴조사보고서』, 국립부여문화재연구소, 1994.

권덕영,『고대한중외교사』, 일조각, 1997.

길기태,『백제 사비시대의 불교신앙 연구』, 서경, 2006.

김두진,『삼국시대 불교신앙사 연구』, 일조각, 2016.

김영관,『백제부흥운동연구』, 서경, 2005.

김영덕 역주,『대일경』, 동국역경원, 2007.

景戒, 정천구 역,『일본영이기』, 씨아이알, 2011.

노중국,『백제 정치사 연구』, 일조각, 1988.

_____,『백제부흥운동사』, 일조각, 2003.

동국대 교양교재편찬위원회,『불교학개론』, 동국대 출판부, 1998.

동국대 불교문화연구소,『한국불교찬술문헌총록』, 동국대 출판부, 1976.

牧田諦亮,『六朝古逸觀世音應驗記の硏究』, 平楽寺書店, 1970.

蓑輪顯量, 김천학 역,『일본불교사』, 동국대 출판부, 2017.

문화재관리국,『문화유적총람―충청남도편』, 문화재관리국, 1977.

___________,『문화유적총람』(중권), 문화재관리국, 1977.

문화재청,『개암사 영산회 괘불탱』, 문화재청, 2017.

박광연·김영태 외,『동아시아 한국불교사료―일본문헌편』, 동국대 출판부, 2015.

_____·고승학 외,『동아시아 한국불교사료―중국문헌편』, 동국대 출판부, 2014.

박상준 외역,『출삼장기집外』, 동국역경원, 2000.

백제문화개발연구원,『충남지역의 문화유적―부여편』3, 백제문화개발연구원, 1989.

_______________,『충남지역의 문화유적―예산군편』9, 백제문화개발연구원, 1996.

_______________,『충남지역의 문화유적』1, 백제문화개발연구원, 1986.

법현, 이재창 역,『법현전』, 동국역경원, 1980.

부안군 편,『개암사 대웅보전 수리실측조사 보고서』, 부안군, 2007.

________,『부여 대조사 석조미륵보살입상―정밀실측조사보고서』, 부여군, 2018.

불교성보문화연구소,『덕숭산수덕사』, 불교성보문화연구소, 1998.

사찰문화연구원, 『전통사찰총서-대전·충남의 전통사찰 I』 12, 사찰문화연구원, 1999.

___________, 『전통사찰총서-충남의 전통사찰 II』 13, 사찰문화연구원, 1999.

서문성 편, 『전통사찰의 창건설화』, 창, 1997.

에티엔 라모트, 정의도 역, 『간추린 인도불교사』, 시공사, 1997.

연민수 외, 『역주 일본서기』(3), 동북아역사재단, 2014.

______ 역주, 『역주 속일본기』(상), 혜안, 2022.

______, 『일본고대국가와 도래계 씨족』, 학연출판사, 2021.

禮山郡敎育會, 『禮山郡誌』, 예산군교육회, 1937.

이기백 편저, 『한국상대고문서자료집성』, 일지사, 1987.

이능화 편, 『역주 조선불교통사』(1), 동국대 출판부, 2010.

이윤옥, 『일본불교를 세운 고대 한국 승려들』, 운주사, 2020.

이윤섭, 『한나절에 읽는 백제의 역사』, 이북스펍, 2014.

이자랑, 『율장의 이념과 한국불교의 정향』, 동국대 출판부, 2017.

이주형 편, 『동아시아 구법승과 인도의 불교 유적』, 사회평론, 2009.

전라북도, 『사찰지』, 전라북도, 1990.

田村圓澄, 『고대 한국과 일본불교』, 울산대 출판부, 1997.

菅野眞道, 이근우 역, 『속일본기』(1), 지식을 만드는 지식, 2012

조선사편수회, 『조선사』(제1편 제3권), 조선사편수회, 1932.

천태불교문화연구원, 『묘법연화경』, 대한불교천태종, 2016.

최선일·김자경 편, 『예산 금오산 향천사 문헌집』, 온샘, 2017.

충청남도, 『문화유적분포지도-예산군』, 2001.

_______, 『문화유적총람-사찰편』, 충청남도, 1990.

코칸시렌, 정천구 역주, 『원형석서』(상)·(하), 씨아이알, 2010·2011.

平川彰, 박용길 역, 『율장연구』, 토방, 1995.

한국관광문화연구소, 『한국의 명산대찰』, 국제불교도협의회, 1982.

현장, 권덕주 역, 『대당서역기』, 일월서각, 1983.

황유복·진경부, 권오철 역, 『한중 불교문화 교류사』, 까치, 1995.

石川逸子 著, 鈴木比佐雄, 座馬寬彦 編, 『道昭』, コールサック社, 2016.

井上薰, 『行基』, 吉川弘文館, 1959.

小野勝年, 『入唐求法巡禮行記の硏究』 1, 鈴木學術財團, 1964.

■ 논문

Robert E. Buswell, 「동아시아의 맥락에서 본 한국의 불교사상」, 『불교학보』 60, 2011.

가와세 유키오, 「일본으로 건너간 백제스님들의 활약상」, 『문학 사학 철학』 7, 2006.

강종원, 「백제 무왕대의 정국변화와 미륵사 조영」, 『백제문화』 54, 2016.

계미향, 「한국 고대의 천축구법승 연구」, 동국대 박사논문, 2016.

고영섭, 「부파불교 전래와 전통 한국불교」, 『한국선학』 24, 2009.

______, 「불광 겸익과 옹산 현광」, 『문학·사학·철학』 36, 2014.

______, 「고구려 혜관이 일본 삼논학에 미친 영향」, 『한국불교사연구』 9, 2016.

권덕영, 「고대 동아시아인들의 국외여행기 찬술」, 『동국사학』 49, 2010.

______, 「唐 長安의 新羅僧과 日本僧, 그 과거와 현재」, 『사학연구』 110, 2013.

______, 「삼국시대 신라 구법승의 활동과 역할」, 『청계사학』 4, 1987.

길기태, 「백제 사비기의 불교정책과 도승」, 『백제연구』 41, 2005.

______, 「백제 사비시기 법화신앙」, 『대구사학』 80, 2005.

______, 「백제 성왕대의 열반경 이해」, 『한국고대사연구』 41, 2006.

______, 「백제의 주금사와 약사신앙」, 『신라사학보』 6, 2006.

______, 「미륵사 창건의 신앙적 성격」, 『한국사상사학』 30, 2008.

______, 「百濟의 法華思想과 惠現求靜」, 『신라문화제학술발표논문집』 31, 2010.

김규순, 「지명으로 분석한 향천사의 기원」, 『문화사학』 51, 2019.

김낙중, 「백제정림사의 창건연대」, 『문화재』 45-4, 2012.

김남윤, 「신라미륵신앙의 전개와 성격」, 『역사연구』 2, 1993.

김동화, 「백제시대의 불교사상」, 『아세아연구』 5(1), 1962.

김병남, 「백제 위덕왕대의 정치 상황과 대외 관계」, 『한국상고사학보』 43, 2004.

______, 「백제 풍왕 시기의 정치적 상황과 부흥운동의 전개」, 『정신문화연구』 36(1), 2013.

김복숙, 「수·당의 교체 정국과 신라 불교계의 추이」, 『韓國古代史研究』 43, 2006.

______, 「三國의 諜報戰과 僧侶」, 『韓國佛敎文化思想史(上)』, 1992.

______, 「삼국의 첩보전과 승려」, 『한국불교문화사상사』, 가산이지관스님화갑기념논총간행
위원회, 1992.

______, 「8·9세기 신라 瑜伽系 佛敎」, 『한국고대사연구』 6, 1993.

______, 「수당의 교체정국과 신라불교계의 추이」, 『한국고대사연구』 43, 2006.

김상현, 「7, 8세기 해동 구법승들의 중국에서의 활동과 의의」, 『불교연구』 23, 2005.

김상현, 「백제 무왕대 불교계의 동향과 미륵사」, 『한국사학보』 37, 2009.

______, 「동아시아 불교문화의 흐름과 백제 불교」, 『57회 백제문화제 국제학술대회 자료집』,

충청남도역사문화연구원, 2011.

김선근, 「인도불교 교단의 성립과 발전 그리고 쇠퇴 I」, 『불교학보』 36, 1999.

______, 「법화경에 나타난 공사상」, 『한국불교학』 54, 2009.

김성철, 「승랑의 생애에 대한 재검토 II」, 『보조사상』 23, 2005.

______, 「승랑과 승조」, 『불교학보』 61, 2012.

김수태, 「백제 법왕대의 불교」, 『선사와 고대』 15, 2000.

______, 「백제 의자왕대의 불교—경흥을 중심으로」, 『백제문화』 41, 2009.

______, 「백제 무왕대의 대신라관계」, 『백제문화』 42, 2010.

김승호, 「해외문헌을 통해 본 삼국시대 승려의 인물전승 양상」, 『한국문학연구』 32, 2007.

김양순, 「憬興의 無量壽經連義述文贊 硏究」, 한국학중앙연구원 박사논문, 2009.

김영미, 「신라 중대 초기 승려들의 인간관과 사회인식」, 『역사와 현실』 12, 1994.

김영심, 「백제사에서의 부와 부체제」, 『한국고대사연구』 17, 2000.

김영태, 「신라점찰 법회와 진표의 교법연구」, 『불교학보』 9, 1972.

______, 「백제의 관음사상」, 『마한백제문화』 3, 1979.

______, 「백제의 불교사상」, 『한국철학연구』 (상), 1977.

______, 「백제의 미륵사상」, 『마한백제문화』 4·5, 1982.

______, 「일본 사료를 통해 본 백제 불교」, 『불교학보』 21, 1984.

______, 「백제 불교 신앙의 특성」, 『백제의 종교와 사상』, 충청남도, 1994.

김용태, 「조선불교통사를 통해 본 이능화의 불교 이해」, 『애산학보』 41, 2015.

김인덕, 「백제의 삼론 고승」, 『한국불교학』 22, 1997.

김주성, 「백제 사비시대 정치사 연구」, 전남대 박사논문, 1990.

______, 「죽막동유적의 쇠퇴와 태안마애삼존불」, 『한국상고사학보』 40, 2003.

김천학, 「백제도장의 성실론소 일문에 대해서」, 『불교학리뷰』 4, 2008.

______, 「백제 도장의 성실론소 逸文에 대해서」, 『고대 동아시아 불교 문헌의 새로운 발견』, 씨아이알, 2010.

______, 「백제 도장이 일본 불교에 미친 영향에 대한 기초적 고찰」, 『한국불교사연구』 9, 2016.

나행주, 「일본고대국가와 백제계 도래인」, 『한일관계사연구』 52, 2015.

______, 「7세기 고대일본의 견수사·견당사에 관한 기초적 연구」, 『사총』 99, 2020.

노중국, 「삼국유사 무왕조의 재검토」, 『한국전통문화연구』 2, 1986.

노중국, 「百濟 武王과 知命法師」, 『한국사연구』 107, 1999.

______, 「백제의 고대동아시아 세계에서의 위상」, 『백제문화』 40, 2009.

大谷光男, 「百済 武寧王·同王妃의 墓誌에 보이는 曆法에 對하여」, 『미술사학연구』 119, 1973.

동파, 「신라승려의 입당 교류활동과 그 의의」, 『china연구』 19(1), 2016.

문무왕, 「한국구법승들의 활동지역에 관한 연구」, 『불교연구』 27, 2007.

박광연, 「진표의 점찰법회와 밀교」, 『한국사상사학』 26, 2006.

______, 「신라 법화사상사 연구」, 이화여대 박사논문, 2010.

______, 「동아시아 미륵경 연구사에서 경흥의 위상」, 『한국사상사학』 47, 2014.

______, 「경흥 삼미륵소의 도솔천 왕생관」, 『한국사연구』 171, 2015.

박미선, 「점찰경의 성립과 그 사상」, 『역사와 현실』 32, 2007.

박윤선, 「5세기 중반~7세기 백제의 대외관계」, 숙명여대 박사논문, 2007.

박윤진, 「고려시대 왕사국사 연구」, 고려대 박사논문, 2005.

박재용, 「5~6세기 백제와 왜―6세기 고대 일본 백제계 도왜인과 불교」, 『백제문화』 50, 2014.

______, 「고대 일본의 蘇我氏와 百濟系 씨족」, 『한국고대사연구』 86, 2017.

박찬흥, 「憬興의 無量壽經連義述文贊 硏究」, 한국학중앙연구원 박사논문, 2009.

______, 「삼국유사 감통편 '경흥우성'조를 통해 본 경흥의 생애」, 『신라문화제학술발표논문집』 32, 2011.

박해현, 「일본 고대 불교 발전에 기여한 백제 도래인」, 『한국고대사연구』 83, 2016.

______, 「백제계 도래인 정체성에 대한 일고찰」, 『선사와고대』 70, 2022.

백미선, 「사비시대 백제의 대왜 불교 교류와 혜총」, 『한국사상사학』 34, 2010.

______, 「백제 멸망기 渡倭 승려들의 활동과 사상」, 『한일관계사연구』 41, 2012.

서경수·안계현, 「삼국시대 초기불교교단 형성에 관한 연구」, 『동국대논문집』 12, 1973.

서금석, 「백제 무령왕릉 묘지석의 氣朔術 검토와 宋書 元嘉曆 사용에 대한 재론」, 『한국사연구』 174, 2016.

성윤길, 「태안 동문리 마애삼존불입상에 대하여」, 『한국고대사탐구』 21, 2015.

성주탁, 「百濟僧 道琛의 思想的 背景과 復興活動」, 『역사와 담론』 19·20, 1992.

小玉大圓, 「百濟求法僧謙益とその周邊 (上)」, 『마한백제문화』 8, 1985.

______, 「百濟求法僧謙益とその周邊 (下)」, 『마한백제문화』 10, 1987.

______, 「求法僧謙益とその周邊」, 『한국사상사학』 6, 1994.

소현숙, 「양 무제의 불교정책」, 『한국고대사탐구』 2, 2009.

송화섭·김형준, 「한반도 서남해안 석주설화의 역사적 고찰」, 『동아시아고대학』 25, 2011.

심경순, 「6세기 전반 겸익의 구법활동과 그 의의」, 이화여대 석사논문, 2001.

______·이재운, 「일본서기 백제 관련 기사의 역사적 가치에 대한 검토」, 『전북사학』 46, 2015.

심경순,「백제불교와 일본 고대불교의 발전」,『백제연구』76, 2022.

______,「7세기 백제 도래인 승려 도소의 생애와 활동」,『한국연구』17, 2024.

안계현,「백제 불교에 관한 제문제」,『백제연구』8, 1977.

양은경,「양 무제시기 불교사찰, 불교조각과 사회변화」,『미술사학』23, 2009.

여성구,「신라 중대의 입당구법승 연구」, 국민대 박사논문, 1997.

연민수,「왕진이 일족의 문서행정과 시조전승」,『동북아역사논총』62, 2018.

윤여성,「신라 眞表와 眞表系 佛敎 硏究」, 원광대 박사논문, 1999.

윤용혁,「예산 향천사의 역사와 유물」,『백제문화』28, 1999.

이기운,「법화삼매의 사상체계 연구」, 동국대 박사논문, 1996.

______,「玄光의 法華三昧 硏究」,『한국불교학』21, 1996.

______,「백제 현광의 교화행에 대한 연구」,『한국불교학』27, 2000.

______,「신라 의적의 법화경집험기(1)」,『불교원전연구』5, 2003.

______,「삼국 고려시대의 관음의 신행과 그 감응양상」,『천태학연구』13, 2010.

이다운,「고대 일본의 백제 불교 전개와 정치변동」,『원불교 사상과 종교 문화』56, 2013.

이도학,「사비시대 백제의 4방계산과 호국사찰의 성립」,『백제연구』20, 1989.

이만,「道倫의 瑜伽師地論記에 관한 資料的인 性格과 그 唯識思想」,『신라문화제학술발표
    논문집』14, 1993.

____,「백제 의영의 유식사상」,『한국불교학』19, 1994.

____,「신라 의적의 일승사상과 수행론」,『불교학보』41, 2004.

이윤옥,「고대 일본불교의 한국계 승려 연구」, 한국외대 박사논문, 2016.

이자랑,「율장을 통해 본 승단과 현대사회의 조화」,『한국불교학』, 2006.

이장웅,「百濟 東岳 鷄藍山과 玄光의 翁山 梵刹」,『한국고대사탐구』23, 2016.

______,「백제 사비기 국가제사와 불교사원」, 고려대 박사논문, 2016.

______,「百濟 西岳 旦那山과 慧顯의 修德寺·達拏山寺」,『한국고대사연구』84, 2016.

______,「신라 진평왕 시기 백제 관계와 서동설화」,『신라사학보』44, 2018.

이재준,「백제의 멸망과 부흥전쟁에 대한 군사학적 연구」, 영남대 박사논문, 2017.

田村圓澄,「百濟の彌勒信仰」,『마한백제문화』4·5, 1982.

田村晃祐,「飛鳥時代の仏教と百済·高句麗の僧」,『불교학리뷰』4, 2008.

정광균,「정토신행에 드러난 조사신앙」,『정토학연구』27, 2017.

정미숙,「신라 중대초 유식학 승려의 불성론」,『역사와 경계』42, 2002.

정병삼,「7~8세기 동아시아 약사경 해석의 특성」,『불교학보』65, 2013.

정병준,「당,신라 교류사에 서 본 신라 구법승」,『중국사연구』75, 2011.

정아영, 「감응연을 통해 본 백제의 법화신앙」, 고려대 석사논문, 2017.

조경철, 「백제 성왕대 유불정치이념;육후와 겸익을 중심으로」, 『한국사상사학』15, 2000.

______, 「백제 성왕대 대통사 창건의 사상적 배경」, 『국사관논총』98, 2002.

______, 「백제 불교사의 전개와 정치활동」, 한국학중앙연구원 박사논문, 2005.

______, 「백제 익산 彌勒寺 창건의 신앙적 배경」, 『한국사상사학』32, 2009.

조준호, 「아시아 불교 문화의 발자취－구법승과 포교승」, 『CHINDIA Plus』108, 2015.

주보돈, 「문관사림에 보이는 한국고대사 관련 외교문서」, 『경북사학』15, 1992.

______, 「미륵사지 출토 사리봉안기와 백제의 왕비」, 『백제학보』7, 2012.

서경수 외, 「삼국시대 초기 불교교단 형성에 관한 연구」, 『동국대 논문집』12, 1973.

진경찬, 「한국법화신앙의 역사적 전개에 관한 연구」, 위덕대 박사논문, 2012.

채인환, 「고구려·백제의 계율사상 연구」, 『한국불교계율사상연구』(I), 토방, 1997.

______, 「겸익의 구율과 백제 불교의 계율관 」, 『동국사상』16, 1983.

장휘옥, 「삼국불교의 해외진출과 그 의의」, 『한국불교사의 재조명』, 불교시대사, 1994.

안계현, 「백제 불교에 관한 제문제」, 『백제연구』8, 1977.

靑木侃, 「日本 古代佛敎의 成立에 관한 硏究－韓來僧·渡來系氏族의 역할을 중심으로」, 원
　　　광대 석사논문, 2001.

최기표, 「법화경에 있어서 授記의 수행론적 의의」, 『불교학리뷰』13, 2013.

______, 「玄奘 譯 반야심경의 성행 내력」, 『한국불교학』, 2017.

최민희, 「무령왕릉 묘지석에 사용된 역법과 상장례기간」, 『백제연구』67, 2018.

최연식, 「월출산의 관음신앙에 대한 고찰」, 『천태학연구』10, 2007.

______, 「백제 후기의 불교학의 전개과정」, 『불교학연구』28, 2011.

______, 「三論學 綱要書의 유통을 통해 본 百濟 불교학의 日本 불교에의 영향」, 『백제문화』
　　　49, 2013.

최재석, 「6세기 百濟 威德王의 對 大和倭 불교정책과 法興寺(飛鳥寺)조영」, 『정신문화연
　　　구』19(4), 1996.

한예찬, 「서동설화의 주체연구」, 『온지논총』28, 2011.

한지연, 「도침의 불교사상과 백제부흥운동」, 『한국불교학』89, 2019.

한태식, 「경흥의 생애에 관한 재고찰」, 『불교학보』28, 1991.

홍사준, 「修德寺舊基와 白石寺考」, 『백제연구』4, 1973.

홍윤식, 「益山彌勒寺創建背景을 通해본 百濟文化의 性格」, 『마한백제문화』6, 1983.

황철균, 「7세기 백제 승려들의 활동」, 인하대 석사논문, 2014.

渡辺顕正,「憬興師の無量寿経第十八願観」,『印度學佛教學研究』34-1, 1985.

平井俊榮,「南都三論宗史の研究序説」,『駒沢大学仏教学部研究紀要』44, 1986.

塚本善隆,「仏教の東漸」,『日本佛教史1－古代篇』, 法藏館, 1988.

孫英翼,「初期の奈良仏教における韓来僧たちの位置－特に南都六宗を中心に」,『新羅仏教研究』, 山喜房仏書林, 1973.

藤田琢司,「『元亨釈書』訳注(2)元興寺道昭伝」,『禅文化』197, 2005.

梅林久高,「律令体制成立下における道昭の仏教思想」,『仏教史学論集』, 永田文昌堂, 1977.

ステフェン・デル(DöllSteffen),「玄奘門弟道昭和尚に関する文献上の一考察」,『玄奘三蔵－新たなる玄奘像をもとめて』, 勉誠社, 2021.

渡部正英,「中国初期禅宗と禅宗日本初伝の道昭について」,『宗教研究』79(4), 2006.

蓑輪顕量,「道昭 三蔵法師に教えを乞うた仏教導入の先駆者」,『歴史読本』55(2), Kadokawa, 2010.

______,「日本における玄奘の門下生に見る修行道－道昭と行基」,『玄奘三蔵－新たなる玄奘像をもとめて』, 勉誠社, 2021.

水野柳太郎,「道照伝考」,『奈良史学』1, 奈良大学史学会, 1983.

直林不退,「道昭における菩薩戒の受容」,『仏教思想文化史論叢：渡辺隆生教授還暦記念論文集』(1), 永田文昌堂, 1997.

夏応元,「遣唐使初期の重要人物－道昭について」,『アジア遊学』27, 勉誠社, 2001.

加藤謙吉,「日本の遣唐留学生と渡来人」,『東アジア世界史研究センター年報』1, 東アジア世界史研究センター, 2008.

(재)한국연구원 신진한국학연구총서 목록

1. 강혜정, 한국 고시조 영역의 태동과 성장(2024)
2. 송소라, 20세기 창극의 문화사(2025)
3. 김태웅, 18세기 후반에서 19세기 초중반 가집의 전개(2025)
4. 송영대, 『통전』의 한국고대사 인식 연구(2025)
5. 김도민, 냉전의 진영 너머로(2025)
6. 김예진, 이도영, 한국 근대미술의 설계자(2026)
7. 이미진, 한국 한문산문 설(說) 연구(2026)
8. 심경순, 고대 백제승 연구(2026)